西安文理学院学术专著出版基金资助

人伦视阈下的道德教育

宋五好 著

 陕西师范大学出版总社

图书代号　　JC19N1535

图书在版编目(CIP)数据

人伦视阈下的道德教育 / 宋五好著. —西安：陕西师范大学出版总社有限公司, 2019.10
ISBN 978-7-5695-1166-6

Ⅰ.①人… Ⅱ.①宋… Ⅲ.①德育—研究—中国 Ⅳ.①G41

中国版本图书馆 CIP 数据核字(2019)第 218584 号

人伦视阈下的道德教育
RENLUN SHIYU XIADE DAODE JIAOYU

宋五好　著

责任编辑	钱　栩　杜　鹜
责任校对	张　路　钱　栩
封面设计	金定华
出版发行	陕西师范大学出版总社
	(西安市长安南路 199 号　邮编 710062)
网　　址	http://www.snupg.com
经　　销	新华书店
印　　刷	西安日报社印务中心
开　　本	787mm×1092mm　1/16
印　　张	12.25
字　　数	236 千
版　　次	2019 年 10 月第 1 版
印　　次	2019 年 10 月第 1 次印刷
书　　号	ISBN 978-7-5695-1166-6
定　　价	45.00 元

读者购书、书店添货如发现印刷装订问题，请与本社高教出版分社联系调换。
电　　话:(029)85303622(传真)　85307826

习近平总书记2014年10月15日在文艺工作座谈会上的讲话指出:"中华优秀传统是中华民族的精神命脉,是涵养社会主义核心价值观的重要源泉,也是我们在世界文化激荡中站稳脚跟的坚实根基。"中华民族创造了源远流长的中华文化,独特的历史命运,独特的基本国情,独特的民族情结。道德教育也始终是在一定文化背景下进行的,道德教育所秉持的核心价值观念,以及这种观念的合理性,只能在一定的文化母体中找到根据。中国文化是伦理型文化,道德教育理论的成熟离不开伦理文化的滋养,而伦理文化建构的核心问题就是人伦。中国的人伦文化作为发育得最早也最为成熟的伦理型文化对人类文明的最大贡献之一正是道德与道德教育;人伦理念在道德教育中有着独特的机制体现。把道德教育放在人伦视阈下进行认识与研究对当今社会道德秩序、道德价值、道德示范的同一与建构都具有重要的现实意义。

本书是作者继博士及博士后研究基础上的后续成果。它是根据人伦从本体存在到本质生成这样一个过程,采用人伦视阈与道德教育维度相观照的论述方式,以揭示人伦视阈下道德教育的基础、原理、形态、范式等内容。主要内容包括:人伦思想的本义化探源,人伦观照下道德教育的历史始点、逻辑起点、心理基础,人伦机制下道德教育的文化原理、运行原理、场效应原理,人伦传统下的亲族德育形态、学校德育形态、社会德育形态,人伦框架下的制度化道德教育范式、非制度化道德教育范式及两种范式的转化与同构,人伦认同下的道德教育秩序建构、价值建构及示范建构等。本书对人伦文化批判的方法论进行了辨析,揭示了其在批判继承的发展中所存在的误区;对人伦思想进行探源,揭示了其在中国道德教育中独特的价值机制;对人伦视阈下道德教育的基础、原理、形态、机制、范式等内容进行分析,揭示了独特的文化传统中最能体现我们民族情结的道德教育血脉。

中国人伦德育血脉在为人伦德育提供存在形式、结构和组织的过程中,实现着人伦道德教育的价值取向,有机融合在人伦文化传统之中,其观照价值理想与社会实践、常民生活与士人追求等的统一,兼顾社会秩序与民间秩序、为己之功与为人之义、亲伦天伦与人伦等方面的和谐,形成了"由仁行义"与"化民成俗"、"以礼制心"与"所以明人伦"、"化俗成礼"与"化礼成俗"、"先富后教"与"继天而教"等目的形态和功能形态,发挥了"观乎人文,化成天下"的道德教化作用,对今天的社会主义核心价值观教育无疑值得借鉴。

本成果虽不能带来直接的经济效益,但是行为是在思想指导下产生作用的,对最能体现民族情结的道德教育血脉进行研究有利于人们对中华民族核心价值观的体认,这种最深刻的体认有利于民族道德同一性的建构,那么其间接所产生的经济效益是不可估量的。本书把道德教育放在人伦视阈中进行研究,加强了对优秀传统文化思想价值的挖掘,梳理和萃取了中华文化中的思想精华,作出了通俗易懂的当代表达,赋予了新的时代内涵,在"富强、民主、文明、和谐是国家层面价值目标,自由、平等、公正、法治是社会层面的价值取向,爱国、敬业、诚信、友善是公民个人层面的价值准则"的社会主义核心价值观基础上,实现民间道德范式与制度化道德范式的价值同构具有重要的学术和践行价值。

拙著出版,得到了陕西师范大学出版总社的悉心指导和西安文理学院的大力支持,在此对所有关心拙著成稿、审定和出版等工作的单位及个人致以诚挚的谢意。在著述过程中,参阅借鉴了不少专家学者的有关研究成果,一并表示由衷的感谢与深深的敬意。深知书中错误在所难免,恳祈各位学术前辈、专家学者、同行读者不吝赐教,批评指正,衷心地感谢大家。

目　　录

第一章　导论 ……………………………………………………（ 1 ）
　　第一节　学术回顾 ………………………………………………（ 2 ）
　　第二节　研究思路 ………………………………………………（ 14 ）
　　第三节　研究方法 ………………………………………………（ 16 ）
　　第四节　概念界说 ………………………………………………（ 19 ）

第二章　道德教育中人伦价值的失落 …………………………（ 25 ）
　　第一节　20世纪初对人伦文化的批判 …………………………（ 25 ）
　　第二节　政治工具理性下人伦价值取向的错位 ………………（ 30 ）
　　第三节　经济理性下人伦价值取向的偏差 ……………………（ 35 ）
　　第四节　由道德教育危机透析人伦价值的失落 ………………（ 40 ）
　　第五节　人伦文化批判的方法论辨析 …………………………（ 43 ）

第三章　人伦思想的本义化探源 ………………………………（ 50 ）
　　第一节　人伦思想之发端 ………………………………………（ 50 ）
　　第二节　人伦思想之"轴心"发展 ………………………………（ 57 ）
　　第三节　人伦视阈下道德教育思想的表达 ……………………（ 65 ）

第四章　人伦观照下的道德教育追寻 …………………………（ 78 ）
　　第一节　道德教育的历史始点 …………………………………（ 79 ）
　　第二节　道德教育的逻辑起点 …………………………………（ 85 ）
　　第三节　人伦价值是道德教育策进人之社会化的中介 ………（ 91 ）

第五章　人伦机制下的道德教育原理 …………………………（ 96 ）
　　第一节　人伦机制下道德教育的文化原理 ……………………（ 96 ）
　　第二节　人伦机制下道德教育的运行原理 ……………………（104）

第三节 人伦机制下道德教育的场效应原理 ……………… (111)

第六章 人伦传统下的道德教育形态 ……………………… (123)
　第一节 "由仁行义,化民成俗"的亲族德育形态 ………… (123)
　第二节 "以礼制心,之所以明人伦"的学校德育形态 …… (126)
　第三节 "观乎人文,化成天下"的社会德育形态 ………… (129)

第七章 人伦框架下的道德教育范式 ……………………… (133)
　第一节 人伦框架下制度化道德教育范式 ………………… (135)
　第二节 人伦框架下非制度化道德教育范式 ……………… (136)
　第三节 制度化道德教育范式与非制度化道德教育范式的同一性基础 ……………………………………………………… (139)
　第四节 价值认同:制度化道德教育范式与非制度化道德教育范式的转化 ……………………………………………… (141)
　第五节 示范认同:制度化道德教育范式与非制度化道德教育范式的同构 ……………………………………………… (144)

第八章 人伦认同下的道德教育建构 ……………………… (149)
　第一节 人伦认同的合理性分析 …………………………… (149)
　第二节 人伦认同下的道德教育秩序建构 ………………… (151)
　第三节 人伦认同下的道德教育价值建构 ………………… (160)
　第四节 人伦认同下的道德教育示范建构 ………………… (170)

后记 ………………………………………………………………… (179)

参考文献 …………………………………………………………… (182)

第一章　导论

　　"道德教育也始终是在一定文化背景下进行的,道德教育所秉持的核心价值观念,以及这种观念的合理性,只能在一定的文化母体中找到根据。"①中国文化是伦理型文化,道德教育理论的成熟离不开伦理文化的滋养,而伦理文化建构的核心问题就是人伦。人伦理念是中国人的道德智慧,在道德教育中有着独特的价值机制体现;中国的人伦文化作为发育得最早也最为成熟的伦理型文化对人类文明的最大贡献之一正是道德与道德教育。人及其行为是道德和道德教育的对象,人的德性是道德的主体,人的德性的培育是道德教育的基本目标。德性的价值始点也就是道德和道德教育的价值始点,而德性的价值动力就是价值始点的核心。在以血缘为基础的人伦中产生了人最初的也是本始的德性,"仁"是由其本质的规定性"爱"扩展而来的;人伦是道德和德性的基础和前提,对伦理(人伦之理)的分享、内化和体现便形成了德性。"伦理性的东西,如果在本性所规定的个人性格本身中得到反映,那便是德。"②所以,"德毋宁应该说是一种伦理上的造诣"③。德性植根于伦理,以人伦为前提,是人伦之理的人格体现;人伦是德性形成的前提和始点,也是道德教育的价值始点。人伦之实质不在于个体与个体之间的社会与血缘关系,而在于个体与"伦"之间所应承担的道德关系,其意义在于由自然血缘的神圣挚爱之情(德性之根),而体会人伦之"敬重"感,进而扩充天下转化为"职责"意识。"敬重"感和"职责"心,正是道德教育之价值始点的两个基点或着力点,是道德教育乃至人的德性之价值始点中具有"知行合一"品质的两个要素。

---

① 魏则胜,李萍.道德教育的文化机制[J].教育研究,2007(6):13-19.
② 黑格尔.法哲学原理[M].北京:商务印书馆,1996:168.
③ 黑格尔.法哲学原理[M].北京:商务印书馆,1996:170.

第一节 学术回顾

习近平总书记在全国宣传思想工作会议上提出的"四个讲清楚":"要讲清楚每个国家和民族的历史传统、文化积淀、基本国情不同,其发展道路必然有着自己的特色;讲清楚中华文化积淀着中华民族最深沉的精神追求,是中华民族生生不息、发展壮大的丰厚滋养;讲清楚中华优秀传统文化是中华民族的突出优势,是我们最深厚的文化软实力;讲清楚中国特色社会主义植根于中华文化沃土、反映中国人民意愿、适应中国和时代发展进步要求,有着深厚历史渊源和广泛现实基础。中华民族创造了源远流长的中华文化,中华民族也一定能够创造出中华文化新的辉煌。独特的文化传统,独特的历史命运,独特的基本国情,注定了我们必然要走适合自己特点的发展道路。对我国传统文化,对国外的东西,要坚持古为今用、洋为中用,去粗取精、去伪存真,经过科学的扬弃后使之为我所用。"我们需要讲清楚并传承的是那些"与民族发展相伴随,在历史的变迁中不仅被'传'下来,而且形成一以贯之的文化法统或文化道统,在相当程度上,他们积淀为民族的文化本能,具有民族生命的意义。无论人们认同或反对,它们都是潜在地发挥作用的"①。当中国社会跨入现代性之时,人伦无论是作为文化传统还是作为存在实体,都呈现出了一定的价值合理性。

目前,学界对人伦范畴的关注较多地集中在伦理学和道德哲学的研究领域,其中对人伦原理及其普遍性和特殊性形态有很客观的探讨,但问题大多是对其普遍性意义的基础性理论思考,缺乏针对与具体形态的实践性建构。在某些领域,还存在着把人伦曲解成以宗法制度为前提的批判性研究,其问题在于没有把握人伦思想的实质含义,从而导致某种程度上的以偏概全的悖论性认识。所以,基于本书研究所需,有必要对其所涉及的几个问题的研究现状进行梳理分述。

一、关于人伦之含义的探讨

"人伦"最早出现在《孟子》一书中。据统计,在该书里"人伦"一词共出

---

① 樊浩.中国伦理精神的现代建构[M].南京:江苏人民出版社,1997:297.

现过6次,在后来的文献中便成为一个广泛使用的概念。但是,关于人伦的实质含义,学界中是颇有争议的,有进行专项探讨的也只是采用"拿来主义"的态度简单地借用而已,所以归纳起来,大致有以下几种观点。

(1)认为人伦之实质不在于宗法关系,而在于其间的道德性。刘丰在其论文《人伦本义可能性的探寻:寻找中国古人对人的预设》中专项探讨了人伦的本义,认为人伦之实质不在于宗法关系,而在于其间的道德性。[1] 他分析指出,周公治礼作乐的目的之一是使人由自然血缘的父子挚爱之情而体会人伦之情,进而扩充天下,即所谓"老吾老,以及人之老;幼吾幼,以及人之幼。天下可运于掌"[2]。目的之二是在于由父子、兄弟孝悌之情扩而充之,从而体会人伦之伦性,由夫妻和睦、君臣忠义、朋友以道扶接之旨来体会人伦之伦性,即所谓"今大道既隐,天下为家。各亲其亲,各子其子,货力为己;大人世及以扁礼,城郭沟池以掬固,礼义以扁纪,以正君臣,以笃父子,以睦兄弟,以和夫妇,以设制度,以立田里,以贤勇知,以功为己。故谋用是作,而兵由此起。禹、汤、文、武、成王、周公,由此其选也。此六君子者,未有不谨于礼者也。以著其义,以考其信,著有过,刑仁、讲让,示民有常。如有不由此者,在势者去,案以高姎,是谓小康"[3]。其实质在于以五伦即人的血缘、社会关系与相应道德性相配。所以,剥离了宗法制度的纯粹人伦之外化则体现为"大道之行也,天下为公……使老有所终,壮有所用,幼有所长,矜寡孤独废疾者皆有所养……货,恶其弃于地也,不必藏于己;力,恶其不出于身也,不必为己……是谓大同"[4]。

(2)把人伦简单等同于人之父子、兄弟的自然血缘关系与君臣、夫妻、朋友的社会关系。学界中将人伦等同于人之父子、兄弟的自然血缘关系与君臣、夫妻、朋友的社会关系的为数较多。如李祥俊在《儒学人伦原则的现代开展》一文中就认为"在人类的社会生活中,人与人之间总要构成一定的人际关系,儒学把这称为人伦、大伦"。他认为:"儒学的人伦就是指人与人之间的关系。"持有此种观点的学者不乏其人,在此不一一列举。

---

[1] 刘丰.人伦本义可能性的探寻:寻找中国古人对人的预设[D].兰州:兰州大学,2007.
[2] 孟子[M].徐强,译注.济南:山东画报出版社,2013:12.
[3] 礼记[M].崔高维,校点.沈阳:辽宁教育出版社,2000:75.
[4] 礼记[M].崔高维,校点.沈阳:辽宁教育出版社,2000:75.

据潘光旦先生在《明伦新说》一文中指出,"人伦"一词有两种含义,而且这两种含义之产生有先后之别。第一义是指人生中的条理或类别,它是具体而静的,要靠理智去辨认,这是先出的一义;第二义是指人与人之间的关系,它是抽象而动的,要靠情绪来体会与行为来表示,这是后出的一义。第二义要以第一义为基础,即动的关系要靠静的认识做基础。人际五伦具体是指君臣、父子、夫妇、兄弟(或长幼)、朋友,属于第二义。综合潘光旦先生的观点,"人伦"一词实际上包括认知(第一义)和情绪(第二义)两方面的内容,这与当代某些学者对"人际关系"的界定相吻合。如林国灿先生指出:"人际关系实际上应当包括人际间的认知和感情两方面的内容,如果离开人际认知,只谈人际情感和心理距离,就不能全面解释和科学说明人际关系的形成与发展。"① 人际关系所包含的这方面的内容,正统领在"人伦"一词中。

(3)把人伦曲解为宗法专制。如姚剑文、薛臻的《人伦关系视角的社会主义民主政治建设》②,顾宝华的《党的组织作用中的人伦倾向亟待重视》③,孙建江的《论传统人伦关系对儿童本位观形成的制约》④等诸如此类的文章,对于人伦及其关系理解都是把人伦等同于宗法专制。杨适先生在《中西人伦的冲突》中指出,中国人之为人规定性的核心点为宗法人伦。⑤ 宗法人伦,顾名思义,是宗法与人伦相结合之形态。杨适先生谈及"宗法人伦是一种异化的人伦,已不是天道自然的人伦"⑥。宗法人伦将人的血缘、社会关系与道德合一;以德配权。问题的症结在于,若道德性与其所处的伦性不合一,即不能安伦尽份,则人伦即失其实质。把人伦曲解为宗法专制是由于不了解人伦的形成及其演化造成的,这种观点所理解的"人伦"其实只是宗法

---

① 林国灿.论纵向人际关系[J].社会心理研究,1998(1):20-24.
② 姚剑文,薛臻.人伦关系视角的社会主义民主政治建设[J].南京工业大学学报(社会科学版),2003(3):24-28.
③ 顾宝华.党的组织作用中的人伦倾向亟待重视[J].阵地与熔炉,1992(1):44-46.
④ 孙建江.论传统人伦关系对儿童本位观形成的制约[J].浙江学刊,1996(2):87-88.
⑤ 杨适.中西人伦的冲突:文化比较的一种新探求[M].北京:中国人民大学出版社,1991:14-19.
⑥ 杨适.中西人伦的冲突:文化比较的一种新探求[M].北京:中国人民大学出版社,1991:150-159.

而无人伦,宗法专制只是被冠以"人伦"的名义而出现的。在封建社会的中国历史演进中,由于历史性与价值性相统一的选择使人伦性从宗法人伦之中彻底丧失,人伦被异化为宗法,只有权而无德,权德不再相合,然后以宗法取权,从而建立起中国人的组织权力结构。其结果是,五伦之实质的道德性被剔除,仅仅成为君之于臣、父之于子、夫之于妻的单向权力关系。更为痛心的是,"人伦"似乎成了宗法专制的代名词而成了众矢之的,使中国的人伦文化混同于宗法专制而被后世学者所诟病。

综合上述关于人伦之实质的分析,本研究的观点归结为如下几点:其一,人伦是伦序与义理的辩证统一,讲伦序关系是为了给义理以具体的、合理的参照,讲义理才是探讨人伦关系的要义。伦序是一定义理匡扶下的伦序,义理是相应伦序中的义理。其二,人伦范型的构建模式是人伦本于天伦,由血缘伦理进而扩充到社会伦理,由孝悌之情进而扩充到对他者的仁爱之心,由家庭人伦关系进入社会人伦关系,进而构建和谐人际关系。其三,人伦关系是有效进入人际关系的基础、纽带和桥梁。人际关系则可以指人与人之间的阶级关系、法律关系、经济关系、政治关系等等,而人伦关系则是指人与人之间的伦理关系;构建和谐的人际关系必须以人伦关系为基础。中国是一个重伦理的社会,重人伦是几千年中国社会的人际关系的根本(至今,它仍是处理现代中国人际关系的总原则),这是由中国文化的特性所决定的。中国文化是以儒家的道德哲学为核心,并形成了颇具中国特色的一整套的道德规范体系。它在中国人际关系中起主宰作用。正像梁漱溟所说:"人一生下来,便有与他相关系之人(父母、兄弟),人生且将始终在与人相关系中生活(不能脱离社会),如此则知,人生实存于各种关系之上。此种种关系,即是种种伦理……故伦理首重家庭……随一个人年龄和生活之开展,而渐有其四面八方若近若远数不尽的关系。是关系,皆是伦理;伦理始于家庭,而不止于家庭。"①孟德斯鸠也曾指出:"中国乡村的人和地位高的人所遵守的礼节是相同的;这是养成宽仁温厚,维持人民内部和平和良好秩序,以及消灭由暴戾性情所产生的一切邪恶的极其适应的方法。"②可见,重人伦关系是中国人处理人际关系的核心,是维护中国社会秩序的基础。尽

---

① 梁漱溟. 中国文化要义[J]. 上海:学林出版社,1987:79.
② 孟德斯鸠. 论法的精神[M]. 北京:商务印书馆,1982:312.

管其中的一些道德规范内容随着社会的发展已经发生了变化,甚至被淘汰,但其中许多内容是中华民族几千年来经过总结研究提炼出来的,至今它仍然存续于现代的中国社会之中,对当代中国的人际关系产生重要影响。人际关系以重伦理为本,在当今社会仍具有突出的积极意义:它有助于把握和调整现实社会道德现象。现代社会在追求物质文明的同时,也出现了极端利己主义、彼此封闭、人与人感情冷漠等精神方面的缺憾。然而,人与人之间相处尤其需要情感的真挚和道德的完善。人际关系中重道德的倾向有助于培养民族素质,调整人与人之间的关系,影响人们的行为和社会风气,正所谓"地势坤;君子以厚德载物"[①]。即君子应效法大地的胸怀,包容各个方面的人,容纳不同的意见,使他人和万物都得以各随其生。其四,儒家把社会中复杂的人际关系归结为血缘关系,认为社会的基本关系就是夫妇、父子、兄弟、君臣、朋友五伦。把本没有血缘关系的朋友、君臣关系加以拟血缘化:朋友往往以兄弟姐妹相称;在家国同构的社会,君臣关系也渗透着亲缘伦理。人伦关系的拟亲化及其通过拟亲化过程而人际化,是中国人伦文化的智慧所在。中国有"积家而成国"之说,中国的文化传统决定了中国的人际关系是亲缘关系的扩大,这种模式一直沿传至今。虽然现代化的进程已经对这一模式进行了挑战和冲击,但并没有真正动摇它的根基,中国人在现实中所进行的人际交往以及由之形成的亲密人际关系,仍是"亲缘"关系的一种外推。"视驻地如故乡,视人民如父母。"在人际交往中,一般关系越是靠近亲缘的核心,越容易被接纳,也就越容易形成合作、亲密的人际关系,其道德感染力也就越强;越是远离亲缘的核心,就越容易被排斥,就会形成疏淡的人际关系,其道德感染力也就越弱。

二、关于人伦与相关因素的探讨

在关于人伦的研究中,也有不少研究是基于对人伦之不同理解的基础上所进行与其有一定相关性的比较研究,如基于中西文化背景的人伦与正

[①] 王辉.周易·象传[M].西安:三秦出版社,2008:9.

义①、人伦与契约的讨论②,基于群体与个体发展冲突的人伦与独立人格的研究③,基于学说差异的人伦关系与马克思的人的全面发展的言论等④。对于人伦与这些相关因素之间的关系,认为人伦和它们之间是辩证统一的学者不乏其人,但认为人伦和它们之间是相互矛盾、相互影响观点的也颇有论及。这些对比研究,对于人伦价值在当代的合理性生态建构都具有重要的启示意义。

综合上述研究中的观点,本研究认为:

(1)关于人伦与契约的关系。中国的人伦使得社会中的人际关系道德化,在现实的人际关系中,人们对他人及其行为和事件进行分析评价时,总是带有道德价值判断性的色彩,这就决定了中国人在处理人际关系时更多地从伦理道德出发考虑人际问题。而且基于中国社会人际间的信任关系,视"诚""信"与和谐为人际关系的出发点,因此,人们在进行人际交往和"人情"交换时,其约束力量仍主要靠良心和道德,即维系人际关系的是一种"心理契约",这种人际心理与交往是相对于固定的人际关系的产物。随着市场经济的发展,社会流动日趋加剧,人们之间的关系也日益多元化、多层次化和开放化,人们开始寻求有法律效应的文字契约来对其中的一些关系加以保证和约束。所以当代中国社会人际关系已经有了"契约关系"的萌芽。尽管只是社会中一少部分人将人际关系"契约化",但它是当代中国社会人际关系多元化发展的一个趋势。然而中国人的文化传统又决定了中国人际关系的契约化毕竟与西方人的契约化关系不能画等号。中国人的契约化人际关系中也含有相当比例的人伦成分。而且即使是契约化的关系往往也不是用契约来涵盖一切。中国人不会就契约而讲契约,在契约关系中,是离不开人伦渗透的,这是中国文化传统使然,也是中国文化对外来文化选择的结果。

所谓契约关系,即契约化的人际关系,正如马克思所说:"为了使这些物作为商品彼此发生关系,商品监护人必须作为有自己的意志体现在这些物

---

① 郑维伟. 正义与人伦:中西古典政治哲学管窥[D]. 兰州:兰州大学,2006.
② 乐国安. 当前中国人际关系研究[M]. 天津:南开大学出版社 2002:202.
③ 张岱年. 人伦与独立人格[J]. 北京大学学报(哲学社会科学版),1990(4):110–114.
④ 沈关宝. 人的全面发展是当代人伦关系定位的基石[J]. 探索与争鸣,1996(3):25.

中的人彼此发生关系,因此,一方只有符合另一方的意志,就是说每一方只有通过双方共同一致的意志行为,才能让渡自己的商品,占有别人的商品。这种具有契约形式的(不管这种契约是不是用法律固定下来的)法权关系,是一种反映着经济关系的意志关系。"①契约化可以说是商品经济的产物,它适应了商品经济条件下的人与人之间的关系和往来,是商品经济人际关系的根本和出发点,为社会和谐有序地发展奠定了法律基础。然而,不带任何人伦色彩的纯粹的人际"契约关系"也日益显现出其弊端。因此,现代西方国家在意识到西方社会病时,也在呼吁以人伦作为人际关系的辅助调节,并积极向东方国家特别是儒家的文化传统寻找"灵丹妙药"。所以,"契约"与"人伦"应是现代社会人际关系的"两条腿",缺一都会导致人际关系的不健全发展。②

(2)关于人伦与独立人格的关系。人伦不但无损于独立人格,而且实行人伦准则是完成独立人格的条件。孟子说:"规矩,方圆之至也;圣人,人伦之至也。欲为君,尽君道;欲为臣,尽臣道。"③能尽量使人伦之道体现适宜,就是圣人;圣人就是最崇高的人格的示范。也即是说,如果作为父亲能尽父道,作为孩子则能尽子道;如果作为君王则能尽君道,作为臣子则能尽臣道。安伦尽分,即尽所尽之道,这样就是圣人。荀子也说:"圣也者,尽伦者也;王也者,尽制者也;两尽者,足以为天下极矣。"④荀子所指的"尽伦"也就是孟子所说的"人伦之至"。

儒家强调"做人",如陆九渊说:"人生天地间,为人自当尽人道。学者所以为学,学为人而已,非有为也。"又说:"若某则不识一个字,亦须还我堂堂地做一个人。"那么,对于如何成为一个真正的人的回答是:真正的人应该是具有真正自觉的人,或者说具有独立人格的人。所谓真正的自觉,即应能对人与自然的关系以及人与社会的关系有准确的把握和正确的认识。对于人与自然的关系,《周易·大传》以"人"为天、地、人"三才"之一而述为:"易之为书也,广大悉备,有天道焉,有人道焉,有地道焉。兼三才而两之,故六,六

---

① 马克思.马克思恩格斯全集:第3卷[M].北京:人民出版社,1979:102.
② 乐国安.当前中国人际关系研究[J].天津:南开大学出版社 2002:202.
③ 宛华.四库全书精华:珍藏本[M].汕头:汕头大学出版社,2016:24.
④ 谭绍江.荀子政治哲学思想研究[M].武汉:华中科技大学出版社,2014:167.

者非他也,三才之道也。"老子以"人"为"域中四大"之一,曰:"道大,天大,地大,人亦大。域中有四大,而人居其一焉。"《礼记·礼运》对人在天地间的意义论及:"人者,天地之心也;心者,五行之端也。"《中庸》提出"赞天地化育"的最高理想,认为"唯天下至诚为能尽其性,能尽其性则能尽人之性,能尽人之性则能尽物之性,能尽物之性则可以赞天地之化育;可以赞天地之化育则可与天地参矣。"关于人与社会的关系,荀子曰:"力不若牛,走不若马,而牛马为用,何也?曰:人能群,彼不能群也。……故人生不能无群。"①孔子曰:"鸟兽不可与同群,吾非斯人之徒与而谁与?"②人只能在人的共同体中生活,与人相"与"。儒家强调了"群"的重要意义,认为任何人都不能脱离人群而生存。儒家以"仁"为最高的道德原则,仁的出发点就是以肯定人与我的必然联系为预设,承认自己之外还有别人。

儒家关于"人生不能无群"的观点,是符合人类生活实际的。"个人本位、自我中心",事实上并不符合人类生活的实际,那不是真正的人的自觉。本文认为,所谓真正的人不可能是一个"自我中心"的人,更不可能是一个唯我独尊的人;真正的人应该是富于同情心和社会责任感的人。

(3)关于人伦与正义的关系。对于这一问题的讨论,实质上是关于德性论与公正论之关系的探讨,这是基于道德方式研究的现代性难题,表现为个体德性还是社会公正,或者个体至善还是社会至善的二难选择,其哲学本质是伦理与道德之间道德优先还是伦理优先的对峙。

以孔、孟为代表的儒家人伦思想,以"仁"为中心,是德性之本体。仁爱、仁慈、爱人在古典的道德体系中一直处于中心位置。道家即使是在"绝仁弃智"的论述中也免不了透着一种对"大仁"与"大智"的理想追求。墨子的"兼爱"说,从更广泛的意义上为"仁爱"提供了有力的根据。在西方文明中,柏拉图思想中的"爱欲"较之正义更为根本,而基督教的道德金律,体现的则是人们将对自我与对邻人的爱与对上帝的至爱联接在一起的要求。③在中国人伦文化传统中,仁爱是一种从亲情之爱开始进而体验扩充形成的

---

① 张觉.荀子校注[M].长沙:岳麓书社,2006:95.
② 赵逵夫.先秦文学编年史:中[M].北京:商务印书馆,2010:839.
③ 陈赟.从仁爱到正义:道德中心语词的现代转换及其困境[J].人文杂志,2004(4):55-58.

普遍的人类之爱,孝悌是仁的真正起点,即所谓"爱从亲始"。也就是说,仁爱之德是一个生长、发育和成长的过程,人类最初最原始的自然情感是其发端处,而重要的是仁爱之德并不止于孝悌之情,而是由此而推己及人,将差异性原则与普遍性原则相结合,使人人皆能感受到仁爱之温情。仁爱之所以能够从家庭走向社会的原因,在于人伦思想内蕴着以"忠"先于"恕"为脉络的切实可行的"忠恕"之道,这意味着个体必须先完善自我的德性也即在"尽己"的前提下"推己"、行恕道的德性优先观。

"正义"的经典定义出自亚里士多德的经典论述中,"正义"本质上是"平等(均等)",亦即"相等的人就该配给到相等的事物","政治学上的善就是'正义',正义以公共利益为依归"[①]。"正义",在近现代西方思想家那里越来越被看作社会制度之首要价值,直接指向制度的伦理。在《正义论》之开篇,罗尔斯就指出:"正义是社会制度的首要价值,正像真理是思想体系的首要价值一样。"[②]在现代性视域中,社会制度、社会体制是否完善,社会秩序是否良好成为人们所关注之重,与之相应,正义作为评价社会制度的道德标准便成为现代道德体系的中心概念。正义之功能是在缺乏仁慈的生人社会中仍能保持人与人之间的和平交往。所以说,以正义为中心的现代道德是指向社会性而非个体性的,其关注的问题一般限制在如何建立良好的秩序并使之良好地运转。如果仅仅以社会制度和社会体制为指向的道德代替以个人为中心的道德,那么道德即不再是人的德性本质,而是普遍的社会规范。正义能够成为现代道德的中心所反映出的实质是规范性和纪律性因素在道德中的强化。规范与纪律的反复灌输就会形成人的一种自我约束与自我管理的意识,道德便成为一种对秩序的臣服与服从的规训的力量等同于法律的所谓"底线道德"而不是人的主体性和能动性的展现,更谈不上对于人类精神价值的追求。在这种情况下,规则、规范与纪律虽然使得人与人之间交往有序、社会运转高效,但是各种体制与标准却越来越成为外在于人的东西而把生活规划为机械的行为,使人们"在社会规范中遗忘了生活,就好像行为仅仅是为实现体制的规范目标的行为,而不是为了达到某种生活的

---

① 亚里士多德.政治学[M].吴寿彭,译.北京:商务印书馆,1965:148.
② 罗尔斯.正义论[M].何怀宏,等译.北京:中国社会科学出版社 1988:3.

意义。社会成功了,而人失败了"①。

　　正义有分别对应于社会结构的政治与经济两大领域的两大基本原则,即平等自由原则、机会公正平等原则与差别原则,前者旨在实现政治的正义而指向人们的基本权利、基本自由,后者是旨在实现经济的正义或分配的正义而指向人们的利益分配。借此之说,正义原则之实质就是一种人与人之间所得与应得、利益与分担、权利与义务的相称关系,其提供了权利与义务分配的合理价值尺度。不存在没有权利的义务,也不存在没有义务的权利,一个人享有什么样的权利,就应当承担相对等的义务,每个人的权利和义务都是平等的,人们在交往过程中相互之间要求权利与义务的对等、对称和对应。就此而言,正义是一种为我们的生活提供标准和指明方向的高层次的道德规范,呈现为一定伦理原则与价值理念。然而,规范的运作逻辑在于每一个人遵守规范的先决条件必须是交往双方共同遵守规范,相互性是其本质。因此说来,正义是有条件的,呈现出一种自愿的人际交往关系态度。然而,社会生活的维度是多重的,人与人之间并非仅仅是处处讲条件、谈利益、要权利的对等关系,而且还有着相互帮助、相互关怀以及相互关爱的更高精神要求。正如有学者所论:"与正义相比,仁爱涵盖的行为范围更广一些。仁爱者热衷于帮助他人而正义者则侧重于不损人利己。……这两者的主要区别在于:仁爱者的行为不取决于受惠者是否回报而正义者则根据他人是否回报来决定自己的行为。前者是无条件的,后者是有条件的。仁爱与正义,就内容来说有雷同之处,但就动机来说却有质的区别:正义以相互性为条件,仁爱则不需要这一条件,仁爱者仍会以仁爱之心待人。"②现代复杂性社会急需仁爱这样一种使得人生有价值、生活有意义的一种精神交往原则,而社会交往秩序的稳定、合作有效和持续发展也离不开"把一个人所应得给他"的正义原则。本研究认为,两者之中毋宁说还是仁爱更具有根本性的意义,因为仁爱是关乎人类自身的,正义是关乎社会的,而社会最终还是为了人类生存状态的良好。

---

① 赵汀阳.论可能生活[M].修订版.北京:中国人民大学出版社,2004:9.
② 慈继伟.正义的两面[M].北京:生活·读书·新知三联书店,2001:19.

三、关于人伦与道德教育的探讨

目前,以人伦为视角的研究多局限于伦理学和历史文化学领域,也多是站在传统与现在二元分立的认识理路看待具有传统色彩的这一概念;而现代道德教育领域的研究则严重缺乏对人伦这一基点的探索与思考,在其实践与构建中更是缺少这一环。在中国文化传统中,人伦关系具有很强的包容性和扩散性,从孝亲关系到朋友之间的诚信关系,从一般血缘宗亲的伦理关系发展到了更广阔的社会关系,如君臣关系体现的是个人与国家的关系,朋友关系体现的是主体间关系。十九大提出要"弘扬优秀文化,构建民族精神家园",构建精神家园,离不开人伦道德的文化认同,而人伦道德与伦理文化传统的发展过程又是分不开的,要割裂这些,就无法取得文化认同,所以在传承伦理文化的同时要去创新伦理文化,这样才能更好地去发展影响民族精神家园建设的伦理文化或人伦道德。所以,国务院审议并通过,从2008年起取消"五一"黄金周,将三大传统节日调整为法定节假日。全国政协委员李汉秋2007年12月在人民日报上发表的《不妨多些人伦主题节日》一文中提出"此举充分体现了国家对传统节日的重视,标志着一个民族对保护与传承传统文化的自觉",他说:"人伦关系有3个是最重要的:亲子关系、夫妻关系、师生关系。现在很多人需要过这类节日时就去过西方的节日,因为我们自己没有。这对于弘扬民族精神是一个缺失,应该填补这个空白。"①

中共中央党校哲学部教授刘余莉认为:"'感恩意识'的缺失从根本上讲就是优秀传统文化被遗弃的结果。""时至今日,倡导'施恩不求报'和'知恩报恩'的恩义文化对于形成和谐的人伦关系、形成强大的社会合力、最终满足社会的整体需求仍然都具有现实意义。""在中国传统社会,孝的教育之所以倍受重视,其中一个重要原因就在于,孝心培养起来的是一个人知恩报恩、饮水思源的意识。"所以,她提出:"从孝心开始进行伦理道德的教育,是符合道德教育的规律的。"②

那么,人伦价值究竟给道德教育提供了什么?在目前的研究中,有较多的论述都是基于人伦本义上的对道德教育实践的经验性扩充。如卞良君的

---

① 李汉秋. 不妨多些人伦主题节日[N]. 贵州政协报,2007-12-14(B3).
② 刘余莉. 恩义文化中的"受恩"与"施恩"[N]. 中国教育报,2007-09-20(01).

《重视人伦的主题及其对学生精神领域的影响——小学语文人文内涵探究之一》①,龙文的《中学语文教材中人伦篇目选材研究》②等,也有学者是借鉴古代人伦思想中的优良传统分析对现代道德教育的启示意义,至于人伦如何有效融入道德教育、究竟给道德教育提供何种思路却缺乏深入、系统的研究。

本研究认为,人伦价值给道德教育提供了如下思路:其一,道德教育要从人的角度出发,也就是要回到人;而人的基础又在人的日常生活本身,所以要回到日常生活。如果我们把任何加在生活上的条条框框拿走,破掉一切以后,回到最原初的生活视阈(horizon),那么生活中最基本最原初的伦理体会又是什么呢?那就是孝悌之情。巴门提出一个概念:道德的亲近性。其实,道德的亲近性就是中国人所谓的孝悌。孔子在"礼崩乐坏"的年代,也是一个一切框框都被拿走的年代,他提出把道德的基础建立在孝悌之上。他说:"孝悌也者,其为仁之本欤。"仁从孝悌之情开始,这是一个普遍基础。从东方文化的特点来看,道德的基础就是要回到原初的父母爱子女、子女孝顺以及兄弟姐妹之间的亲情中。这就是道德的最原初体会。这个最原初体会就成为我们道德的普遍基础。所以道德教育的基础是要回到生活的事实,以人伦关系为本,在生活当中进行一种关系的感应与沟通。《易经》所谓"感而遂通",可以作为道德判断的基础,以此为起点再来讲责任和义务。所以,在亲情之爱的基础上的"回报"和感恩,就是责任的根源。敬养父母是义务,对家人如此,对社会如此,对老师也是如此,然后扩大到国家、人类,亦复如此。其二,人一出生就不是纯粹的个人,父母或者家庭是最基本的关系单位,然后扩展到社会关系。对于人类世界而言也是如此。在现代西方,也有人注意到关系为本的进路,如马丁布伯,他以"我—你"(I-Thou)关系为出发点。关系是基本的,重要的是厘清关系、规范关系、处理好各种关系。人伦关系是人类所有复杂关系中间最基础的关系,所有的社会化的人际关系构型都是对人伦机制的一种摹写,人只有回到人伦关系中才最有归属感和

---

① 卞良君.重视人伦的主题及其对学生精神领域的影响:小学语文人文内涵探究之一[J].衡水师专学报,2004(04):85-87.

② 龙文.中学语文教材中人伦篇目选材研究[J].贵州教育学院学报(社会科学),2005(03):80-82,103-104.

安全感,传统的道德教育实践活动都是在摹写人伦关系这样一种机制中进行。人伦及其拟亲化是中国人的道德智慧体现,人是走出家庭人伦关系,通过走入社会人伦关系而进入人际关系中的,只有在摹写人伦机制的关系内,道德教育才最有效。杜维明先生有一个"同心圆"的说法:从人心、人性作为同心圆慢慢扩展。从人心到人伦、到家庭、到家族、到共同体、到国家、到天下,这是中国道德文化传统最有生命力的一个进路。

第二节 研究思路

在学术资源方面,道德教育的理论发展,与伦理学的理论供给以及伦理学理论和教育学理论的生态整合这两大因素密不可分。为此,本研究选定以教育学理论与伦理学理论的生态整合视野为背景,以伦理学与教育学在道德教育理论中的生态结合点——人伦为视角,是有其合理性与现实性意义的。

人伦在当代道德教育中仍然具有十分重要的价值,这是本书研究的基本假设。如果说中国的文化传统是中国文化的血脉的话,那么人伦文化便是这种文化血脉中的重要基因。中国的道德教育是中国文化传统中的重要组成部分,而人伦道德又是中国道德教育传统的核心要素。在构建和谐社会的当今时代,人伦道德被各个领域普遍重视,足以证明了人伦道德在当今道德教育中的重要价值功能作用。中国传统的道德体系和伦理精神体系自近代以来经受了长达一个半世纪的解构,在如此漫长而激烈的批判中如果对这种道德体系和伦理精神的批判不能或还没有完成,只能说明这种体系因具有太强的民族性而不能或不应当被解构的,它可能已经与民族的生命及其成长融为一体。所以,要解决或者是去蔽现代中国道德教育中的问题,离不开对中国文化传统的张扬,中国的伦理道德传统是融合任何优秀外来伦理文化的土壤或砧木,中国的优秀伦理道德传统也是抵御不良外来伦理文化的坚盾。因此,整理和挖掘人伦机制的现代道德教育价值,反思人伦原理回归现代道德教育的曲折过程,发展人伦构型的优良传统,促进人伦价值的重构,是完成研究假设的基本思路。

对于人伦道德的基本理念,人们可以给予传统的叙述,也可以进行现代诠释。但无论采取何种方式,都难以避免一种现代文明和文化的立场。所谓现代文明和文化的立场,主要是指一种现代社会的文化姿态、价值评判和道德观点。规定了一种不同的道德视阈,在这一视阈内,传统的人伦道德理念乃至整个传统道德文化,往往都被看作是业已过时的、已被超越的遗迹。现代社会的文化姿态总是向前看的,其思维方式总是前进式的或进步的,因而它的基本道德观点也总是立足于新胜于旧、现代优于传统之文化价值判断基础上的"向前看"的观点。就物质技术和社会制度等显性层面而言,这种文明或文化的姿态,甚至是这种思维方式,当然是没有疑问的。但就道德生活而论,它们却并非确定无疑。

从最积极的意义上来看,现代道德或现代化价值立场极可能影响我们对传统道德文化和伦理理念完整合理的理解。正因为如此,像麦金太尔这样的一些现代化思想家和伦理学家都深怀某种历史主义的关切,极力主张用传统叙述的方式而非现代诠释的方式来处理传统道德文化,尤其是清楚准确地叙述每一种具有连贯性的特殊道德传统。然而,绝对本真意义上的历史叙述是不可能的,任何叙事本身都要受到叙事主体价值立场与言说方式的影响,而这正是现代诠释获得其合理正当之方法论资格的根本原因。考虑到这一基本事实,我们可能的结论只能是,传统叙述和现代诠释都是我们料理传统文化的基本方式,都是我们重访历史的有效路径,关键在于如何运用它们,在于运用的目的和立场之有效、之合理性。

道德的持久性特征说明了道德文化传统的持续作用力,同时也说明了道德文化是渐变而不是突变的。尽管在社会历史进步的历程中,时代的文化价值立场会影响到人们对传统道德文化及其观念的理解,但能够真正引起道德文化变化的是道德活动的促进。在这种促进过程中,道德文化弃旧扬新,从而注入新的观念。在道德文化的渐变和道德教育传统的发展中,民族的伦理道德理念和道德文化始终是血脉相承的,人伦传统是这种血脉相承的重要基因,尽管道德文化有时也会发生突变,但按照耗散理论——"一个孤立的系统不论其初始状态如何,最终都将发展到一个均匀、单一的平衡状态,使原来的有序结构遭到破坏;只有与外界有物质、能量、信息交换的开放系统,在控制系统的参量达到新的临界点时,使系统突变,才能向新的高级有序结构进化",中国近代道德文化的突变并不是由于主动、自觉地与外界道德文化信息的开放式交流所引起的,而是由于列强环伺、西风愈劲、新旧抵牾的情况下被迫"放眼看世界",在"自尊与自卑"的心理矛盾冲突下,被动地批判传统道德文化,使民族伦理道德遭到不断的解构,而在新的道德体系和伦理精神的建构方面给予的关注太少,所以像我国古代道德文化传统那样完备的具有民族特色的现代道德体系事实上至今还没有建立起来。当然,从意识形态的意义上看,这种道德体系也可以说已经建立或宣布已经建立,但在人文精神和民族精神的意义上,至今不能轻言建立。因此,一旦严肃而严谨地思考道德体系和伦理精神的建构问题时,它的人文之根与价值之始问题就被提出来,从而为人伦价值在道德教育中的合理阐释与建构问题留下了深刻的思考。

为此,本书研究的整体思路是旨在探讨道德教育中人伦的合理阐释与建构问题,而前提是确立人伦在中国道德文化传统中的价值地位,通过反思近代以来人伦价值所面临的遭遇,建构包含人伦价值思想在内的当代道德教育。具体步骤是:通过关注人伦道德在近现代道德教育中的缺失问题,着眼于人伦价值是从本体存在到本质生成的这样一个过程,以人伦价值为切入点,以人伦价值的本体存在为逻辑起点,以人伦价值从本体存在到本质的生成过程及其与道德教育的关系,以道德教育中的人伦价值合理阐释与建构为逻辑终点,完成本书研究的基本目标和主要任务。在这一逻辑论证中,始终以我国的优秀伦理文化传统和近现代所面临的遭遇为参照,以伦理道德的现代化和世界化发展为对比,以历史与逻辑相统一、历史与价值相统一、理论与实践相统一之方法论为支撑,从而为人伦价值在道德教育中的合理阐释与建构问题奠定可行性的基础。

第三节 研究方法

本研究以马克思历史与逻辑相统一、历史与价值相统一、理论与实践相统一的思想作为基本的方法论,在前人尤其是当代学者的研究基础上,依据和梳理大量的研究资料,借鉴专家学者有关传统文化、人伦精神、生活德育等的研究视角、方法和成果,旨在探讨人伦机制有效进入当代道德教育结构并在当代德育实践中发挥应有功能价值等问题。根据研究需要,主要运用了历史研究法、比较研究法和文献研究法,这几种研究方法的来源与概念均参照于裴娣娜《教育研究方法导论》一书①。

一、历史研究法

历史研究法是通过搜集研究对象发生、发展和演变的历史事实加以系统客观的分析研究,从而揭示其发展规律的一种研究方法。通过历史研究,可以揭示研究对象发展的规律和特点,理清其发展的基本线索,从而既有助于认识研究对象的实质,也有助于借鉴历史经验,构建合理性与现实性相统一的理论体系。在本研究中,首先,通过对人伦思想的历史发展实际过程及具体内容的考察,探求人伦思想发生、发展、演变的历史规律,把握人伦思想之实质,为其价值建构提供客观依据;其次,在丰富而具体的文献资料基础上,通过对史实的不同形式的记载来把握人伦思想的总和,揭示人伦思想发展过程中的内容以及各种相关因素;其三,在历史地分析人伦思想的构成要素及其逻辑关系的前提下,理解历史情景中的人伦原理的精神品质,设法使自己与人伦文化传统中所蕴含的精神进行"对话",理解那些精神承担者所处的历史情境以及在其人生实践过程中所表现出来的理性、情感、意志等精神活动及内在的自由、坚毅、高尚、宏大等精神品格,并通过这种"理解"沟通人伦文化的发展及近代以来的曲折遭遇的内在缘由,使对人伦思想的曲解得以肃清,为人伦价值的迷失找回方向,使人伦价值的缺失得以重构。

二、比较研究法

比较研究法是对研究对象在不同时期、不同地点、不同情况下的不同表现进行比较分析,以揭示研究对象的普遍规律及其特殊表现,从而得出符合客观实际的结论,其是确定对象间异同的一种逻辑思维方法,也是一种具体的研究方法。比较一词的意思是,根据一定的标准,把彼此有某些联系的事物放在一起进行考察,寻找其异同,以把握研究对象所特有的质的规定性。比较研究的本质在于从事物的相互联系和差异的比较中观察事物、认识事物,从而探索规律。正如爱因斯坦所说:"知识不能单从经验中得出,而只能

---

① 裴娣娜.教育研究方法导论[M].合肥:安徽教育出版社,2002:135,223,313.

从理智的发明同观察到的事实两者的比较中得出。"运用比较研究法,结合历史研究法不仅有助于从现实问题入手,追溯研究对象的历史渊源并探究研究对象发展的过程和规律,而且有助于分析研究对象发展过程中的本质联系,有利于深化科学理论研究,为合理性建构提供科学依据。在本研究中,首先,对人伦价值中性质相反的事物或其正反两个方面,如人伦关系与人际关系、人伦与独立人格、人伦与马克思的全面发展、人伦关系与契约关系作以比较,通过"同中求异""异中求同"的分析鉴别,更好地认识人伦价值发展中与其他因素之间的多样性、矛盾性与统一性,为人伦价值的重构提供辩证思考;其次,对人伦思想在不同历史时期的发展变化作以纵向比较,从人伦思想的发展变化过程来研究人伦价值发展变化的规律,以动态的观点来研究现状,揭示其历史演化性,从而弄清其发展的来龙去脉,为其价值性的建构做出符合历史与现实条件的解释;最后,因为先秦儒家人伦价值观不是孤立存在的,所以必须在相互关系的比较中认识其本质,所以通过对诸家人伦价值观,如儒与杨、墨的人伦观异同、儒与道的人伦观异同、儒与法的人伦观异同、中西人伦观的异同的横向比较,才能去伪存真,从而更好地把握先秦儒家的本真面貌,为人伦价值的合理阐释与建构奠定基础。

三、文献研究法

文献研究法是指搜集、鉴别、整理文献,并通过对文献研究所形成事实的科学认识的方法。历史研究法是通过搜集研究对象发生、发展和演变的历史事实,加以系统、客观的分析研究,从而揭示其发展规律的一种研究方法。任何研究都是建立在过去的知识和研究经验基础之上并以此为逻辑起点的,过去的研究直接影响研究的研究意义、研究设计的建构。通过搜集、整理文献和文献综述等文献研究,为历史研究和根据认识的规律、思维的规律、存在的规律建立在认识论基础上的、以逻辑推理为核心的理论研究建立基础或桥梁。通过文献研究,使历史研究更好地揭示研究对象发展的规律和特点,理清其发展的基本线索,从而既有助于认识研究对象的实质,也有助于借鉴历史经验,构建合理性与现实性相统一的理论体系。通过文献研究,为理论研究建立已有的认识基础,更好地运用各种逻辑的和非逻辑方式进行加工整理,以理论思维水平的知识形式反映研究对象的客观规律。理论研究在其直接意义上是以严密的理论体系的方式再现和阐释一定的研究现象及过程,是以一种带有总结概括和普遍性的方法论原则和理论框架作为形式系统,使研究对象的本质和规律得以更深刻的揭示和合理的说明。通过文献研究,不仅使理论研究有助于以抽象的理论框架来解释研究对象的结构与功能,从而构建理论体系并使其具有新的现代形态,而且有助于对各相关理论的观点的评价分析和转换,为人们的教育行为提供高层次的理论指导,更有助于清理和更新研究对象的原有范畴和原理的科学含义,从而不断完善和发展所研究的理论。在本研究中,首先,立足于对当代道德教育中所存在的实际问题("伦"认同危机、"从原子式进行探讨"的德育危机、"精神"价值缺失的德育危机等)的研究,搜集较为完备的相关资料(关于人伦之实质的探讨、关于人伦与相关因素的探讨、关于人伦与道德教育的探讨以及关于人伦与文化的探讨等)并加以科学分析。也就是说,必须立足于前人研究的基础上,把握新的事实,才能在新的水平上进行理论创造。这里需要的是理论思维的概括分析,而不是简单列举或堆砌所有的事实细节。面对道德教育实践活动和前人积累的正反经验,必须抓住关键性材料和有代表性的材料,识别出有显著影响的因素和相互关系,才能科学地进行比较和分析;其次,文献研究为理论研究能否顺利进行提供了意义建构和逻辑思路。理论研究在很大程度上取决于能否找到一个适合的研究角度和基点并以此入手逐渐达到对研究对象的总体把握,但这种把握是以众多研究经验为基础的。本研究在把握所研究问题的内在逻辑和理论线索的基础上,确定以人伦价值为切入点,着眼于人伦价值是从本体存在到本质生成的这样一个过程,以人伦价值的本体存在为逻辑起点,以人伦价值从本体存在到本质生成的过程及其与道德教育的关系、人伦道德在近现代道德教育中的缺失之间的关系为逻辑论证过程,以道德教育中人伦价值的合理阐释与建构为逻辑终点,正是赖以充分的文献研究,才抓住了问题的实质,使形成的理论更具有清晰性和科学性。

第四节 概念界说

进行理论研究,概念必须准确,尤其是基本概念应该具有本书研究范畴的含义。如果概念模糊不清、模棱两可,只会导致对事物本质认识的自相矛盾和随意性,并为某种空洞、抽象的议论和无休止争论创造条件。人伦、人伦关系、人伦价值和道德教育是本书中所涉及的核心概念,学界关于这四个概念的内涵及其外延的厘定也是各执其一,所以有必要对这四个概念做出适用于本书研究范畴的解释。

一、人伦

关于"人",古文《书·泰誓》曰:"人为万物之灵。"《礼记·礼运》曰:"人者,五行之秀气也。"《孝经》曰:"天地之性人为贵。"故《说文》云:"人,天地之性最为贵者也。"这里确定了"人"高于万物而赋有与天地相并的价值地位。关于"伦",《说文》云:"伦,辈也;一曰道也。"可见"伦"有"辈"和"道"两项意义。而据《汉语大词典》所归纳,"伦"主要有三条含义。一作辈、类解。如《礼记·曲礼下》云:"人必于其伦。"郑玄注:"伦,犹类也。"二作条理、顺序解。如《逸周书·宝典》云:"悌乃知序,序乃伦。"三作道理、义理解。《书·洪范》云:"彝伦攸叙。"蔡沈注:"伦,理也。"《论语·微子》云:"言中伦。"朱注:"伦,义理之次第也。"又如《荀子·解蔽》云:"圣也者,尽伦者也。"这里,"伦"当然是指人之所以为人的道理。

基于"伦"的以上三种解释,"人伦"一词大致也有三层义项。一指人类。如《荀子·富国》云:"人伦并处。"王先谦集解:"伦,类也。"二指人的秩序,亦即《辞源》所谓"人与人之间的关系,特指尊卑长幼之间的等级关系"。《孟子·滕文公上》云:"使契为司徒,教以人伦。""人伦"即就尊卑长幼之间的等级关系而言。三指"人伦"所规定的准则及其所包含的义理,亦即《辞海》所谓:"人与人之间的关系和应当遵守的行为准则。"《孟子·离娄下》云:"舜明于庶物,察于人伦,由仁义行,非行仁义也。"舜作为孟子理想中的圣王,所明察的自然不止于等级关系的表面现象,而更在于其所以然之奥义,才能够自觉地"由仁义行"了。

本书的立足点是作为"人类"的人伦,所涉及的范围是作为"人之秩序"的人伦,所着力探讨的对象是作为"人之秩序所包含的义理"之人伦价值。因为只有对人伦所包含的义理进行探索,才能全面而系统地了解其价值本质,并在此基础上加以传承与创新,弘扬其精华。

二、人伦关系

在目前的研究中,学者们从社会学的范畴着眼于"关系"视角界定人伦关系者居多,这种观点一般把人伦关系简单地等同于人之父子、兄弟的自然血缘关系与君臣、夫妻、朋友等的社会关系,并根据关系的特征在"五伦"的基础上新提出了"六伦""七伦""八伦"甚至"十伦";也有学者在对"十伦"加以分析后提出了所谓的"十伦"从根本上来说还是归结为"五伦"的观点。以上的讨论也是本研究所要探讨的一个问题,所以需要对"人伦关系"的概念做一界定。本书所涉及的人伦关系主要包含以下三个方面的内涵。

首先,人伦关系是人伦秩序中的关系,包括伦序和人伦之理。人伦关系应该是伦序与人伦之理的辩证统一,讲人伦关系是为了给"人理"(人伦之理)以具体的、合理的参照,讲"人理"才是探讨人伦关系的要义。伦序是一定"人理"匡扶下的伦序,"人理"是相应伦序中的"人理"。

其次,人伦关系不仅体现为道德关系,以规范为表征,是道德目的实现的途径、方法和手段;而且其所包含的规范以及人伦之理的价值,也是通过道德价值体现的。人伦关系又为道德教育提供了"为人之道"和"为人之理"的价值规范标准。道德教育必须通过人伦关系及其所包含的规范及人伦之理的途径、方法、手段才能实现,而人伦关系及其所包含的规范及人伦之理也只有根据道德目的、理想的变化做出相应的调整才能够更好地发挥其途径和方法的价值作用。

再次,人伦关系区别于人际关系,但也有联系。人伦关系和人际关系最大的区别在于:人伦关系突出的是"人"和"伦"之间的关系,其本质是个别性的"人"这个"单一物"与"伦"这个"普遍物"(场域)的关系,因为"伦"既是单个的人的公共本质,也是人的生命的共体。在"人伦关系"中,"人"与"伦"的关系,既体现为"人"与其公共本质或类本质之间的关系,更体现为与作为其根源并延绵不断的生命共体之间的关系。而"人际关系"是以区分为前提的,"际"即是区分,其凸显的是在彼此之间的区分前提下的"单一物"与"单一物"之间的关系或彼此间建立的联系。所以说,"人伦关系"中蕴含有"伦理感",而"人际关系"中却不能产生或不具备这种感觉。此外,二者之间也是有联系的,人伦关系构建的模式是人伦本于天伦,通过"拟亲化"的过程使血缘伦理进而扩充到社会伦理,由孝悌之情进而扩充到对他者的仁爱之心,由家庭人伦关系进入社会人伦关系,进而构建和谐人际关系,所以说,人伦关系是有效进入人际关系的基础、纽带和桥梁,人伦关系的拟亲化及其通过拟亲化过程而人际化,是中国人伦文化的智慧所在。

三、人伦价值

人类生活中的价值关系和价值现象是一个极其丰富且无限多样化的领域。一方面,人作为主体的现实形态是多样化的,不仅有不同层次的个体、群体乃至人类整体,而且每一层次上的人之个体也形态各异;另一方面,人类实践所涉及的任何事物,无论是自然的或人工的物品还是精神文化现象和人自己,都能在某一方面成为一定个人、群体或社会的对象,成为一定价值关系的客体。所以,价值关系总是在不同时态、不同层次和不同领域中具体地形成并改变着,具有复杂的多样化形态,但从总体上说,它是一个以人的自为认识为核心的结构系统。

对于人类价值关系结构的形态以及价值现象具体的表现形式,不同的研究有相对不同的划分标准。本书依据的是主客体关系的理论,认为现实的价值必然由三个方面的因素构成并确定:一是"什么或谁的价值",即价值客体;二是"对于谁或什么人的价值",即价值主体;三是"什么性质的或适合主体哪一方面尺度的价值",即价值内容。一般而言,一个完整的价值判断必须是明确地或隐性地含有上述三个方面的要素,其完整的表述是"什么的什么价值"。如果运用中缺少其中一个环节,那么这个价值概念或判断就是不完整、不确定的,从而会造成思考或实践中的随意性和盲目性。[①] 把握这三个方面的内容,可以将各种通常的划分归结为如下两种描述类型:一种是从客体方面的划分,另一种是从主体方面的划分。

若从客体方面的划分,即依据价值关系中客体的类型来概括价值来源、提供者,其明确地表述为"什么的价值"。书中所指的人伦价值来源于先秦儒家学说,可以表述为儒家学说的人伦价值,但这种划分实际上只是确定了考察的对象——价值客体,至于客体的价值是什么并不能真正地确定或指

---

① 李德顺.价值论[M].2版.北京:中国人民出版社,2007:119-120.

明。所以,本书要进一步从主体方面进行划分,这种划分包括价值的内容和性质,即是以主体和主体需要的性质及其被满足的情况来表识对象的价值,它的表述形式是"什么价值",其所表达的科学含义是指由于满足了主体某一方面需要所形成的价值,如本书标题中的"人伦价值"就属于此类范畴。从主体角度划分的价值类型的特征既有精确的确定性,又有动态的开放性,其意义主要在于引导人们充分注意和理解主体人的本质和需要等内在的规定的全面性、多样性和统一性,理解人的发展的无限丰富性和可能性。

借此分析,本书中的"人伦价值"概念,来源于儒家的人伦思想,是从主体道德教育需要的性质方面来确定的一种价值类型,它包括人伦文化思想中所体现出来符合主体需要的人伦关系、人伦范型、人伦逻辑以及人伦机制的全部价值总和,其体现为一种从自在到自为的形成与发展过程。人伦价值是事实与价值、目的与义务、伦理与道德的辩证统一,其是在通过人伦关系及其规范而进行道德教育和追求道德理想的过程中体现的。

四、道德教育

对德育概念的讨论,学界虽然做了很大努力,但并没有达成共识,其中最主要的原因是德育概念的外延及范围难以确定。有学者认为,把思想教育、政治教育、法制教育、心理教育等纳入德育是当前社会生活与教育的实际需要,理由是当前我国德育实践活动就是这样的,况且它们存在着难以分割的联系。本研究认为,如果说这些教育存在着联系的话,那也只能是它们存在着"道德"教育的成分,而不是道德教育本身。

所以,本书所探讨的道德教育,从概念上说,是指目前所谓的广义的"德育"中的狭义的"道德教育"本身。从受教场所来说,是指包括家庭、学校和社会的道德教育,而且是在促进三者之间形成共生互动的"教育场生态"中的道德教育;从哲学范式来讲,是基于人伦价值机制的从"实体出发"的"有伦理"的道德教育,而不是基于个体主义道德自由的从"原子式地进行探讨"的"无伦理"的道德教育。前者以对于伦理同一性为信念,以向伦理实体回归的家园感为前提,扬弃抽象的理性主义、个体主义和实体主义(或整体主义),强调的是"单一物与普遍物的统一",个体道德行为的伦理合理性与伦理现实性的统一,从而实现知行合一。后者的本质与核心是"原子式地进行探讨",其追求和建构的基础不是"单一物与普遍物的统一",而是"单个的人";实体、伦理共同体只是工具,而不是归宿和目的。

每一代人们对道德教育历史进程的认识、反思、理解与阐释都是基于他们所处时代的社会发展需求和需要以及解答当代社会所提出的问题而进行的,正如有学者所述:"历史本身是历史的,各个时代只能按照它自己的经验去理解,也只对它自己有用,新的经验会导致新的历史见解,又可以阐述新的问题,可以重新审查新老论据,可以从大量似乎无用的资料中挑选出颇有意义的事实来。因此,历史必须不断地加以再写,才能满足各个特定时代中人们的需要。再写历史是人类为驾驭历史力量所做努力的一部分,而在历史过程的每一个转折点,这一任务都变得特别迫切。"[①]现实不断地转化为历史,历史不断地延伸,从而不断地出现新的内容,需要不断地进行研究,所以研究者必须不断开辟新的领域,采取新的方法,阐述新的问题,提出新的见解,做出新的总结和概括。随着相关学科的发现,道德教育理论与实践的发展,人们对道德教育的历史理解和思考也随之而不断深化和丰富并不断转移着认识的角度,从道德教育历史发展中寻求的价值标准也在不断发生着变化。只要社会在发展,道德教育在发展,这种对于历史的重新认识就不会停止。因此,创新与传承是同时交织在一起出现的;不足也是伴随着一项研究的相对完成而体现出来的缺憾,但它同时也为后续性研究提供了动力和可解释的空间。

---

① 冀朝鼎.中国历史上的基本经济区和水利事业的发展[M].朱诗鳌,译.北京:中国社会科学出版社,1981:序言.

第二章 道德教育中人伦价值的失落

中国社会在从传统到现代的转型过程中,人伦关系的具体形态势必会由于社会制度和社会结构的变革以及人们的思维模式、生活方式和价值取向的变化,而发生相关的解体或重组。并且,在不断的发展变化中,传统人伦文化形态中具有本体性的精髓也会在传承与创新中被保存和延续下来,构成社会发展过程的基本要素与基本特征,并作为这个民族社会生活的内在潜质和精神资源而不断展开其无限可能的价值内涵;它不但不会随着某一历史时代而终结,还会如同一个民族生命里流淌的血脉一样形成具有民族内在品格的人伦文化传统,渗透于人们的行为方式与价值判断中,显性地或隐性地影响着当今中国社会生活的方方面面。①

然而,中国自近代以来,由于救亡图存、弃旧图新的种种现实需要,儒家伦理思想遭遇到前所未有的冲击,致使"人伦"与"伦理"在现代道德教育中消解或缺失。一说"人伦"就等同于被扭曲了的"吃人"的礼教,人伦似乎成了封建的余孽,在将现实与过去截然分开的二元思维模式的束缚下,人伦或被批判为过去的、落后的产物,或用历史主义的方法论审视,被否定性地批判其历史局限性的同时,也被遮蔽了其在人类社会中永恒存在的价值。尤其在现当代社会发展中,由于工具理性、政治工具理性和经济理性的越界,使人伦情感和人伦责任进一步遭到无情的冲击。

第一节 20世纪初对人伦文化的批判

20世纪初,儒学被视为封建专制的理论基础在中国遭到了全盘否定,其核心价值人伦文化也被等同于封建宗法的"三纲"受到空前激烈的批判。历

---

① 汪怀君.人伦背景下的交往伦理研究[D].南京:东南大学,2006:22.

史虽有其必然性,在中国现代化进程中为了完全从传统之坚茧中蝶化出来,对于传统社会以及"作为传统社会组织和管理基础的人伦文化"①的批判是历史的必然。但是,当时的批判是在"师夷长技以制夷"、救亡图存的紧急情况下进行的,对中国的思想价值体系并没有进行深刻的反思,在引进西方技术、政策、制度等层面之先进观念的同时,也以西方思想文化理论为立场,否定了中国文化的民族性特征。"反传统"是陈来对于当时激烈批判传统之现象的明确称谓。他指出,当时青年知识分子否定民族文化传统,是基于强烈要求复兴民族国家的危机意识,是出自民族生存的危机感和对民族现代化的急迫关切。这一急迫要求导致青年知识分子的反传统情绪。简单地说,他们认为传统文化要为中国的落后挨打负全责。② 在这种有原则而且是原则性很强的批判急就章中,思想的创新由于缺乏对本民族文化的时代性和民族性、历史的特殊性和本体价值的普遍性分辨,不能不带有强烈的实用主义和"工具理性"色彩,这也是造成现代化进行中由于缺乏基本文化原理框架的思想价值体系秩序失衡之原因的铺垫。

一、新学旗帜下民族文化传统的失落

近代中国的启蒙运动被冠以"新文化运动"之名,是因为这场运动冲击儒学所使用的思想武器是 17 世纪以来西方流行的各种理论,即所谓的新学。早期新文化运动主要以西方资产阶级的民主主义理论为思想武器,这一思想武器从总体上可以用当时所谓的"德先生"及"赛先生"作以概括性的称呼,主要包括适用论、怀疑论的新方法以及功利主义、现实主义、个人主义、自由主义、社会达尔文主义等新观念。新文化运动后期,马克思主义理论作为一种颇具影响力的思想武器登上中国现代启蒙运动的文化舞台,在中国人眼中,马克思的名字最初是以"百工领袖著名者"而出现的。随着马克思主义理论的系统输入,新文化运动亦向纵深发展成为马克思主义理论运动。就此而论,现代启蒙运动运用上述思想武器冲击儒学,在当时具有十分明显的历史进步意义,并为后来儒学的时代性建构提供基于批判基础上的重构空间和活力。

---

① 樊浩. 人伦传统与中国式管理的组织形态[J]. 天津社会科学,1993(6):38.
② 陈来. 传统与现代:人文主义的视界[M]. 北京:北京大学出版社,2006:17-19.

近代中国的启蒙运动与西方近代各国的变革在目的上虽然相似,但在路径上是完全不同的。西方各国以启蒙思想①作为思想武器,变革主要涉及政治制度层面,很少涉及文化价值体系层面。而近代中国的启蒙运动是在内忧外患的紧急情况下,以有欠论证西方的新学思潮为思想武器对传统文化土壤的彻底否决,变革不仅涉及科技、政治体制、制度,而且还涉及了文化思想和价值观念。这一路径决定了革命党人在极其紧迫、来不及深思熟虑的时间内,既需实施革命也需创新思想。在极其复杂的思想斗争和价值冲突中,中国近代的启蒙运动也模仿西方文艺复兴时期将矛头对准中世纪神学的启蒙运动,为运动找到了一个矛头,那便是儒学。本来把儒学等同于传统意识的根本进行批判已经有失公允了,但是沿着这一思路所打造的"打倒孔家店"这一富有号召力的标志性称呼表明了其与文化传统的决裂要求是何等的强烈。另外,在新学旗帜下,以西方文化的理论视角为立场对儒学的全盘否定的批判也完全脱离了作为民族精神和生命象征的文化传统根基,遮蔽了民族文化传统的自身本性及其价值,这一时期的批判原则从陈独秀所言"记者非谓孔教一无可取,惟以其根本的伦理道德,适于欧化背道而驰,势难并行不悖。吾人倘以新输入之欧化为是,则不得不以旧有之孔教为非。倘以旧有之孔教为是,则不得不以新输入之欧化为非。新旧之间,绝无调和两存之余地。吾人只得任取其一"②可以窥见一斑。

"这一时期的批儒在总体上表现为原则性极强的'破'有余,而基于儒学自身的'立'却不足;它打破了以儒学为主的文化传统的权威,却没有形成新的文化权威;而文化权威的丧失,必然导致现实生活的失序。对于任何一个民族而言,民众生活的秩序是由各种准则所规范的,而生活准则又在根本上由该民族的文化传统精神所决定。中国传统社会,在总体上民众生活的准则正是在以儒学为主体的文化传统精神的长期滋养下形成的,并已凝结为中华民族特有的生活风貌。"③把儒学误等同于封建意识所进行的全盘否定式的批判造成了对传统民众生活准则空前的涤荡,民众的生活失去了原有

---

① 启蒙思想经历了文艺复兴、宗教改革、科技发展和工业革命的长期酝酿,是在西方发展起来并适合西方各国变革的土壤和根基。
② 陈独秀. 答佩剑青年[G]//陈独秀. 独秀文存. 合肥:安徽人民出版社,1987:660.
③ 杨明. 现代儒学重构研究[M]. 南京:南京大学出版社,2002:35 – 36.

的平衡,这也是近代以来伴随着中国实际问题而出现的各种思潮①和形形色色理论之间主义和道路之争的开端。但是如何统领这些思想,形成核心的价值体系,是一个群体、民族、一个国家思想文化乃是文明的核心内容,是民众进行有序生活的价值标准。如果说向旧的文化权威开战代表了社会变革进步的方向的话,那么对儒学的全盘否定所造成的文化传统的失落,尤其是反儒学对文化的时代性和民族性的处理是明显欠妥的。在以西学为参照全盘否定儒学及其核心价值的批判中,就是认为西学代表了时代发展的方向,实际上是以时代性否决了文化的民族性。在文化传统的发展中,其时代性和民族性是同等重要的,民族性是一种文化的精神和生命线,时代性是一种文化避免僵化、停顿乃至衰亡的特征,但是文化的时代性需以文化的民族性为根基,完全脱离了文化的民族性而进行的时代性发展很难称得上是这个民族的文化,更别说文化传统了。当然,这种不当的批判方式也为儒学及其核心价值观的现代重构提供了致思的内容及方法论上的创新改造。

二、反封建礼教下人伦价值的失落

在"新学"旗帜下,以西学为参照而对儒学所进行的全盘否定,必然地要触动儒学的理论核心。但有所偏误的,是把以"三纲学说"为基础的伦理道德代替了人伦作为这一伦理核心,因而提倡伦理道德革命。

陈独秀是这一革命的先锋代表。"忠孝节义,奴隶之道德也"②是他于《新青年》创刊之时在《警告青年》一文中的明确口号。他后来在另外两篇文章中再次指出:"忠孝者,宗法社会封建时代之道德,半开化东洋民族一贯之精神也。自古忠孝美谈,未尝无可泣可歌之事,然律以今日文明社会之组织,宗法制度之恶果,盖有四焉……东洋民族社会中种种卑劣不法残酷衰微之象,皆以此四者为之因。欲转善因,是在以个人本位主义,易家族本位主义。"③他认为:"儒者三纲之说,为吾伦理政治之大原,共贯同条,莫可偏

---

① 主要包括中国传统文化、西方资本主义思想、苏俄传来的马克思列宁主义和中国人自己的革命思想。
② 陈独秀.警告青年[G]//陈独秀.独秀文存.合肥:安徽人民出版社,1987:5.
③ 陈独秀.东西民族根本思想之差异[G]//独秀文.独秀文存.合肥:安徽人民出版社,1987:29.

废。三纲之根本义,阶级制度是也。……吾人果欲于政治上采用共和立宪制,复欲于伦理上保守纲常阶级制,以收新旧调和之效,自家冲撞,此绝对不可能之事。……自西洋文明输入吾国,最初促吾人觉悟者为学术,相形见拙,举国所知矣;其次为政治,年来政象所证明,已有不克守残抱缺之势。继今以往,国人所怀疑莫决者,当为伦理问题。此而不能觉悟,则前之所谓觉悟者,非彻底之觉悟,盖犹在惝恍迷离之境。吾敢断言曰:伦理的觉悟,为吾人觉悟之最后觉悟。"①

可见,中国近代启蒙运动中的伦理道德革命,主要是从两条路经出发进行批判。一是以西方文化的个人本位主义理论视角为立场对儒学伦理道德的全盘否定的批判。在此过程中,完全脱离了作为民族精神和生命象征的人伦文化根基,同时也完全脱离了人伦的自身价值内涵,造成了人伦价值的变形、扭曲直至失去自身的本性。二是在把封建伦理道德文化作为批判儒学核心理论的根据,甚至在把"吃人礼教""封建宗法"等同于儒学,把"三纲"等同于人伦价值的批判中,完全遮蔽甚至颠覆了人伦思想的自身价值,从而造成了人伦价值的失落。这种失落一直持续到当代并显见于人伦秩序的失衡,当然也为人伦价值的现代重构提出了迫切的要求及方法论上的反思。

吉登斯针对伴随着现代化发端而对于传统社会政治、思想、文化批判之状况,提出了"断裂论"。他认为,断裂是在各个阶段的历史发展中都存在着的,但是特别值得重视的是现代社会的断裂。因为"现代的社会制度在某些方面是独一无二的,其在形式上异于所有类型的传统秩序"。针对这种断裂所给我们带来的深刻变化,吉登斯指出,现代性以前所未有的方式,把我们抛离了所有类型的社会秩序的轨道,这种断裂正在改变我们日常生活中最熟悉和最带个人色彩的领域。② 在中国,从辛亥革命、新文化运动到五四运动所掀起的反传统热潮对于包括封建伦理道德文化在内的传统社会的决绝式的批判,就是这种断裂在意识形态上的表现。③ 毫无疑问,对于封建专制

---

① 陈独秀.吾人最后之觉解[G]//陈独秀.独秀文存.合肥:安徽人民出版社,1987:41.
② 吉登斯.现代性的后果[M].田禾,译.北京:译林出版社,2000:3-4.
③ 孟宪范.家庭:百年来的三次冲击及我们的选择[J].清华大学学报(哲学社会科学版),2008(3):136.

制度、传统宗法制度以及"三纲"的批判是现代转型的历史必然,但是在以西方个人主义理论为立场、以封建宗法及专制制度为根据的全盘否定儒学及其核心价值的过程中,这种完全异质于被批判者的原则也遮蔽了儒学及其中人伦价值自身的本性。所以,这一时期对于儒学包括其核心内容人伦价值的批判是以某种预设的原则为前提,如以宗法、专制制度、"三纲"、封建礼教以及西方个人主义作为立场、根据,甚至是用这些立场或根据和儒学包括人伦价值的本身作以错误的替换的简单否定;在批判中并没有真正地从事物自身出发进行反思,对儒学并没有进行辩证的思考,对人伦也没有作以边界的划分,更没有揭示对人伦自身的从始点到终点的生成及展开,甚至从某种程度上遮蔽了人伦自身的价值体现。

第二节 政治工具理性下人伦价值取向的错位

从20世纪初的启蒙运动到中华人民共和国成立的现代转型中,由于列强的侵略和压迫,"革命"这一带有政治色彩的思想理论不仅无法选择地成为近代中国历史的时代主题,而且也在今后的道路中深深地影响着中国社会的价值观念。中国社会的阶级对立和斗争在规模和程度上都是人类历史不多的,它虽使中国实现了独立和统一的百年梦想,推动了社会转型与伟大变革,但同时也给后来的社会生活带来了沉重的历史包袱,描上了消不去的浓重底色。

中华人民共和国成立后,新的历史进程没能摆脱政治革命意识的巨大惯性,仍然用巩固政权的革命代替了社会建设的任务,"无产阶级专政下的革命"依然是工作重心。在以"阶级斗争为纲"的政治工具理性下,阶级的划分成了人与人之间最重要的划分,人与人之间的阶级关系代替了人伦关系成为社会关系的关键因素,阶级立场成了人生最为根本的立场,革命成了人生最高的价值目标。据胡鞍钢研究,从1949到1976年这27年间,共发动了政治运动67次,也就是说平均每年2.5次。在这一阶段,"不是通过有效的、基于规则(如党和国家的制度安排)的措施来治理国家,而是通过发动各种政治运动来实现对全社会的控制"。连番的政治运动加上天天讲、月月讲、年年讲的阶级斗争,阶级身份使每个人都带着自己的明确标签,以阶级关系为主线的人与人之间的关系掩盖了人伦关系的基础性地位,政治立场、阶级立场成了衡量一切是非的价值标准,体现"为人之道"和"为人之理"的人伦价值取向在政治工具理性中严重错位,致使人与人之间应有的伦理价值规范荡然无存。

一、政治工具理性下家庭人伦价值取向的错位

爱是婚姻及家庭伦理的本质规定性,以家庭血缘为伦理基础而形成的爱他人之情感是道德体系的根源。这种爱人之情的生成,是一个从"仁之本"经由"仁之方"形成"仁之道"三个彼此相关联的辩证过程。首先,"仁之本"即亲亲是第一步,也就是说"爱人行仁"的始点和根本是以孝悌为核心的亲亲。所谓"孝悌也者,其为仁之本欤!"①。"君子笃于亲,则民兴于仁。"②接下来,仁之方即忠恕是第二步,也就是说行忠恕之道是把家庭道德情感之外推从而使亲亲之家庭伦理之情发展成为社会之道德情感的途径。所谓"诚以待人,推己及人","己立立人,己达达人"。最后,仁之正路即仁道是发展的第三步,也就是说,亲亲与忠恕的结合,既"笃于亲",又"泛爱众"。中国式的"仁爱"便是三者结合所形成的自然而然的爱人之情。③ 可见,以爱为本质规定性的家庭伦理个体德性的养成与社会道德风尚的形成是何等的重要。其实,在对这一问题的认识上,中西方的道德哲学有着不谋而合的汇通之处。例如,黑格尔在《法哲学原理》中指出,家庭是神圣性和义务的根源。婚姻家庭的本质是爱,爱的实质是意识到离开了别人自己就不独立。④涂尔干也指出:"家庭是学习自我牺牲和自我克制精神的课堂,是至高无上的道德圣地。"⑤然而,在政治工具理性中,站在以阶级关系掩盖一切关系的阶级立场上,政治化标准代替了"爱的本质规定性",造成了婚姻直至家庭人伦价值取向的错位。

家庭人伦价值取向在政治工具理性中所体现出的以政治标准代替"爱

---

① 李剑桥.儒家经典:中[M].北京:中国三峡出版社,1997:1421.
② 刘宗志,高宏存.论语诠解[M].北京:研究出版社,2014:97.
③ 樊浩.中国伦理理念的价值生态及其在文明互动中的意义[J].中国人民大学学报,2003(6):69.
④ 黑格尔.法哲学原理[M].北京:商务印书馆,1996:196.
⑤ 涂尔干.社会分工论[M].渠东,译.北京:生活·读书·新知三联书店,2000:28.

的本质规定性"的错位,首先表现在择偶标准的政治化倾向上,这是家庭夫妇关系的异化之开端的折射。一般来说,择偶理论用"同类匹配""资源交换"和"择偶梯度"来解释人们的择偶行为。① 但是在改革开放前,政治地位在"同类匹配""资源交换"和"择偶梯度"的内涵中被过分强调,它甚至成了婚姻成立和解体的关键因素。政治立场成了结婚或离婚的价值基础,许多政治性离婚的直接原因是人们政治地位在连番的政治运动的升降和政治资源的变化。例如,大量"右派"的婚姻解体以及"文革"中因派别不同、观点不同造成离婚就是婚姻伦理取向错位的实际证据;这种以政治化标准代替以"爱的本质规定性"为标准而产生的婚姻现象事实上是婚姻去伦理化的一种表现,是一种对婚姻本质的异化现象。这种以政治标准凌驾于一切之上的婚姻价值观对于家庭人伦关系造成了极大的伤害,给人与人之间的关爱也带来了颠覆性的负面影响。如若爱情在家庭伦理中都没有独立的价值,人伦之爱只能成为政治的附庸且要靠它来衡量的话,那么就更别提社会人伦关系中是否存在爱的价值了,人与人之间只能是政治工具理性下的虚伪矫饰,信誉荡然无存。

家庭人伦价值取向在政治工具理性中所表现出来的以政治标准代替"爱的本质规定性"的错位也表现在家庭血缘人伦的长幼关系中。在"极左"思想横行的时代,政治工具理性成了衡量一切的价值标准,家庭的阶级符号和政治符号成了分配政治资源和社会资源的基本依据。当一个人的家庭出身被符号化并无端地固化之后,对他参加社会生活的影响是极大,甚至是抹不去的。如此当一个家庭的政治标签被无限放大后,家庭功能也就被政治符号化淹没了其他功能。由于政治工具理性的排挤,"爱的本质规定性"在家庭中无法藏身,家庭不再是孕育道德情感的基点,同时亲情也遭遇了政治化的扭曲。无论家庭解体与否,一个人只要成为政治运动的对象,其子女会收到以政治上要求进步为名的同他划清界限的要求,这就意味着割断家庭成员心灵深处的情感联系,家庭人伦价值完全异化。

十年"文革"将对人伦本体价值的伤害推向极致。一个人一旦成为政治运动的对象,兄弟反目,妻子背叛,子女不屑,亲戚冷疏,朋友躲避,乡邻欺

---

① 徐安琪.择偶标准:五十年变迁及其原因分析[J].社会学研究,2000(6):18-30.

侮,同事嘲讽,或揭发其罪行,视之为寇仇,或上纲上线,彻底批判,无情打击。所以,由于政治工具理性下家庭人伦价值取向的错位而造成的断绝亲属关系、兄弟阋墙、夫妻反目的亲情悲剧比比皆是。从老鬼的自传体小说《血色黄昏》的坦率描述中可窥见一斑,"(我)带来一帮同学抄了你(指杨沫——引者)的家。我恨你……我决心和父母决裂,投身世界革命……(我)把两个姐姐用绳子捆起来,像绑美国鬼子一样,勒得她们痛苦哀叫。姐姐的哭泣没有软化我的斗志,两只臭袜子塞进了她们的嘴……我还在墙上、门上、地上、写字台上,刷写了许多大标语:'打倒臭文人杨沫!'……滚他娘的儿女之情,对这些小资产阶级女的就要凶,就要狠!我用力踢了姐姐屁股一脚,不许她乱动。这家伙最爱看《大众电影》,思想肮脏透顶。""用打击母亲来表现自己的革命,用打击母亲来开辟自己的功名道路,用打击母亲来满足自己对残酷无情的追求。不知道一只小狼会不会在它妈妈被猎手追捕时,从背后咬妈妈一口,可我却利用了文化大革命之机,狠狠捅了自己母亲一刀。"在十年浩劫中,公然号召儿子造老子的反,上台揭发、打骂已经被残酷批斗的父母,甚至父母因受迫害身死,儿女也得上前踢尸体几脚等人伦丧尽、传统道德一律摈弃的做法,后果极为严重恶劣。① 据统计,"文革"中受到残酷迫害的干部、群众有 70 万人,被迫害致死的有 3.4 万人,全国因冤假错案受到诬陷、迫害、株连的达 1 亿人以上。② 这种政治理性对于人伦价值观的僭越对于人们所造成的伤害构成了我们民族当代创伤性记忆的一个主题。

二、政治工具理性下社会、国家人伦价值取向的错位

源于血缘关系维系的家庭、家族、氏族,它们组成了"部落"的亲缘性血亲群体组织,在此基础上发展出由民族或多民族相混合组成的"社会"这一群体组织,再后来发展出有地缘政治学意义的人群所组成的"国家"这一政治性群体组织。③ 这段话从发生学意义上说明了家庭、家族、氏族、部落、社会乃至国家这些典型的群体组织形成的次序,也说明了社会、国家的人伦关

---

① 刘君达.试论中华民族孝的传统美德的批判与继承[J].学术论坛,1984(5):85-87.
② 中共中央文献研究室.关于建国以来党的若干历史问题的决议注释本(修订)[M].北京:人民出版社,1985:391.
③ 丁大同.社会与国家对人伦生活生成的影响[J].天津社会科学,2004(4):44-47.

系是由家庭或家族人伦关系外推扩展而来的。所以,这些群体组织从最根本的属性上来说首先应该是伦理性的共同体,是受人伦规范制约的。人伦规范是一个共同体维系自身和谐有序运行的客观约束力量,这些约束力量一旦在人们身上得到主体性的道德体现,它们便能转化成为让人们更易接受的影响力量,而非粗暴的缺乏道德文化精神与灵魂的和不近人情的干预力量。

但是,在政治标准凌驾于一切之上的政治工具理性支配下,社会、国家人伦价值取向的失衡,首先表现在由家庭人伦情感通过拟亲化过程向社会、国家人伦共同体发展路径的中断。尤其是在如火如荼的"阶级斗争"时期,社会、国家就完全成为政治斗争的场所,其人伦价值遭到严重的颠覆,从而丧失了作为伦理共同体的根本价值,家庭人伦价值也难以逃脱被消解的厄运。这一时期,人与人之间没有基本的人伦价值规范,有的只是强制性的以巩固意识形态为目的的阶级斗争和群众运动。如"文革"期间极端的"残酷斗争、无情打击"和"阶级专政",对于不同意见的人尤其是知识分子,从思想上和精神上,甚至是人格上和肉体上造成了严重伤害。"'文革'的极左理论,以人民的名义,给人民带来巨大的伤害;以革命的名义,败坏革命的声誉;以国家的名义,给国家造成巨大的破坏,此是价值观与真理观分裂的典型。"[①]"'文革'中意识形态与人民的价值观念发生了巨大的分歧,社会的整合度,党和国家与人民的关系遭到严重伤害。"[②]

在政治工具理性支配下,社会、国家人伦价值取向的错位还表现在割裂了个人与社会的利益联系。在政治利益高于一切的意识支配下,中断了对人伦情感的体认,从而也造成了个人与国家伦理关系的体认缺失,社会和国家仅仅成为人们生存的工具和手段。"文革"后的社会本位还是个人本位之争是这种割裂在教育领域的体现,其实质是个人与社会、国家伦理关系认同缺失的体现。在对"当今中国社会最重视的五种伦理关系是哪些?"这一问题的调查中发现,有93.8%人选择父子,78.4%的人选择夫妇,63.5%的人选择兄弟姐妹,47.1%的人选择同事或同学,43.5%的人选择朋友,家庭伦

---

① 郑佳明.中国社会转型与价值变迁[J].清华大学学报(哲学社会科学版),2010(1):116.

② 郑佳明.中国社会转型与价值变迁[J].清华大学学报(哲学社会科学版),2010(1):116.

理关系仍然高居首位,说明家庭的伦理功能在特殊情况下遭到冲击后是容易恢复其伦理价值的,而君臣关系或个人与国家的关系在旧"五伦"中的淡出也说明君臣伦理或个人与国家伦理体认的缺失是难以恢复的。所以说,在当代中国道德精神建设及道德教育中,家庭、社会,尤其国家作为伦理场的基本功能必须重建,这样才能有效地提高个体的道德主体性,否则只会造成有道德知识而无道德行动的伦理感盲区。

逃离开那个时代来看这些行为,似乎让人觉得不可思议。但是,它却给了我们一个明确的警示:政治工具理性不能僭越人伦价值,政治和阶级关系也不能僭越人伦关系,人伦关系是人与人之间一切关系建构的基础,人与人之间的各种关系是在人伦关系上逐渐扩展起来的,而人伦关系又为道德教育提供了"为人之道"和"为人之理"的价值规范标准,所以说,政治理想不能代替道德理想,政治教育更不能代替道德教育。

第三节 经济理性下人伦价值取向的偏差

极左时代结束后,我们还没有来得及清理思想文化领域的混乱观念,体认伦理价值规范,重建亲情文化,又迎来了商品经济的大潮。1977年后,以"解放思想,实事求是"为标志性口号,人们对极左时代的做法进行了集中的反思,为改革开放时代的到来进行了思想理论和意识形态方面的准备,具有重大的社会意义。但是,这次反思主要是在政治理论、制度的层面,涉及道德情感层面、人性层面的反思却比较少。所以在后"文革"时代,当人们还来不及祛除"文革"对于人性践踏的污迹时,市场化的浪潮又来临了。① 伴随着革命道德的解体,新的市场性规范还没建立,人伦文化又没有得到重建,人们的价值观出现了新的危机。

社会学家费孝通常讲:"中国人是一个上有祖宗,下有子孙的社会,个人生命是长江中的一滴水。"在我们的传统中,一个人还负有祭祀祖先、荫庇后代的义务,所以才有"上对不起祖宗,下对不起子孙后代"之说。费孝通曾形象地用"接力模式"和"反馈模式"概括西方与中国的代际关系,即在西方文

---

① 孟宪范.家庭:百年来的三次冲击及我们的选择[J].清华大学学报(哲学社会科学版),2008(3):137-138.

化中,父母对子女有抚育的义务,而子女却不承担赡养父母的责任,他们只对自己的下一代承担养育之责,其代际关系是传递—接力式的;而中国的代际关系则是子女必须回报父母的养育之恩,赡养父母是子女义不容辞的责任。这种反馈型代际关系被他形象地称为"反哺""反馈"。[1] 这就是说,家庭的血缘之天伦、民族国家的社会之人伦成员彼此是负有责任的,如果背离了这一根本逻辑,每个成员都是理性自利的个体,那么家庭就不会存续,人类就不会有自身的再生产。但是,伴随着经济社会改革而发生的人们价值观的变化,在深深腐蚀着人伦的核心价值支柱。在经济理性的支配下,"经济人"代替了"伦理人"成为人际关系假设前提,承认社会的每一个人都是一个"自利"的、经常以实现自己利益最大化为行动动机的"理性"的人。在人人都追逐个人利益最大化背景下,人伦价值不得不让位于经济逻辑而造成了其价值取向的现实偏差。

一、市场机制下经济理性对人伦价值取向的僭越

在《大转型:我们时代的政治与经济起源》一文中,卡尔·波拉尼提出了"现代社会双向运动"的著名理论。他认为,由于市场的不断扩张和它所遭遇的问题同时支配着现代社会。其中的反向运动旨在将市场的扩张限制在一定的范围内,从而保护社会的运动。市场机制具有摧毁社会组织的作用,是在现代社会发展的历程中之所以有保护社会的反向运动的原因;如果使市场机制成为社会的主宰,就会导致社会的毁灭。针对市场机制对于社会机制的破坏作用,波拉尼尖锐地指出:市场"契约自由原则的推行,这意味着非契约关系,诸如亲属关系、邻里关系、同业关系和信仰关系等都将被消灭掉,因为这些关系要求个体的忠诚并因而限制了他的自由"。[2] 这句话明确地表达了他对经济理性原则下的契约原则对于人伦关系入侵的令人担忧的深思。

经济理性的目标是追求效益最大化,它适用于经济领域的逻辑。而人

---

[1] 费孝通.家庭结构变动中的老年赡养问题:再论中国家庭结构的变动[J].北京大学学报(哲学社会科学版),1983(3),7-16.

[2] 波拉尼.大转型:我们时代的政治与经济起源[M].冯钢,刘阳,译.杭州:浙江人民出版社,2007:140,63.

类社会不同领域的逻辑是不同的,各种逻辑不能随便越位。就如同行政逻辑不应进入经济活动一样,经济理性也不能轻易越界而进入其他领域。在家庭及社会领域,我们追求的是和谐、均衡和人性化,而不是利润或收益的最大化,所以,经济改革只能是经济市场化,而不是社会市场化、家庭市场化。如果经济理性越界而进入社会领域,特别是进入家庭领域,以经济利益标准代替了"爱的本质规定",人与人之间充满算计,那么,其结果就是人性的泯灭、"天下大乱"。但实际的情况是"经济理性的越界——自我中心式个人主义的发酵——侵蚀人伦核心价值"的这一链条正在作用着我们的社会,从而带来一系列的恶果。

经济理性越界最突出的表现是婚姻家庭契约化对其本质规定性的僭越。家庭是一个既体现着权利也体现着义务的伦理共同体,家庭这一组织的功能内在地要求其具有较其他组织更强的稳定性。契约化的单子式思维不仅侵蚀了体现"人"与他们的类本质或公共本质的相统一的人伦关系的本质要求,更否定了作为人类的生命根源并延绵不断的生命共体的"伦"的价值规定性。经济关系对于伦理关系的僭越也颠覆了"人"的"单一物"与不可离析(公共本质)、延绵不绝(生命共体)的"伦"的"普遍物"之间的关系,家庭和社会作为显性的经济实体掩盖了其伦理实体的基础性。这也是造成婚姻纠纷、赡养纠纷、房产纠纷的深层次原因。在经济理性越界支配下,家庭赡养纠纷和房产纠纷增多,造成亲人反目的人性悲剧比比皆是,从中我们也看到了人伦价值取向在经济理性越界下的失落所带来的物质主义、经济主义、金钱崇拜、极端个人主义、极端享乐主义、唯利是图、权钱交易的恶性膨胀。家庭尚且如此,其他领域可想而知。

贺雪峰指出:"改革开放以后,市场经济为导向的发展战略,农村人口的自由流动,消费文化的普及,使老规矩难以发挥作用……农村社会逐渐地由一个熟人社会转变为半熟人社会,传统的价值观被金钱诱惑力所打碎,人际关系迅速理性化,地方性的传统和文化,被一个扩展的市场导向和消费导向的大文化所取代。"[①]在湖北荆门,"农村人与人之间的关系迅速理性化起来,其结果是传统的以宗族和信仰为基础的人际联系解体,现代的以契约为基

---

① 贺雪峰.中国农村社会转型及其困境[J].东岳论丛,2006(2):54-61.

础的人际联系又未能建立起来","由此引起一系列的后果,即经济的协作无法达成,地痞横行,村道破败,道德丧失,整个村庄呈现出无序状态"。① 陈柏峰近年对皖北农村的研究结论更是触目惊心。他认为,长子成婚分家实际上成为儿子为满足自己积累财富的欲望而施行的对父母兄弟的盘剥。分家实际上是把父母兄弟赶出家门,以致竟有父母因此住在废弃猪圈的情况。每个人都在谋求个人利益的最大化的思路下,享受了长辈抚育之恩后并不知感恩,也不思回报。②

这些现象同时也折射出人伦文化传统美好成分的大量流失:对于父母尊重、感恩情感的弱化,家庭凝聚力、成员义务感、忠诚感的淡化。我们一方面经历了一个世纪对于传统的解构和近三十年市场经济的冲击,另一方面又没有新的人伦价值体系的重构,这导致道德领域荒漠化以及人性的溃败和人伦的丧失。

二、经济理性下"自我中心式个人主义"对人伦价值取向的消解

市场机制是通过经济理性入侵社会、进入家庭的,继而弥漫全社会。从人的层面上看,其表现就是自我中心式的个人主义在社会中的泛滥。

市场经济的特点是决策分散化,所以经济的市场化改革必然带来个人主义的发展。不同于计划经济时期,一个人几乎没有选择靠组织给安排工作、生活,今当每个人需要为自己的工作、事务独自做出决策时,必然带来个体意识的强化,个人主义的发展。但是,如果任其扩张而没有必要的限制,乃至在社会领域泛滥,就会酿成无视道德规范、乡规民约和法律,无视责任、义务的平衡的情况,导致一系列丑陋现象的发生。这时,个人主义就成为阎云翔所尖锐指出的"自我中心式的个人主义""极端实用的个人主义"。③

这种"自我中心式的个人主义""极端实用的个人主义"造成了人与社会不同程度的扭曲和异化,在许多方面偏离了正常的轨道而走向了极端。

---

① 贺雪峰.村治的难题[N/OL].http://www.snzg.cn/article/show.php? itemid-494/page-1.html.

② 陈柏峰.农民价值观的变迁对家庭关系的影响:皖北李圩村调查[J].中国农业大学学报(社会科学版),2007(1):106-113.

③ 阎云翔.私人生活的变革:一个中国村庄里的爱情、家庭与亲密关系 1949—1999[M].龚小夏,译.上海:上海书店出版社,2006:239,259.

人与人、个人与社会之间失去了平衡,导致了多种关系的不和谐。从人伦道德的范围而言,主要表现在如下几个方面。

在个人身心之间,由于在商品社会中,人们无止境地追求物质享受和感官刺激,加之人际疏离、亲情冷漠、竞争激烈、生活紧迫,导致许多人身心失调,情感扭曲,精神空虚,人格分裂,以及由此引起的焦虑、孤独等,使酗酒、吸毒、赌博、凶杀、自杀、精神失常等现象不断上升,不仅毁灭了精神失衡者个人,也严重影响了社会的安宁。

在家庭之间,仅就婚姻问题而言,由于许多人强调绝对的个人自由和性解放,出现了越来越多的单亲家庭、未婚同居家庭。由家庭解体所导致的老人失养、子女失教、人们精神失所、犯罪率上升、社会秩序混乱等一系列社会问题,已不局限于西方发达国家,而成了国际性的不幸和病态。我们这个东方伦理大国也深受影响,而且正显示着日益严重的趋势。

在人与人之间,由于现代社会将一切都商品化、物化了,人与人之间的关系完全变成了赤裸裸的金钱关系和利害关系。个人主义极端发展,为了一己的私利和享乐,一些人唯利是图、毫无信义,甚至杀人越货,不择手段,连亲人之间也互相算计、欺诈伤害,什么良知人性、天理人性,全都被践踏了。人与人之间的冷漠、猜忌和仇视,导致了复杂的社会问题。

在个人与社会之间,本是同生共荣、共同发展的关系。但在现代社会中,极端个人主义和利己主义高度膨胀,一些人置国家、民族、人民和集体的利益于不顾,只讲索取,不讲奉献;只要利益,不履行义务和责任。为了一己私利而不思道义,不讲廉耻,不顾人格国格,损公利己,化公为私,令人痛心疾首。

在民族、国家之间,人类本是一个大家庭,各国、各民族之间应当存异求同,和谐相处,互助互利,共存共荣。然而,我们所生存的这个地球却一直没有安宁过,或由于意识形态的分歧,或由于经济利益的争夺,或由于种族之间的偏见,或由于文化上的差异,在国家、民族之间一直是冲突不息、战争不止。本来应该贡献于人类繁荣的科学文明反而成了危害人类生存的弊害。

人际关系虽然包括人与人之间的法律关系、经济关系、政治关系等等,但人伦关系是其他各种关系的基础、纽带和桥梁。政治手段、经济手段、法律手段等在调节纷繁复杂的人际交往关系时,虽然表现出及时的、高效的特征,但是基于人伦关系的道德手段的经久的和长期的特征显然是更为符合人性的调节方式,因为它深入人心,而非迫于外在强制的政治压力、溺于物欲以及屈于权力。

第四节　由道德教育危机透析人伦价值的失落

东南大学樊浩教授主持的 2005 年国家重大招标项目"构建社会主义和谐社会进程中的思想道德建设与和谐伦理建设的理论与实践研究"、全国教育科学规划 2007 年度教育部重点课题"多元文化——网络技术背景下的青少年道德发展与道德教育规律的研究"以及 2008 年中宣部委托项目"社会主义核心价值观的理论内涵研究"等项目组,对目前中国伦理道德状况及其发展趋势进行了全国性的调研,[①]所调研的主要对象是青少年学生,还有青年知识分子和其他群体。他们的课题研究,调研面广,样本选取合理,方法科学,数据翔实,因而对家庭、学校和社会的道德教育及道德建设问题具有准确的可解释性。调研发现,当前中国社会的道德教育与道德建设面临着三大一脉相承的主要危机:第一,"伦"的认同已遭遇个体主义的严重解构;第二,"从原子式进行探讨"的道德教育哲学范式因脱离伦理认同而潜在的一种抽象的道德自由危机;第三,伦理精神和道德精神正是人超越自己的个别性存在而达到的伦与理、道与德的统一,道德教育中由于"伦"的缺失造成伦理精神和道德精神生态链的断裂以及"精神"价值缺失的危机。

反思中国道德及道德教育中的这些危机,根源在于人伦价值的失落。人伦规定了人与人之间的各种伦序关系以及基于这些伦序关系所应遵循的人理。生命机制研究证明,任何生命都有利己因子,没有利己因子的生命一旦出现,将很快被淘汰,"任何生命都是基因自私行为的奴隶"[②]。人作为生命的一个物种,同样具有生命利己因子和利己本能。利己本能是人的最基本属性,是人性的最基本侧面,人正是在这种本能和属性下构成了各种利己的人我关系和物我关系,自私、高尚等都是对利己本能的各种"关系"的反

[①] 樊浩. 当前中国伦理道德状况及其精神哲学分析[J]. 中国社会科学,2009(4):27-42.
[②] 道金斯. 自私的基因[M]. 卢允中,张岱云,王兵,译. 长春:吉林人民出版社,1998:57.

映。利己本能所导出的爱心普遍存在于动物之中,人类也司空见惯,血缘亲情是人类最基本的爱,而人与人之间的亲情从来就具有一定的优先顺序,父辈与子辈间的父子、母子情是最高级别的亲情和爱,第二层次是同胞兄弟姐妹间的爱,第三层次是堂表兄弟、姐妹的情,第四层次是同宗同族的宗族情,第五层次是同乡、同国人之间的同胞情,第六层是人类的互爱,即人道主义的人文关怀,第七层次是突破人类界限的对地球生命的爱。对于利己本能属性下所产生的损人利己、互利互惠合作、关爱与亲情等人我关系,应当谴责的是损人利己的自私行为,鼓励和提倡互惠互利的合作,颂扬关爱和亲情,一个充满关爱与亲情的社会将是人类文明的天堂。[①] 人伦以血缘亲情为出发点所做出的人我关系的规定,是人类生命利己属性的智慧所在,围绕血缘宗亲间的人伦关系而构建和发展的人我关系,几乎包含了所有道德教育的主题。

"文化传统"不同于"传统文化","'文化传统'与'传统文化'的区分在于,后者在文化演进与历史发展中,只是偶然的存在,而前者则贯穿文化过程,与民族发展相伴随,在历史的变迁中不仅被'传'下来,而且形成一以贯之的文化法统或文化道统,在相当程度上,他们积淀为民族的文化本能,具有民族生命的意义。无论人们认同或反对,它们都是潜在地发挥作用的。"[②] 当中国社会跨入现代性之时,人伦无论是作为文化传统还是作为存在实体,都呈现出了一定的价值合理性。首先,人伦文化所关注的既不是客观自然外物也不是"上帝"的天国,而是现实世界中人的生命存在;川流不息的人间生命是其建构的基础,人的生命成长在不断的融摄过程中获得现实性,是封闭性与开放性相统一的过程。其次,人伦文化所关注的既不是抽象的个体也不是原子式的人而是人伦关系中的人;个别性的人和实体性的"伦"的关系是人伦关系的本质。以实体性的"伦"为介质,个别性的人建构和确认彼此间的关系及行动,并以与实体性的"伦"的关系为现实性与合理性。最后,人伦文化所关注的既不是一般意义上人与人之间的关系,也不是个体与个体之间"际"的关系;而是人与"伦"的关系即人伦关系,突出的是人与人之间的伦理关系,重视的是人的德性的养成与发展。人与人之间的关系从性

---

① 王汉生.论生命机制[M].西安:西安地图出版社,2003:267-271.
② 樊浩.中国伦理精神的现代建构[M].南京:江苏人民出版社,1997:297.

质上可分为阶级关系、政治关系、经济关系、法律关系等,但其本质基础是人伦关系。个体只有在人伦关系所构筑的人与"伦"即伦理共体统一的伦理世界中,才能扬弃其偶然性和主观性,从而获得"伦理上的造诣"。

但是,在现当代社会发展中,人伦价值曾遭遇"理性"的无情解构,也曾遭遇阶级性的冲击,一度被扭曲为"政治工具",或被"经济理性"无形"规避"。探索走出危机的思维方式就是进行人伦价值的合理建构,而建构不仅是人伦价值从自在到自为的过程,也是人伦价值"从本体存在到本质生成"①的过程。这一建构过程不仅包括对人伦思想在封建礼教中迷失的分析与纠正,也包括近代以来在现实运用中对人伦价值曲解的梳理与肃清,更包括对人伦价值之精髓的探究以期运用于当代中国的道德建设及道德教育的理论与实践之中。这不仅在理论上而且在实践中都具有十分重要的意义。

首先,由于政治工具理性、经济理性和科技理性的越界,道德教育的根本越来越模糊,道德教育的边界越来越宽泛,道德教育中人伦价值的探讨为道德教育避免成为经济、政治、科学技术的附庸而失去其价值评判的品格提供了思想渊源的意义。其次,人伦文化重视人的现世生命,这与当今道德教育回归生活世界的思想理论是相契合的。生活世界不是彼岸世界、先验世界,而是将人内在于其中的现实世界。道德教育的根基就在生活世界之中,它的根本品格就是实践性。道德教育回归生活就是要回到人理伦序中来。再次,人伦文化所强调的主体与主体之间的交互性根源于原初的主体与主体相融的整体思维方式,克服了主客二分的对象化思维方式所带来的人与自然、人与人、人与社会之间的异化。人伦文化在道德教育中的作用机制不仅存在着西方意义上的纯粹理性、实践理性,而且是对理性意涵的扩充,其在某种程度上可以避免纯粹理性的抽象化、形式化。再其次,人伦文化背景下的道德教育以人的关系性存在作为参照的视阈,认为人是不能离开他人、脱离共同体而存在的,突出人与人之间的相互关爱、相互关怀,将仁爱作为最高交往原则之一,其中包含着移情感、同情感、敬重感和责任心;这不仅有益于人与人之间建立融洽、和谐的人际关系,而且为现代中国人之间的交流与沟通提供了更为恰当的价值导引,避免了抽象的规范说教。最后,现代社

---

① 郝文武.教育哲学[M].北京:人民教育出版社,2006:1.

会的突出特点是功利原则与个体原则。虽然,功利原则为社会经济的发展注入了某种活力,而个体原则也为个性的多样化和主体创造性的发挥提供了价值观的基础。但是,普遍的商业功利化与极端膨胀的个人主义交互作用使人们在竞争中走向紧张、冲突与对立,带来的是人与人之间关系功利化、疏离化和单子化;这就是现代人满足了欲望需求却感受不到生活的精神感、归属感和幸福感的原因所在。人们抛却了人伦道德这一价值之根,使现代社会虽然呈现出一派欣欣向荣的景象,却隐含着体制与制度的危机;人伦价值的维度的丧失会使高度理性化的现代政治、经济、法律成为人的桎梏,所以,必须有人伦道德的价值渗入,经济、政治、法律等才能从根本上获得合法性与价值合理性。

"人伦之理"是自近代以来被世人所诟病最多者,原因何在?有学者分析得好:"盖汉儒援法入儒,以应集权之势;宋儒存理灭欲,以资专制所宜。其违先儒之道也远矣!然而时迁世变,俗易风移。一姓专制,已成陈迹;大道之行,天下为公。于以古之切于实者,则今之离乎实也益显;古之宜于世者,则今之违乎世也益急。此'五四'之所以直斥汉宋以来之儒家人伦之不缓也。"[①]为此,本书探讨的关键是人伦价值在道德教育中的合理阐释与建构问题,是在批判之批判的基础上,揭示并显示人伦的本质特征;其目的并不是取古方以疗今病,而是挹古方治病之理以资当今处方之鉴。

第五节 人伦文化批判的方法论辨析

人伦文化的形成、发展与完善,是在漫长的历史过程中进行的,经历了轴心时代的精英表达、百家争鸣、意识形态选择与建构、经学阐释、儒释道融合、道德范式变迁、士人示范和百姓日用等等。人伦文化在不同的历史时期、不同的发展阶段都有新的诠释内容,这些诠释过程也是对其不断批判的过程,批判的方法论或指导思想不同会导致完全不一样的发展方向。因为批判本身也包含有不同的形态和方式,所以它本身也需要接受批判即进行区分。目前,有三种影响较大的人伦文化批判的方法论交织存在于学界中,

---

① 徐儒宗.人和论:儒家人伦思想研究[M].北京:人民出版社,2006:自序.

它们是"从本体存在到本质生成"的方法论、"有原则批判"的方法论和"无原则批判"的方法论。对这些方法论的研究有助于厘清人伦文化的本体存在特征和本质生成规律,从而加强其建构的针对性和明晰性。

一、"从本体存在到本质生成"的方法论辨析

本质是事物的根本特点,是事物之间相互区分的基本规定性。但这一规定性既有绝对的一面,也有相对的一面。相对意义上的本质或指存在于现象之间相对稳定的本质,称现象的本质;绝对意义上的本质或指存在于本质之间的内在、必然的本质,称本质的本质或本体。本体是事物的本原或终极原因,是事物多样性和复杂性的统一。本体是不变的,本质是依据于本体生成的。人伦文化本质的本质是指古今人伦都共同具有的不变的和绝对的必然、内在和稳定的联系,是人伦区别于其他事物的根本特点;人伦现象的本质则是指某个境域、某个时代的人伦具有的相对的、普遍的联系,是一种人伦现象区别于另一种人伦现象的根本特点。

因此,人伦文化有其历史性的内容,更有其普遍存在的本体性价值。人的本质是社会关系的总和,己与他者是相互依存的,在现在社会以及未来社会,人伦文化本身所体现出的本体存在特征是不变的。在这个意义上说,人伦是超越历史界限的普遍的本体存在,但其又是在不断传承与创新的变奏中发展的,古代的人伦和现代的人伦都是同一个人伦,但又是不一样的人伦。"从本体存在到本质生成"的方法论认为:作为本体的人伦是相同的,而作为本质的人伦价值是在历史性与价值性相统一的基础上不断地建构创新的。由人伦文化所形成的本体普遍性价值构成的文化传统不仅属于过去,还属于现在,更属于未来,其是活跃于现实中的动态的流变体。

基于"从本体存在到本质生成"的方法论,我们对人伦文化的批判不能仅站在特殊的立场上用一分为二的观点把其简单地做好与坏、先进与落后的区分,其批判的视阈也不能只着眼于人伦文化"现象的本质"而忽视"本质的本质(本体)",不能只抓住人伦文化在特定历史时期的具体表现形态而忽略了其"最适合人们需要的而被保存下来"的本体存在的普遍性特征,防止造成以偏概全或"只见树木不见森林"的批判结果。就近代以来对于人伦文化传统的批判来说,基本上是只见于对表现为现象的具体形态的封建"三

纲"与"礼教"的批判,从而连带着造成了对人伦文化的全盘否定。而"三纲""礼教""宗法专制"甚至是"裙带关系"只是人们对人伦文化在不同历史时期、不同意识形态以及不同层面的特殊选择下所造成的异化形态,并不是人伦文化之本体特征。人伦文化的本体是在人理与伦序互动的辩证发展中的人类德性的形成,旨在于"理之以序,协之以和,始崇孝悌,终协天人"①。我们对人伦文化的传承应是在深刻理解其产生、来源及其发展的基础上,把批判的视阈放在人伦文化之"本质的本质"即本体存在并兼顾到其"现象的本质",不但要传承其经过无数的生命体验和生活验证的有着巨大的适应性和优越性的普遍性本体特征,还要以其在不同历史时期、不同意识形态以及不同层面的特殊选择下被造成的异化形态为借鉴,从而进行从人伦文化的本体存在到现实具体运用的合理建构及有依据的创新。

二、"有原则批判"的方法论辨析

批判是指思想者在思考的基础上对于所思考之物或称被批判者的评判。有原则批判意即以物的根据为原则或以批判者的立场为原则对被批判者所进行的评判。以物的根据为原则的批判就是从物的产生基础、原因和目的等为视点对被批判者进行的评判;以批判者的立场为原则的批判就是从思想者的意识形态、政治立场、主观经验、日常态度等等为视角对批判者所进行的评判。也就是说,有原则批判的"有原则"包含了以物的根据或批判者的立场为原则的两个方面。

根据是一个事物必然存在的理由和基础,其对于事物的重要性是不言而喻的。但尽管如此,根据也只是事物之外的另一个事物,而并不是所批判的事物本身。当批判者将根据错误地置换为事物的本身进行评判时,根据虽然被彰显,但事物的本身却会被遮蔽。立场给批判者提供"如何去看"和"看什么"的特定视角或视点,它通常分为以日常态度为基础的立场和以理论态度为基础的立场两种。以日常态度为基础的立场源于日常生活世界中所形成的各种经验,往往具有惯常性、直接性以及缺乏反思性等特征;因此,当批判者以日常态度为基础对事物进行评判时,可能会无视事物本身,对事物的

---

① 徐儒宗.人和论:儒家人伦思想研究[M].北京:人民教育出版社,2006:自序.

理解造成成见和偏见,从而阻碍对事物本身的思考。以理论态度为基础的立场源于文本如经书和经典的分析所形成的各种思想或是关于思想的思想,往往具有敏锐性、间接性、反思性;但是,当批判者的理论立场完全脱离了事物本身的时候,他所思考并评判事物就会在这种理论的视域下扭曲、变形直至失去自身的本体特征。

  近代以来的现代启蒙运动是中国如何从传统之坚茧中蝶化出来的路径寻求,是历史的必然归宿。民族在积贫积弱和屡受蹂躏的时候,民主革命的思想家们胸怀救国救民的宏愿,对于封建宗法制度及其伦理礼教进行了激烈的批判;新文化运动延续辛亥革命前后民主革命思想家的批判思路和方法论视角,继续批判传统社会和封建礼教;这都是带有无可厚非的积极意义的。新文化运动后的五四运动更是彻底地反对帝国主义和封建主义的爱国运动。这一启蒙运动启发了人民的民主主义觉悟,使人们从封建思想的长期束缚下解放出来,对现代中国的思想解放有着重要的意义。但是这一运动中所伴随的对民族文化的批判却是激进的、极端的和曲折的,尤其是戊戌变法和辛亥革命所带来的人们对民族文化之否定的结局。这次对儒学的彻底批判以及以"打倒孔家店"为口号的与传统文化决裂,其原因是把儒学作为封建伦理道德文化的代表及维护封建专制为基本学说。但这种以西方文化的民主和科学为口号,以宣传资产阶级的民主自由为理论立场和以封建伦理文化为根据的批儒行动是极其有原则的批判,对儒学及其核心内容人伦文化的自身本性的认识是不公正的,主要表现在两个方面。其一,民族文化的发展必须是这个民族自身文化开放、融会及演化的结果,这个过程离不开时代性但也离不开民族性,离开了民族性这条生命线同离开其时代性的结局一样危险。所以,在上述以西方文化的理论视角为立场对儒学的全盘否定的批判中,就完全脱离了作为民族精神和生命象征的文化根基,同时也完全脱离了儒学及其核心内容——人伦文化的本身,如此,在这一过程中对于儒学及其核心内容——人伦文化本身的思考形成的是阻碍。其二,在把封建伦理道德文化和维护封建专制的基本学说作为批判儒学的根据,甚至在把"吃人礼教""封建宗法"等同于儒学,把"三纲"等同于人伦文化的全部进行批判的过程中,完全遮蔽甚至颠覆了儒学及其核心内容——人伦文化的自身价值。

三、"无原则批判"的方法论辨析

无原则批判是相对于有原则批判而言的,坚持对于任何一种预先给定的根据和立场的根本放弃、否定或中断的原则,唯一承认的是在思想中显现的被批判者本身;它用无立场而且无根据表明了自身与有原则批判的界限。一般情况下,人们往往不会赞同无原则的批判,甚至会对它有各种猜疑和误解。所以有必要在与有原则批判进行对比的基础上,对无原则批判进行清晰的界定及辩解。首先,无原则批判并非是非不明。在日常语言中,无原则常常被等视为是没有立场的模棱两可或者含糊不清,但无原则批判本身正好是主张首先要划清事物的边界并要求揭示事物自身,所以,它从根本上就是明辨是非的。其次,无原则批判始终坚持思想是关于被批判者自身的思想,而且应该在批判中使被批判者本身的存在被揭示出来,因而它并非是认识上否定一切而价值上颓废没落的虚无主义。与有原则批判相比较,无原则批判的含义有下述不同。

其一,无原则批判表现为无立场。在人们对事物进行批判的时候,如果一开始就表现为没有任何立场而直接面对事物本身几乎是不现实的,因为人们的思想是被各种日常的或理论的观点所填充的,所以一般都是从某种立场出发进行批判的;人们正是借助于这种立场而才有可能走向所批判的事物。但这种预设的立场,不管是日常的或是理论的,既可能让人们通达也可能让人们背离事物本身。也就是说,既可能揭示并显示事物本身也可能使事物本身遭到曲解并被遮蔽,所以无原则批判的关键的问题是区分作为立场的日常或理论经验与事物本身的不同。也就是说,无原则批判是在对预设的批判立场进行反思的基础上,中断从日常态度和理论态度而来的各种判断,从而排除从预设立场出发所造成的各种偏见,去掉批判者思想自身原有立场的遮蔽,从事物自身出发去思考事物。

其二,无原则批判表现为无根据。无原则批判中的无根据并不是否定事物是否应该有存在的根据,而是在根本上放弃根据而直接通向事物的本身。一般情况下,人们为了弄清楚某一事物"为什么"存在这样的问题,习惯于为事物寻找根据,其实质是将这一个事物和另外一个事物建立联系,因为根据毕竟是事物之外的另一事物。所以说,当批判者以根据为批判视角对被批判者进行论证时,呈现在人们面前的将是一系列的作为根据之物的置换,甚至有可能遮蔽事物的本性。但是,如果批判放弃根据而直接通向事物自身的本性时,它将走向对于事物边界的反思,也即揭示事物从起点到终点是如何生成和展示自身的过程;这种对于边界的揭示就是无原则的批判,因为它是放弃根据而直接通向事物本身的批判。

四、人伦文化批判的方法论启示

对于人伦文化及其核心价值观的批判须是从其自身出发的批判;本着对人伦文化传统从本体存在到本质生成的建构思想,克服有原则批判的局限,首先对人伦的边界进行划分,并在对其自身本性及本质规定性的揭示中进行时代性重构。

本研究得出以下研究结论:(1)在哲学方法论意义上,批判是作为一种包含有分辨、审查、评判和扬弃等语意出现的,可能形成否定性的评价,也可能形成肯定性的评价。然而,无论这种意义上的批判对于事实的评价是肯定性的还是否定性的,首先它只是对于事实本身的描述,即揭示其所批判的事物并使事物成为自身显示出来。要使事物成为自身显示出来,必须弄清楚事物自身的边界,即一个事物是自身而不是他物的特别的界限。一个事物正是在边界这个特别的地方完成了自身与他物的区分。对于人伦文化批判的方法论也同此理,其首要任务必须是区分、比较并厘定出人伦自身的边界来,否则其批判必然是盲目的、不能反映甚至是遮蔽其真实本性的。那么,人伦的边界是什么呢?人伦以家庭人伦之孝悌亲情为其边界的开端,以社会人伦的仁爱德性的形成并广施天下为其边界的终点,在边界的中间通过个体与"伦"、"伦"与"理"、"理"与"道"、"道"与"德"的互动及转化联结起点和终点并展开和发展自身。(2)人伦是历史性存在着的,人伦之理也是历史性存在着的。所以,人伦和人伦之理的历史性存在是一种价值存在,这种价值存在集中体现在人伦之理从本体存在到本质生成的不断建构上。在不同时代,人伦关系会表现出一些不同的特征,反映出不同的侧重点,从而使人伦之理不断做出符合时代要求的合理的价值解释,使人伦现象间的关系更加紧密和稳定,更合理地揭示人伦之本质。因此,对于人伦价值的合理性建构,应始终把握历史时期的人伦关系特征和人伦之理的价值导向。只是在不同的时代对人伦之理做出基于"人伦本体"的符合现实需要的"本质生成"性价值解释,才能使其与人伦文化的时代特征更为密切。唯有在社会转型的重要时期,人伦文化的特征会发生重要变化,从而也导致了人伦之理的变化,需要做出价值重构。人伦文化的价值重构实质上是根据人伦关系的侧重和特征,在传统的基础上生成新的人伦之理的价值体系,使人伦之理与人伦关系更为密切,从而达到人伦价值的相对稳定。

为此,本研究认为:(1)人伦文化是价值与事实相统一的。人伦之理是以研究人应当如何生活的价值规范为对象的,以给人们提供符合人的发展需要及社会发展要求的道德价值原则和伦理价值规范为目的;然而,任何价值都不是凭空产生的,而是基于某种事实矛盾和现实困境的,道德价值原则与伦理价值规范也不是脱离现实存在的人的主观情感和意志的抽象表达,而同样是根源于人的生活世界的道德事实矛盾和伦理现实困境的。因此,人伦文化的重构必须坚持价值与事实相统一的指导思想。(2)人伦之理作为一种规范,意味着离不开价值追求,关键是以什么价值为核心或实质,即什么才是道德价值和伦理目的。有了幸福、快乐、功利、德性、责任和义务的目的,才有了"义与利""德与福""价值与义务""善与正当"的矛盾,所以,伦理学中才存在着目的论与义务论的对立与统一。目的论是人伦之理的前提和根本性基础,合理的义务是在正确的目的上提升人的伦理品位、升华道德品格境界、使人成为真正的"道德人"和"伦理人"的策进力量,是人伦价值重构的方法论。因此,人伦文化的重构也必须坚持权利与义务相统一的指导思想。(3)伦理与道德在不加区分的同一化理解中,蕴含了人伦之理中的善与正当、价值与义务、目的与责任的多种矛盾,同时也造成了伦理学本身的许多分歧和争论,在人伦文化重构过程中,需要进一步辨析。道德决定着人伦之理的根本目的、终极价值,人伦之理则意味着应当、责任和义务,本身不具有独立的道德价值,只是实现道德价值的一种途径、手段,若没有这种途径和手段,道德目的价值也难以实现。因此,人伦文化的重构还必须坚持目的与手段相统一的指导思想。(4)在建设和谐社会的政治方略下,要建构和谐的人伦关系及其规范,应当从家庭、社会、国家等不同层面进行。建构平等的家庭人伦关系和充分尊重人的自由的人伦规范,是促进人的社会化的本质所在;建构公平与效率统一、尊严与义务统一、利益与责任统一的社会人伦关系及其规范,是实现社会道德理想的价值追求;建构"国家乃人民的事业""以民为本"和"以人为本"的执政伦理是国家稳定与发展的重要途径。

第三章 人伦思想的本义化探源

据古书所载,"上古穴居而野处"①,"无衣服履带宫室畜积之便,无器械舟车城郭险阻之备"②。先民生活在如此简陋的原始社会里,人们共同占有生产资料,集体劳动,共同消费。正如《吕氏春秋·恃君览》所云:"昔太古尝无君矣,其民聚生群处,知母不知父,无亲戚兄弟夫妻男女之别,无上下长幼之道,无进退揖让之礼。"③可见,太古之时并无后世所谓的"人伦"。聚落到王国时期,聚落首领或王既代表了古代社会的精英阶层,也代表了政治统治最高阶层,因此,他们关于人伦秩序和人伦思想的表达内容及其表达方式,既是精英表达也是政治表达,这种与宗族制社会结构、政治体制演变相一致的人伦思想表达,成为人伦思想的发端。春秋战国时期,宗族制社会结构发生动摇,家族制社会结构开始建立,新的社会精英——士阶层开始登上历史舞台,在各国养士之风的促进下,形成了人伦思想百家争鸣的精英表达,不仅极大丰富了人伦思想,而且也为新的社会结构、国家体制下的人伦思想发展、整合、演进奠定了"轴心"基础,随之奠定了人伦德育思想的确立。

第一节 人伦思想之发端

自从人类产生之时开始,人与人之间的关系也就随之出现了。譬如说,生民之初即有男女之分,只因男女的两性关系,才能繁殖后代,尽管古时这种关系是不固定的,然而其间的关系毕竟已经产生了。再由男女关系而生儿育女,也就产生了父母与子女之间的血缘关系。所谓"知母不知父",说明母亲与子女间的关系早就被人所认定了;父亲与子女之间的血缘关系实际

---

① 孔子.四书五经[M].精华本.沈阳:万卷出版公司,2016:204.
② 吕氏春秋[M].高诱,注.毕沅,校.上海:上海古籍出版社,2014:474.
③ 吕氏春秋[M].高诱,注.毕沅,校.上海:上海古籍出版社,2014:474.

上也是存在的,只不过尚未被人所确切认知罢了。再则,上古氏族聚居,幼时同龄儿童之间必然少不了共同戏耍、彼此吵闹的关系;成人后共同劳动,又形成了互相协助、彼此合作的关系;而在同族内的男女长幼之间,也存在着共同生活、互相照顾关系,等等。这些人与人之间的关系,早在生民之初就已经自然形成了。这种关系固然还不能称之为"人伦","人伦"却正是从这种自然形成的各种关系中逐渐萌发起来的。

随着生产力的逐步发展和家庭私有制的产生,人类由母系社会过渡到父系社会,家庭中夫妇之间的关系也逐渐固定起来。如《易·大过》"九二"云:"枯杨生稊,老夫得女妻。""九五"云:"枯杨生华,老妇得其士夫。"《小畜》"九三"云:"舆说辐,夫妻反目。"《渐》之"九三"云:"鸿渐于陆,夫征不复,妇孕不育。"这些都反映了夫妇之间的关系。随着夫妇关系的逐渐确定,于是父母与子女之间乃至兄弟姐妹、叔侄舅甥等之间的血缘关系也就相继确定了。据《书·尧典》所载,帝尧向部下征询帝位继承人,大臣放齐就首先推荐了尧的儿子:"胤子朱启明。"意思是说您的嗣子丹朱很开明,可以继承帝位。只因尧深知自己儿子之不肖而否定了。这说明当时父子之间的血缘关系已经普遍确定了。《诗·大雅·行苇》云:"戚戚兄弟,莫远具尔。"《小雅·常棣》云:"凡今之人,莫如兄弟。"《邶风·泉水》云:"问我诸姑,遂及伯姊。"《秦风·渭阳》云:"我送舅氏,日至渭阳。"这些都反映了兄弟、姐妹乃至姑侄、舅甥等之间的血缘关系均已趋向成熟。

在政治上,随着宗法家长制的确立和部落联盟的形成,以农业为经济基础、以封侯建邦为政治形式的宗法封建国家也就产生了,于是就出现了政治上的上下级关系。这包括天子与公卿、诸侯或诸侯与卿、大夫之间的君臣关系,天子、诸侯与百姓之间的君民关系,卿、大夫等各级官吏与百姓之间的官民关系,以及公卿、大夫等各级官员之间的上下级关系和同僚关系,等等。古文《书·大禹谟》云:"后克艰厥后,臣克艰厥臣。""后"与"臣"对举,说明了君臣关系之确立。又云:"可爱非君,可畏非民;君之有罪,非民所致。"故《汤诰》云:"民之有罪,实君所为;君之有罪,非民所致。"皆以"君"与"民"对举,则说明君民关系之确立。在社会上,则如《易·蹇》之"九五"云:"大蹇,朋来。"《损》之"六三"云:"一人行,则得其友。"《诗·小雅·伐木》云:"嘤其鸣矣,求其友声。"《鹿鸣》云:"我有嘉宾,鼓瑟吹笙。"这些都反映了朋友、宾主之间的关系也已为人们所重视。

由上述可见,人与人之间的各种关系都是在社会发展的进程中自然形成的。各种关系在长期相处和交往过程中,经过习惯成自然地积累,久而久之,每种关系之间必然会形成某种适宜于保持或处理这种关系的规范和准则,并为一定范围内的人们所认同和遵守,从而作为约定俗成的原则固定下来。例如《书·尧典》所载,众大臣向帝尧推荐禹舜,说他"父顽,母嚚,象傲,克谐以孝",这说明"孝"已成为子女善事父母的道德准则。而如古文《书·君陈》云:"惟而令德孝恭。惟孝友于兄弟,克施有政。"《诗·大雅·皇矣》云:"则友其兄,则笃其庆。"这些记载则说明了兄弟之间应当互相遵从"友"的道德准则。至于《书·康诰》所云:"元恶大憝,矧惟不孝不友。子弗祗服厥父事,大伤厥考心;于父不能字厥子。乃疾厥子。于弟弗念天显,乃弗克恭厥兄;兄亦不念鞠子哀,大不友于弟。……曰:乃其速有文王作罚,刑兹无赦。"这段话更说明了父子、兄弟不能互相各尽义务,已被视为"刑兹无赦"的"元恶"。古文《书·伊训》云:"居上克明,为下克忠。"商代良相要求君上能做到明察,臣下能做到忠诚,显然已把"忠"作为臣下的道德准则了。《易·解》之"九四"云:"解而拇,朋至斯孚。"意为摆脱小人的纠附,然后朋友就能前来以诚信之心相应。这说明朋友之间必须互相以诚信相待。

以上说明,至晚在商周之交,几种主要的人伦关系已渐趋定型,而且已初步形成了共同遵守的人伦准则。王既代表了古代社会的精英阶层,也代表了政治统治最高阶层,因此,他们关于人伦秩序和人伦思想的表达内容及其表达方式,既是精英表达也是政治表达,这种与宗族制社会结构、政治体制演变相一致的人伦思想表达,成为人伦思想的发端。

一、亲族凝聚与人伦认同的确立

对于祖先的重视和对于子嗣的关注,是传统中国一个极为重要的观念,甚至成为中国思想在价值判断上的一个来源,一个传统的中国人看见自己的祖先、自己、自己的子孙的血脉在流动,就有生命之流永恒不息之感,他一想到自己就是这生命之流中的一环,他就不再是孤独的,而是有家的,他会觉得自己的生命在扩展,生命的意义在扩展:扩展成为整个宇宙。在中国的人伦思想传统中,人与血缘亲族的关系谓之天伦,人与社会实体的关系谓之人伦。最典型、最具表达力的伦理关系便是人的姓名。其中,姓是血缘实体,是个别性家族成员之间的普遍性与同一性,是个体的家园、归宿和目的,具有神圣的意义;而名则是个别性。姓与名的同一,就是人作为"单一物"的家庭成员与家族血缘实体的"普遍物"的统一。而这种统一只有在精神中才能达到和把握,它在本质上也是一种精神,即所谓家庭精神。在家庭精神中,个体的自我意识便是所谓家庭成员。同样,在人伦中,个体与民族实体所达到统一,便是民族精神。在民族精神中,个体的自我意识便是所谓民族公民。而墓葬、宗庙、祠堂、祭祀,就是肯定并强化这种生命意义的庄严场合,这就使得中国人把生物复制式的延续和文化传承式的延续合而为一,只有民族的血脉和文化的血脉的一致,才能作为"认同"的基础。换句话说,只有在这一链条中生存,才算是中国人。

墓葬、宗庙、祠堂和祭祀活动就是通过对已逝的祖先、亲人的追忆和纪念,来实现亲族联络、血缘凝聚与文化认同。殷商时代以来,对于墓葬样式的讲究和对于随葬物品的重视,以及对于祭祀建筑的崇拜与对于祭祀活动的敬畏,其思想意义表现在:第一,血缘亲情的意义在加重,仪式是这种亲情的寄寓,仪式中的礼节、供奉、随葬品则反映着人们意识中血缘的价值;第二,葬俗、祭祀中的仪式及其象征意味,由于依据世俗宗法社会中人与人的关系的远近亲疏,于是渐渐成了一种约定俗成的习俗,珍重约定俗成的习俗反过来又强化了人们意识中远近亲疏的差别,当这种基于血缘亲情的仪式由于王权而逐渐被频繁地用在殷商的先公先王时,卜辞中就出现了大量的祭祀先公先王的内容,他们相信这能够传达地上子孙对天上祖先神灵的祈求和祝福。

祭祀制度的等级有差说明了殷商时代对于人间即家族、社会、天下已经形成了一种观念:血缘亲族的关系,在建构家族、社会、天下的结构与秩序上,是至关重要的,生存是如此,死后依然如此,在家族内如此,在社会上亦是如此。作为社会结构的经纬,血缘关系的意义不仅在王室而且在王以下的社会阶层中也同样重要。虽然殷商时代还比较多地保留了古代部族传统,诸兄弟(包括曾祖兄弟、祖父从兄弟、父辈再从兄弟)均可在祖庙中接受祭祀,但家族与社会的主轴已经确立了是纵向的血缘关系,以男性直系(祖、父、子)为主线,以他们的配偶为辅线的纵向传承系统,在殷商时代已经形成。在后来的发展中,天地之神与祖宗先妣之灵逐渐结合,祭祀顺序也逐渐程序化。因而,我们说,至少在殷商时代,人们意识中的人伦结构已经十分秩序化了。

二、天道追寻与人伦秩序扩展

古代中国的一个相当普遍的观念是,人类有了一个最终合理的"秩序",而对于这个秩序又有一种非常圆满的解释系统。古代中国的主流思想世界的中心,就是在论证和建构这种解释的系统:它需要说明,天地的空间和时间的格局,帝王与帝国的政治结构,人间的社会人伦道德,自然的万事万物是如何完美地被纳入这一秩序中的。当国家分裂、民资危机、道德紊乱等问题始终不能得到解决的时候,在普遍混乱的社会状况下,这种以"秩序"为中心的思想曾经有深刻而尖锐的批评力,也拥有不容置疑的理想、真理和正义。①

《易》曰:"纲柔相摩,鼓之以雷霆,润之以风雨。日月运行,一寒一暑。乾道成男,坤道成女。乾知大始,坤作成物。"谓天之于万物,发之收之,整理之,调摄之,皆非无意识之动作,而密合于道德,观其利益人类之厚而可知也。人类利用厚生之道,悉本于天,故不可不畏天命,而顺天道。天之本质为道德。而其见于事物也,为秩序。故天神之下有地祇,又有日月星辰山川林泽之神,降而至于猫、虎之属,皆统摄于上帝。是为人间秩序之模范。《易》又曰:"天尊地卑,乾坤定矣。卑高以陈,贵贱位矣。"以天道之秩序,而应用于人类之社会,则凡不合秩序者,皆不得为道德。《易》还曰:"有天地然后有万物,有万物然后有男女,有男女然后有夫妇,有夫妇然后有父子,有父子然后有君臣,有君臣然后有上下,有上下然后礼仪有所错。言循自然发展之迹而知秩序之当重也。"

周人对于祖灵之保佑还是像殷商一样,依然十分重视,只是他们进一步认为,除了"天"的意志是价值的终极依据之外,"人"的感情也是价值的合理依据,于是亲情及其向外扩展是人际和谐的基础,血缘及其应有的远近分别是人伦秩序的本原。此义推之于人伦,实行尊重秩序之道,自家庭开始,

---

① 葛兆光.中国思想史:2卷[M].上海:复旦大学出版社,2001:5.

而推之以及于一切社会也。一家之中,父为家长,而兄弟姊妹又以长幼之序别之。以是而推之于宗族,若乡党,以及国家。君为民之父,臣民为君之子,诸臣之间,大小相维,犹兄弟也。孔子认为,人之令德为仁,仁之基本为爱,爱之源泉,在亲子之间,而尤以爱亲之情之发于孩提者为最早。故孔子以孝统摄注行,言其常,曰养,曰敬,曰谕父母于道。于其没也,曰:善继志述事。言其变,曰几谏。于其没也,曰干蛊。夫至以继志述事为孝,则一切修身、齐家、治国、平天下之事,皆得统摄于其中矣。故曰,孝者,始终事亲,中于事君,终于立身。孟子也认为,其言德行,以孝悌为本,曰:"孩提之童,无不知爱其亲。及其长也,无不知敬其兄也。亲亲,仁也;敬长,义也。无他,达之天下也。"又曰:"尧、舜之道,孝悌而已矣。"可见,人伦德育的发生一开始就是从推崇本然的人伦血缘亲情和孝敬之心之需,然后发展到强调道德同情和仁义之性,再顺利地由个体道德修养推及群体伦理秩序,由家庭私德交情推及社会公德交往。这里包含着一个重要的理论突破,即将维系社会主体的道德纽带由血缘之情(共同的祖先)转换到种类之性(共同的人性)。只有找到了人人都具有的人类之性,才有可能开辟出不同利益主体之间进行对话协商与谋求和谐的道德途径,才有可能从家庭内部的长幼和睦走向整个社会的人际和谐。

三、"礼"的生成与人伦规则的强化

人伦本于天伦而立,人和"伦"的统一性是人伦认同的基础,而"礼"则成了人伦认同的象征性规则。《礼记·礼运》中历数各代帝王,禹、汤、文、武"未有不谨于礼者也"①。不过,真正成熟的礼制,大概是在西周成王、周公的时代才成立的,所以有"周公制礼作乐"②之说。周代礼制的核心是确立血缘与等级之间的同一秩序,由这种同一的秩序来确立社会的秩序,换句话说,就是把父、长子关系为纵轴、夫妇关系为横轴、兄弟关系为辅线,以划定血缘亲疏远近次第的"家",和君臣关系为主轴、君主与姻亲诸侯的关系为横轴、君主与领属卿大夫的关系为辅线,以确立身份等级上下的"国"重叠起来。

---

① 十三经注疏[M].阮元,校刻.北京:中华书局,1980:1414.
② 关于周公制礼作乐的传说,见《左传》文公十八年鲁季文子语及昭公二年晋大夫韩宣子语,又可参见《史记·周本纪》和《礼记·明堂位》的记载。

在这里,包含了相当复杂、深刻的人伦规则内涵。《礼记·大传》曰:"上治祖祢,尊尊也,下治子孙,亲亲也,旁治昆弟,合族以食,序以昭穆,别之以礼义,人道竭矣。"①这是"家"的伦理规则。《礼记·丧服小记》曰:"王者,禘其族之所自出,以其族配之,而立四庙……别子为族,继别为宗,继祢者为小宗,有五世而迁之宗,其继高祖者也。是故祖迁于上,宗易于下。尊祖故敬宗,敬宗所以尊祖祢也。"②这是"国"的伦理规则。家是缩小的国,国是放大的家,"亲亲、尊尊、长长、男女之有别,大道之大者也"③,把这些原则放大到国家,就是"王道之大者也"。《礼记大传》说,可以变革的是"立权度量,考文章,改正朔,易服色,殊徽号,异器械,别衣服",而不可以变革的就是"亲亲、尊尊、长长、男女有别"④,所谓不能变革的其实就是传统,就是确立了这种人伦传统基础的价值和意义。

秩序首先表现为一种仪式。前面说到人伦秩序的合理性依据来自人们对宇宙天地的体验、观察和想象,同时它也用仪式特别是祭祀的等级、形式把这些体验、观察和想象的结果加以确认和表现。更重要的是,"万物本乎天,人本乎祖,此所以配上帝也"⑤,礼仪把这种来自"宇宙"的自然秩序投射到"历史"的社会秩序之中,把人类社会的人伦秩序在仪式上表现出来,并通过仪式赋予它与自然秩序一样的权威性和合理性,这样仪式就有了特殊的意味。人们通过仪式与神圣发生关系,经由象征性的活动得到宇宙、天地、神祇的认可,人们也通过仪式与世俗发生关系,借助象征性的行为把天意、神意传达给世间,由它来强化人们对秩序的认同,也由它来表达超出自身能力的愿望。

这些仪式的合理性来源,是人之为人的感情与人的理性,社会的"差序格局"和仪式的"轻重等差"形成的依据,本来是从有血缘亲情的父子兄弟夫妇关系中来,所以本来的思路应当是从"人"的感情和理智出发的。家族、社会、国家的一切秩序都奠基自这种属于个人的"情"与"知",《尚书·尧典》

---

① 十三经注疏[M].阮元,校刻.北京:中华书局,1980:1506.
② "别子"是指非长子,因为他们的后代自成系统,故自为祖,不能与原来的祖宗混淆,这是长幼嫡庶区别的办法.十三经注疏[M].阮元,校刻.北京:中华书局,1980:1495.
③ 十三经注疏[M].阮元,校刻.北京:中华书局,1980:1496.
④ 十三经注疏[M].阮元,校刻.北京:中华书局,1980:1506.
⑤ 十三经注疏[M].阮元,校刻.北京:中华书局,1980:1453.

当然不会是尧那个时代的典籍,但它也许反映了古代人的想法,按照它的思路,一个人、一个家族、一个国家的秩序,是从每个人的内心开始形成的,如尧之治天下,首先是由于他个人品格端正,"允恭克让",于是他的品德"光被四表,格于上下",而这种个人情感与性格的扩展,则使九族亲和,如果说九族还只是血缘关系范围,那么这种亲和的再扩大,就延伸到了血缘之外,于是"九族既睦,平章百姓",再接下去,就可以使"百姓昭明,协和万邦"。而个人的"情"与"知"是自然而然产生的,所谓"冬温而夏清,昏定而晨省","不谓之进,不敢进,不谓之退,不敢退","居不主奥,坐不中席,行不中道,立不中门"①,并不是外力强制的结果。所以,是出自内心的亲情使得家族之内的长幼亲疏自有和睦与秩序,同样是子对父祖、弟对兄长、后辈对前辈的自然感情不同深浅使得追念和哀悼的仪式显出差别和等级,尽管后世它已经从血缘之间的亲情扩展到了阶层之间的礼貌,但是那种尊敬、崇拜、服从、爱护本来应该是来自内心的感情和理智的。

第二节 人伦思想之"轴心"发展

从公元前9世纪到8世纪,也就是距离现在大约2 800多年时起,周王室在一点一点衰落,基本安定的秩序被搅乱了,"道术将为天下裂。"但对于人伦思想的发展来说,这并不是一个悲凉的结局,而是一个辉煌的开端,"神话时代与其心灵的平静和自明的真理终结了",过去那些无须思索的真理崩溃之后,人们不得不在理智的思索中重建自信,过去那些天地有序的观念倾斜之后,人们不得不在观察中重新修复宇宙的格局,在这一思想分裂的时代,人类才真地开始不完全依赖幻想的神明和自在的真理,而运用自己的理性,于是,在春期末年到战国时代,也就是公元前6世纪到3世纪,中国的思想史进入了它自己的历程,即雅斯贝尔斯所说的"轴心时代":发生在公元前800至200年间的这种精神的历程似乎构成了这样一个轴心,正式在那个年代,才形成今天我们与之共同生活的这个"人"。我们就把这个时期称作"轴心时代"吧,非凡的事件都集中发生在这个时期。中国的出现了孔子与老

---

① 十三经注疏[M].阮元,校刻.北京:中华书局,1980:1233.

子,中国哲学中的全部流派都产生于此,接着是墨子、庄子以及诸子百家。①

思想话语的承负者与政治权利的拥有者在这时出现了分离,思想话语和使用知识也在这时出现了分离,思想俯瞰政治,觉得它常常不符合人文价值或道德准则,于是要给予批评,政治有时要借助思想,于是偶尔也听从这种教训,直到它完全不切实用才把它抛开,思想脱离实用,似乎不再需要依赖知识证明它合理性,于是可以超越于制度、技术性的支持或羁绊,自己酝酿多彩的内容,于是就是这一时间的思想活跃,就使得思想迅速滋生出各种各样的流派与分支,就是它与权力的短暂分离,就给了它自由的生长空间。而之所以如此,一个原因就是整个天下都在动荡之中,动荡的社会失去了秩序,过去垄断话语权的周天子已经失去了对文化和知识的独占,而逐渐强大的诸侯对于这批文化人的思考和追问半信半疑,虽然说在普遍追求实利和实力的时代,价值的理性依据和意义的历史背景对于他们来说可有可无,但是有时候人们包括政治权利拥有者又需要这种价值和意义对自己的行为给予证明或支撑。这时,"思想"与"权威"的疏离正好造就了思想者,当他们无须围绕政治、军事进行实用性的阐释时,他们就可以独立地思考更深入的问题,也可以改变过去的阐述方式,对业已变化了的世界重新进行思考和批评。因此,随着王官失守、学术下移而来的,一方面是思想与文化的承担者的权威丧失,知识阶层在这一时代与无可争辩的权力发生了分离,学术思想在这一时代与不证自明的真理发生了分离,于是"士"阶层的崛起和独立、"士"思想的崛起和独立,才演成了春秋到战国时代最为辉煌的百家争鸣。

一、"礼"和"仪"分述:人伦秩序中制度与意义的剥离

作为象征的礼仪制度本身和它所象征的意义被分开,单纯的仪式不再拥有意义的权威,这意味着人们开始审视礼仪本身合理性的依据。也就是说,人们在心中追问:首先,这种以牺牲、服饰、乐舞等等所构成的礼仪制度凭什么拥有不可违逆的象征意义?其次,如果礼仪制度的实行者本身违背了理性,那么这类仪式还能赢得天意吗?最后,人伦之道是否应该与理智和道德同在而不一定依据于仪式?《左传》襄公三十年(公元前543年)记载,

---

① 雅斯贝尔斯.智慧之路:哲学导论[M].柯锦华,范进,译.北京:中国国际广播出版社,1988:68-70.

北宫文子对卫侯说,"有威可畏,为之威,有仪而可象,谓之仪",并且指出,威仪是人伦秩序的保证,进退施舍周旋容止语言动作都很重要,因为外在的礼节是一种象征,人们"则而象之",社会就可以有秩序,有了秩序,国家就安定①,但是仅仅过了几年,也就是公元前537年,女叔齐就批评那个十分遵守礼仪制度的鲁昭公是"焉知礼也"。那么,什么是"礼"?他认为真正的"礼"是"行其政令,无失其民",也就是政治家的理性,如果作为诸侯的鲁公失去了政治家的理性,"而屑屑焉习仪以亟,善言于礼,不亦远乎!"②无独有偶,在公元前517年,子大叔回答赵简子问"揖让周旋之礼"时也引了子产的话批评这"是仪也,非礼也",而把"礼"成为"天之经也,地之义也,民之行也"③,在这些复杂纷纭、看似抽象的阐释中,我们也可以看到这个时代文化人已经意识到象征人伦秩序的是"仪",但使得人伦秩序得以实现的却是"礼"。所以,"礼"不只是一些外在的仪式和制度,它蕴含着象征性的价值和意义,是因为它符合"天经地义"的宇宙之道,有符合"民实则之"的理性和人性;天道与人心是赋予仪礼合理性的依据,这也是仪礼的价值来源。

二、"德"的重视:人伦秩序的理性依据与价值来源的重新确立

人伦秩序的理性依据和价值来源本来是由"天"所赋予的,而且它源自"人"的感情与天性。但是,当它已经形成人间的秩序、社会的规范及个人的行为准则之后,它拥有了"权利",反过来它就成为一种"天命"和"人理",似乎是自然的也是理智的,于是这个时候"天"与"人"就成了绝对的依据,可是在天与人之间,思想出现了两种选择,是遵从这种"天"的律令,一切都依从天道,还是尊重"人"的理智,使人伦秩序获得理性的认同?人的选择逐渐偏向了后者,人们在追问中追溯到了"德"。这时,人们开始强调一旦"人"的品德与行为违背了这种理性与价值,"天"就不会使他拥有秩序的权利,秩序也会因此混乱,所谓"人弃常,则妖兴"就是这个意思④。

有几则资料是人们常常引用的,一则是周内史的话:国之将行,明神降

---

① 十三经注疏[M].阮元,校刻.北京:中华书局,1980:2016.
② 十三经注疏[M].阮元,校刻.北京:中华书局,1980:2041.
③ 十三经注疏[M].阮元,校刻.北京:中华书局,1980.
④ 十三经注疏[M].阮元,校刻.北京:中华书局,1980:1771.

之,监其德也。将亡,神又降之,观其恶也①。一则是虢之史嚚的话:国将兴,听于民,将亡,听于神②。一则是虞之宫之奇的话:鬼神非人实亲,唯德是依③。意思就是说,人伦秩序是否合理主要就在于它合不合乎人的道德,一种行为是否能够成功,主要就在于它是否吻合人的理性。公元前639年,鲁国发生大旱,鲁僖公准备举行仪式,用焚烧女巫来取悦神灵,以求雨水,臧文仲就劝说道:这不是办法,正确的办法应该是"修城郭,贬食省用,务穑劝分",这样,"德"的观念就逐渐演成了重要的观念。"德"还不仅仅是一种个人的品德,还是可以通过血缘与天命以册命形式继承接受的东西,正如《大戴礼记·少间》所说,"昔虞舜以天德嗣尧,布功散德制礼"。而且,"德"在当时人心目中还有些神秘的意味,有"德"者能使鬼神、人事齐备,《逸周书·本典》中,周公说,有智、仁、义、德、武的国家能够昌明,"明能见(现)物,高能致物,物备咸至曰帝"④,《国语·周语》里引周襄王的话也说,"茂昭明德,物将自至"⑤,相反,如果失去"德",则鬼神不至,万物散失,《周书·常训》就说,"九德有奸,九奸不迁,万物不至",万物不至,自然就失去了权威和合理理性的依据与价值的本原。

三、"士"的崛起:人伦示范和道义担当

"士"是什么人?按照《国语·鲁语下》的描述:士朝受业,昼而讲贯,夕而习复,夜而计过无憾,而后即安⑥。据传,当时人习六艺即书、射、御、算、礼、乐,看来他们在此之外还有舆论监督、思想横议的职责,这些人正是"士"。从春秋到战国,中国社会中最引人注目的变化,就是"士",也就是介于下层贵族与庶民之间的、从事知识生产的一部分人的活跃⑦。"士"的崛起有两种类型:在前期,即春秋时期多是本属王官的知识人流入之后之采邑,或一些本是贵族的文化人家族衰颓降为"士",只要是身份下降,而这种阶层

---

① 十三经注疏[M].阮元,校刻.北京:中华书局,1980:1783.
② 十三经注疏[M].阮元,校刻.北京:中华书局,1980:1783.
③ 十三经注疏[M].阮元,校刻.北京:中华书局,1980:1795.
④ 逸周书汇校集注:卷六[M].上海:上海古籍出版社,1995:805.
⑤ 国语·周语[M].上海:上海古籍出版社,1988:53.
⑥ 国语·周语[M].上海:上海古籍出版社,1988:205.
⑦ 余英时.士与中国文化[M].上海:上海人民出版社,1987:87.

下降造成了春秋时代思想与知识权力的下移。但在后期,即春秋末年到战国时期主要是下层平民中大量受过教育的"士"或进入诸侯大夫的机构,或独立于社会,形成一个不拥有政治权利却拥有文化权利的知识人阶层。如果说前期的文化知识阐述者还必须依附于政治权利,那么后期知识垄断者常常可以与权力分庭抗礼,于是"思想"便出现了独立的发展空间。

示范是历史上道德思想、规范及行为认同、模仿及建构的重要途径。大道之行,有赖于强有力者之带动。在上古,此道为"圣王"所担荷,在轴心时代,士阶层担负着对"人伦之道"的传承与解释的重要作用。孟子说:"圣人,人伦之至也。……不以舜之所以事尧事君,不敬其君者也;不以尧之所以治民,贼其民者也。孔子曰:道二,仁与不仁而异矣。暴其民甚,则身弑身亡;不甚,则身危国削……诗云:殷鉴不远,在夏后之世。此之谓也。"(《孟子·离娄上》)人是天地间唯一具有历史意识的存在。人们对历史不能忘情,反映了他们对历史中永恒性精神的挚爱。"仁"与"不仁"相对构成了一幅幅善恶美丑的历史画面,"仁"的画面闪耀着千古不磨的历史光辉,"不仁"的画面则成为殷鉴不远的警世箴言。孔子将道义担当寄希望于士阶层,孟子为激励士人"道义"担当的精神,着眼于士人理想人格的重塑。《孟子·尽心上》载:"《诗》曰:不素餐兮。君子不耕而食,何也?孟子曰:君子居是国也,其君用之,安富尊荣;其弟从之,则孝悌忠信。不素餐兮,孰大于是?"同篇又载:王子垫问曰:"士何事?"孟子曰:"尚志。"曰:"何谓尚志?"曰:"仁义而已矣。杀一无罪,非仁也;非其有而取之,非义也。居恶在?仁是也;路恶在?义是也。居仁由义,大人之事备矣。"不杀无辜,非义不取,这是人道的起码原则,也是社会的良心所在。那么谁来维护和捍卫这一人道准则呢?士人。反过来说,那么维护和捍卫人道准则、充当社会良心的阶层便是"士人"阶层。

孟子说:"无恒产而有恒心者,惟士为能。"(《孟子·梁惠王上》)士人在经济地位和政治地位上当然算不了什么,但他们作为道义担负者却有一种强烈的历史使命感,有一种内在的"弘毅"力量。正如曾子所说:"士不可以不弘毅,任重而道远。仁以为己任,不亦重乎?死而后已,不亦远乎?"(《论语·泰伯》)在"以攻伐为贤"的时代中,能保持清醒的历史意识的惟有士人。士阶层可以说是"先觉"者,但"先觉者"有义务唤醒每一个人,即"先觉觉后觉",每一个人都是天成地就的,都有其自身的价值与尊严,都有可能成就一番伟业。孟子说:"有天爵者,有人爵者。仁义忠信,乐善不倦,此天爵也;公卿大夫,此人爵也。古之人修其天爵,而人爵从之。今之人修其天爵,以要人爵;既得人爵,而弃其天爵,则惑之甚者也,终亦必亡而异矣。"(《孟子·告子上》)"天将降大任于斯人也,必先苦其心志,劳其筋骨,饿其体肤,空乏其身,行拂乱其所为,所以动心任性,增益其所不能。"(《孟子·告子下》)

这种"天将降大任于斯人也"的自我激励,这种当仁不让、舍我其谁的道义担当,反映了一种以天下为己任的历史主动精神。当然,孟子也对其中一些选择"从势"路线,趋炎附势、狐假虎威,毫无操守可言却因此而飞黄腾达的士人持严厉的批评态度:"今之事君者皆曰'我能为君辟土地,充府库',今之所谓良臣,古之所谓民贼也。君不乡道、不志于仁而求富之,是富桀也。'我能为君约与国,战必克',今之所谓良臣,古之所谓民贼也。君不乡道、不志于仁而求为之强战,是辅桀也。"(《孟子·告子下》)孟子认为这不是真正的大丈夫,真正的大丈夫是"居天下之广居,立天下之正位,行天下之大道;得志,与民由之;不得志,独行其道。富贵不能淫,贫贱不能移,威武不能屈。"(《孟子·滕文公下》)孟子认为,士有道义担负的历史使命,应该卓然挺立自己的独立人格。自尊,所以遵道也。我为君者师,非我求于君,君乃求于我,"将大有为之君,必有所不召之臣,欲有为焉,则就之。其尊德乐道,不如是,不足与有为也。"(《孟子·公孙丑上》)这并不是说士人应该高隐不仕,出仕为官是士人应有的职志。但是,出仕为官,必由其道,不能失掉道义的尊严:"古之人未尝不欲仕也,又恶不由其道,不由其道而往者,与钻穴隙之类也。"(《孟子·滕文公下》)

鉴于此,孟子提出士人出、处之大节,以重塑士阶层的独立人格精神,他说:"士穷不失义,达不离道。穷不失义,故士得己焉;达不离道,故民不失望焉。古之人,得志,泽加于民;不得志,修身见于世。穷则独善其身,达则兼善天下。"(《孟子·尽心上》)"穷则独善其身,达则兼善天下"这句不朽的名言体现了真士人的高洁品格和伟大怀抱,它激励了一代代士人砥砺廉隅、任天下之重。而人伦之道的传承和人伦精神的弘扬,若无这些仁人志士的示范,是不可能得以实现和持续的。

四、"仁义"优位:普世性人伦准则的建立

义利问题是社会人人时时面对的问题。"义"是维系社会共同生活的道德准则,"利"是维持和增进人民生活的物质资财。儒学教义要求对义采取优位的立场。孔子说:"君子喻于义,小人喻于利。"(《论语·里仁》)要弟子志道修德,"汝为君子儒,无为小人儒"(《论语·雍也》)。至孟子则把义利观作为一种普世性的价值原则,《孟子》开篇即谈义利问题:孟子见梁惠王,王曰:"叟!不远千里而来,亦将有以利吾国乎?"孟子对曰:"王何必曰利,亦有仁义而已矣。王曰何以利吾国,大夫曰何以利吾家,士庶人曰何以利吾身,上下交征利而国危矣。万乘之国,弑其君者,必千乘之家;千乘之国,弑其君者,必百乘之家。……苟为后义而先利,不多不餍。未有仁而遗其亲者也,未有义而后其君者也。王亦曰仁义而已矣,何必曰利!"(《孟子·梁惠王上》)"义"意味着社会公正,以"义"为优位价值,是社会良好秩序的保证。孟子的义利观之所以影响深远,是因为它表达了一个具有普世性的价值原理。

以民众为人伦价值的主体。社会是由人组成的,而人本身即是价值的尺度。每个人要尊重自我的价值,同时亦应尊重他人的价值。从人具有平等价值的观点出发,民众作为社会的多数,其价值应该更加受到尊重。这是社会的公正。而一种价值如果不能体现社会的公正,亦很难作为普世的价值长期存在,这又是历史的公正。孟子说:"民为贵,社稷次之,君为轻。"(《孟子·尽心下》)这是以民众为价值的主体。孟子此一思想之所以震古烁今,是因为它既体现社会的公正,亦符合历史的公正。孟子以民众为价值的主体,有两处议论特见精彩,一是他提出以民意作为政治决策的最重要参照:"国君进贤……可不慎与?左右皆曰贤,未可也;诸大夫皆曰贤,未可也;国人皆曰贤,然后察之;见贤焉,然后用之。左右皆曰不可,勿听;诸大夫皆曰不可,勿听;国人皆曰不可,然后察之;见不可焉,然后去之。左右皆曰可杀,勿听;诸大夫皆曰可杀,勿听;国人皆曰可杀,然后察之;见可杀焉,然后杀之。"(《孟子·梁惠王上》)这种重视民意的思想是难能可贵的。二是他提出如果社会没有起码的公正,臣民有革命的权利,可以起而推翻暴君的统治。齐宣王问孟子:"汤放桀,武王伐纣,有诸?"孟子对曰:"于传有之。"曰:

"臣弑其君,可乎?"曰:"贼仁者谓之贼,贼义者谓之残,残贼之人谓之一夫。闻诛一夫纣矣,未闻弑君也。"(《孟子·梁惠王上》)

以人性为人伦价值的源头。人性论之所以与价值有联系,是因为人性善恶问题关系人的内在尊严与价值问题,也关系价值源头的定位问题。关于人性,孔子只说"性相近也,习相远也"(《论语·阳货》),孔子似乎没有深究人性善恶问题,他说:"为仁由己,而由人乎哉?"(《论语·颜渊》)细绎其文,似乎孔子认为人的本质在此"由"字,即在于主体的自由选择,为仁由己,不仁亦由己。① 战国时代诸子并作,在人性理论上异说纷呈。《孟子·告子上》记载:"告子曰:'性无善无不善也。'或曰:'性可以为善,可以为不善,是故文武兴则民好善;幽厉兴则民好暴。'或曰:'有性善,有性不善,是故以尧为君而有象,以瞽瞍为父而有舜,以纣为兄之子,且以为君,而有微子启、王子比干。'"王充《论衡·本性》也记载:"周人世硕以为人性有善有恶……善恶在所养焉,故世子作《养书》一篇。宓子贱、漆雕开、公孙尼子之徒,亦论情性,与世子相出入。"上述种种人性论的主张,力图符合社会历史有善有恶的经验事实,并有重视人的自由选择能力的意思,而不采取绝对化的性善、性恶观点。

但孟子的思考方式有所不同,他认为一种理论的提出要考虑到可能导致的后果,如果仁义道德不内在于人性,则人之所以为人的价值与尊严也无由建立。孟子因而独标"性善"之论,提出"人皆有不忍人之心":"所以谓人皆有不忍人之心者,今人乍见孺子将入于井,皆有怵惕恻隐之心——非所以内交于孺子之父母也,非所以要誉于乡党朋友也,非恶其声而然也。由是观之,无恻隐之心,非人也;无羞恶之心,非人也;无辞让之心,非人也;无是非之心,非人也。恻隐之心,仁之端也;羞恶之心,义之端也;辞让之心,礼之端也;是非之心,智之端也。人之有是四端也,犹其有四体也。……凡有四端于我者,知皆扩而充之矣,若火之始然,泉之始达。苟能充之,足以保四海;苟不充之,不足以事父母。"(《孟子·公孙丑上》)孟子将儒家人伦道德安置在这一性善论的基础上,指点人心之善端,此善端即是向上之机,扩而充之,"人人可以为尧舜"。性善论的证成,则又使人性作为人伦道德价值的源头,

---

① 谭嗣同.仁学·谭嗣同全集:下册[M].北京:中华书局,1990:337.

成为人伦价值原则的内在依据。

第三节 人伦视阈下道德教育思想的表达

早期中国思想世界中的文化承担者主要是执掌了通天权利的祝、卜、史、宗等半巫半史的贵族知识者,但是,随着周王室的实力与威望的衰退与周边诸侯国的兴盛,这种过去被垄断的思想权利逐渐分散。在各诸侯国里出现了一大批类似于过去王官的文化人,《史记·历书》中说,"幽、厉之后,周室微,陪臣执政,史不记时,君不告朔,故畴人子弟分散,或在诸夏,或在夷狄"①,所谓"幽、厉之后",大约就是春秋时代,《太史公自序》里司马迁自述其家世时也说到,世世代代在周室掌管史记的司马氏,在惠、襄之间也分散到了各诸侯国,"或在卫,或在秦,或在赵",而所谓"惠、襄之间"即公元前676年至公元前619年,也正值春秋时代②。《左传》昭公十七年记载孔子就曾感叹"天子失官,学在四夷"③,可见当时文化的变迁。从《左传》记事的公元前722年至公元前627年这一个世纪的记载来看,在各诸侯国身边执掌仪式、解述卜筮、预言吉凶、阐述思想的文化人就有祭仲、臧僖伯、众仲、季梁、臧哀伯、申繻、史嚚、御孙、曹刿、狐突、宫之奇、卜徒父、史苏、臧文仲等等,过去"王官"也就是天子独占的文化和知识的话语,逐渐被这些文化人带到了各诸侯国。但是,这并不是造成"天子失官,学在四夷"的主要原因,从文化的阐释和应用这一背景来看,更重要的可能是"士"的崛起及其对文化与知识的掌控。

一、循性施教:人伦视阈下道德教育思想之基本前提

社会是由单个的人构成的,社会中的人们遵循一种秩序,按照一套价值生活,遵从一套规则交往,如果这套秩序、价值、规则在人看来是"合情合理"的话,那么,当然首先在人们内心中有一种尊重秩序、承认价值、遵循规则的

---

① 史记[M].北京:中华书局标点本,1959:1258,1259.
② 史记[M].北京:中华书局标点本,1959:3286.
③ 十三经注疏[M].阮元,校刻.北京:中华书局,1980:2084.

意愿,这种"意愿"是克制个人过分的情欲、尊重他人应有的权利的"善"①。如果这种"善"只是在社会规范中后天形成和培养出来的,那么它只能是社会规范和道德观念的"果"而不是"因",即不能充当理性的依据于价值的本原。人们可以追问社会规范、道德观念凭什么要求人人都不容置疑地遵循?孔子在这一点上,把人的性情的善根善因也就是"爱人"之心追溯到了血缘亲情。《论语·阳货》中说:"性相近也,习相远也。"这里的"性"就是人的本性,在孔子看来,在所有的情感中,血缘之爱是不可置疑的,儿子爱他的父亲,弟弟爱他的哥哥,这都是从血缘中自然生出来的真性情,这种真性情就是"孝""弟"。《论语·学而》中说,"君子务本,本立而道生,孝弟也者,其为仁之本欤"②,这种真挚的血缘亲情是毋庸置疑地符合道德理性的,它是善良和正义的源泉与依据,所以说它是"仁之本",人有了这种真感情并且依照这种真感情来处理自己与他人的关系,就有了"爱人"之心,从爱此到爱彼,感情是可以从内向外层层推衍的,从爱自己的父兄到爱其他人,血缘也是可以从内向外层层推广的,所以孔子断定,"其为人也孝弟,而好犯上者鲜矣,不好犯上而好作乱者,未之有也"③,孔子认定者就是建立一个理性社会的心理基础,也是"礼"的秩序得到自觉遵从的保证。他要求每一个人"入则孝,出则弟,谨而信,泛爱众,而亲仁,行有余力,则以学文"④。

《大学》与《中庸》则将人伦道德秩序的基础进一步推到普遍人性皆有的"心"中,把人类心中本来的诚挚向善之心看成是自然拥有的良知基础,把人类应有的至善行为看成是生活的终极目的,所以在《大学》与《中庸》中提出了格物、致知、诚意、止心等心灵自觉开始,经由修身、齐家、治国的路径,以寻求天下合理秩序建立的思路,也提出了从"天命""性""道"到"教","天命谓之性,率性之谓道,修道之为教"(《中庸》),即上天赋予人性,遵从内在的人性道德,不断培养这种合理的感情,是使人拥有明澈真诚的性情与品格的方法。"能尽人性者,则能尽物性,则可以赞天地之化育,可以赞天地之化育,则可以与天地参矣",人性成了一些思路的基础和前提。它一方面

---

① 西田几多郎.善的研究[M].何倩,译.上海:商务印书馆,1989:97-109.
② 十三经注疏[M].阮元,校刻.北京:中华书局,1980:2457.
③ 纪晓岚,林之满.四库全书 经部[M].北京:中国工人出版社,2002:129.
④ 十三经注疏[M].阮元,校刻.北京:中华书局,1980:2458.

使真诚与善良的本性禀承天命,一方面使人小心翼翼地把注意力集中在培养这种本性上,于是在此后就有了孟子的人性与道德说。孟子说,"善"是人本身就有的天性,在《告子》《梁惠王》《公孙丑》《离娄》各篇中有相当多的言语在强调这一思想,最著名的例子就是他曾经两次说到的"恻隐之心、羞恶之心、辞让之心、是非之心",①它们是"人之所不学而能""不虑而知"的,是"赤子之心"中就已经具备了的良知良能②,它使人自觉地有同情心、正义感、羞惭的自觉和礼让的态度。"人皆有不忍人之心",这是人之为人的根本依据。将这一心性的本能,加以理智的正确推阐,叫作"善推其所为",就如"老吾老以及人之老,幼吾幼以及人之幼"③,进而"举斯心加诸彼",扩大到整个社会,就可以整顿秩序。

正如冯友兰指出的,孟子关于人性的说法与亚里士多德的伦理学相近④,不仅肯定人有"善"的本源,而且有保证"善"的理性,"心之官则思",孟子说,这也是"天之所与我者"。他说,"人之异于禽兽者几希",那一点点差别就在于动物的行为依据是自然本性,人的行为依据的是人的仁义、慈爱的善良本性⑤。根据学者的研究,"性"的本字是"生","生"的本义是草木生出土,引申为发生和生育,又引申为生命的存在。但在儒者的话语系统中,单纯的肉体生存和精神的存在分开了,孟子说"有命焉,君子不谓性也","有性焉,君子不谓命",属于自然法则的生命是"生",而属于精神存在的生命是"性","生"与"性"就不再是一个合义,也不再是一个汉字。所以,告子说:"生之谓性",孟子就反驳说,自然的"生"并不等于伦理之"性",犬之性、牛之性是"生",而人性却不仅仅是"生",而是自然的人性与理智的自觉的结合,就像西田几多郎所说的那样,人要在培育与发扬人性中达到人生的圆满,孟子就要求每个人用自己的理智"求其放心""不失本性",然后则是"尽其心者,知其性也。知其性,则知天矣。存其心,养其性,所以事天也。夭寿不贰,修身以俟之,所以立命也"⑥。"人"与"天"的联系、"性"与"生"的联

---

① 关于这四种人之固有的品性,《孟子》曾两次提到,见《公孙丑上》,又见《告子上》。
② 十三经注疏[M].阮元,校刻.北京:中华书局,1980:2765.
③ 十三经注疏[M].阮元,校刻.北京:中华书局,1980:2670.
④ 冯友兰.中国哲学史[M].上海:商务印书馆,1984:156.
⑤ 十三经注疏[M].阮元,校刻.北京:中华书局,1989:2727.
⑥ 黄荣华.义者之言:《孟子》选读[M].上海:上海教育出版社,2017:17.

系、精神与生命的联系就隐隐地存在于这个表述中,"天"是造化创造的自然生命,只要推阐天赋的良知良能,尽了自己作为人的本性,人就圆满地实现了"天"所给予生命的意义,也达到了人生的终极境界。一个人不必追问他拥有多少财富,也不必追问他获得多少成功,他作为人的实现,在于他是否尽了自己作为"人"的"心",如果他尽了心,那么他就理解了自己的本性,他完成了本性的提升,就上应承了"天"的意志,下完成了"人"的使命。

社会规范的价值系统体现着其文化的价值系统,在文化价值体系的构成中,对人及人性的哲学认识和在此基础上的人权确认与人生价值定位是最重要的因素,还有处理社会矛盾的利益立场,共同影响着文化价值体系建构。性善论是中国文化传统中的主流人性观,尽管也还有性恶、性无善恶、性有善有恶等人性观,但最终始于董仲舒提出的人性与人情的区分(性善情恶)和理学家张载提出了"天地之性"和"气质之性"的人性二元论,既弥补了孟子性善论的不足又纠正了荀子性恶论的偏差之后,人性二元论使社会规范有了存在的意义,并且性善论一直是德育领域、社会规范领域里一种宏大的声音,尤其在大众教育层面所提出的"人之初,性本善",反映出了对理想人性的期望和社会空间的观照。

二、社会观照:人伦视阈下道德教育思想之基本立场

着眼于人伦秩序的人伦德育思想对个人的存在以社会观照为立场,往往重视人在社会中的关系,习惯于以"共性"为不言而喻的前提,而不习惯于以"个性"为不容置疑的依据。中国文化价值传统是建立在人伦思想基础上的,重视人的社会价值,认为其价值因群体存在而存在并借此体现,群体认同和义务本位成为人伦文化的核心价值观。伦理的核心是德性、善恶、美丑,与人伦文化的交互点就在于德性,中国的伦理尤其是人伦文化是"仁、义、礼、智、信"作为德性价值选择而建构的,其中"仁"是首位,"爱"是核心、德性的最高标准,"义"是本位,"礼"是行为秩序,"信"是人与人关系的基础和纽带,"忠、孝、廉、耻、勇"受到"仁、义、礼、智、信"的约束,不仅反映了德性之间的关系,而且集中表现出善与恶、美与丑等伦理关系。

执着于法制主义和政府管理的思想家当然不必说,就是儒者中的孟子、荀子,无论他们持性善之说还是持性恶之说,他们对于一个"人"的价值评

判,仍是以他在社会上的道德品格或功业成就为基准的,人如果不赢得社会舆论的赞扬或政治权力的认可,不取得家、家族的尊重,很难被认为是实现了"人"的价值。尽管"求其放心"之中也有精神自我完善、道德自我提升的内容,如《孟子·尽心下》所说的"可欲之谓善,有诸己之谓信,充实之为美,充实而有光辉之谓大,大而化之之谓圣,圣而不可知之之谓神",赵岐注曰:"己之可欲,乃使人欲之,是为善人;己所不欲,勿使于人也,有之于己,乃谓人有之,是为信人;不亿不信也,充实善信,使之不虚,是为美人,美德之人也;充实善信而宣扬之,使有光辉,是为大人;大行其道,使天下化之,是为圣人;有圣知之明,其道不可得知,是为神人。"①但是,善、信、美、大、圣、神的评价依据仍然是一个人在社会中的行为、道德、价值以及意义的实现,而人的生存意义实现取决于人的修养,人的修养决定了人的品格与价值。

  《大戴礼记·哀公问五义》中,曾经藉孔子之口说,庸人是"口不能道善言,而志不邑邑,不能选贤人善士而托其身焉,以为己忧,动行不知所务,止立不知所定",也就是说,庸人是没有终极的理想和立场的,对于自己的思想与行为完全没有自觉,也没有深刻的忧患。可是,"士"则"虽不能尽道术,必有所由焉,虽不能尽善尽美,必有所处焉",也就是说,知识者是有自己的价值判断,有自己的思想立场的,所以能够"审其所知""审其所由""审其所谓"②,即有辨别是非的理智。至于君子,更能够"躬行忠信""仁义在己",即有正确判断与行动的德行,贤人则"好恶与民同情,取舍与民同统,行中矩绳而不伤于本,言足法与天下而不害与身",也就是说,君子可以作天下的表率。到了圣人,则是"通乎大道,应变而不穷,能测万物之情性者也",即能够以自己的性情通达天下人类乃至物类的情性,所以说"情性也者,所以理然不然取舍者也。故其事大,配乎天地,参乎日月"。正是如此,《大学》中才从知止的平静、安宁心态和理性思考开始,把积累知识与端肃性情当作人之为人的起点,从这一点起,才能正心、修身、齐家、治国、平天下,它不是个体生命在宇宙中的存在,而是个人价值在社会中的实现,没有社会作为人生坐标的参照系,个人是没有位置的。

---

  ① 十三经注疏[M].阮元,校刻.北京:中华书局,1980:2775.
  ② 王聘珍.大戴礼记解诂[M].北京:中华书局,1983:9-11.

三、尽伦明德：人伦视阈下道德教育思想之基本目标

《管子》有《弟子职》篇，记洒扫应对进退之教。《周官·司徒》称以乡三物教万民，一曰六德：知、仁、圣、义、中、和；二曰六行：孝、友、睦、姻、任、恤；三曰六艺：礼、乐、射、御、书、数；这些是普通教育。其高等教育之义，则见于《礼记》之《大学》篇，曰："大学之道，在明明德，在亲民，在止于至善……古之欲明明德于天下者，先治其国；欲治其国者，先齐其家；欲齐其家者，先修其身；欲修其身者，先正其心；欲正其心者，先诚其意；欲诚其意者，先致良知。致知在格物。……自天子以至于庶人，壹是皆以修身为本。"即要求通过一系列人伦教化，使人明白其先天所具有的"明德"——人伦道德；继而"推己及人，使之亦有以去其旧染之污"①；最后达到把握人伦真谛而"止于至善"之境："为人君止于仁，为人臣止于敬，为人子止于孝，为人父止于慈，与国人交至于信。""明明德、亲民、止于至善"这"'三纲领'提供了中国传统文化背景下道德教育的文化运作：通过性善论的设定赋予人以道德本体，即具有德性的萌芽，道德教育的任务和个体的使命在于复明道德本体。"②儒家认为，要达到这个目的，只能从我做起，从自己做起：此即为求学做人的八条目——格物、致知、诚意、正心、修身、齐家、治国、平天下。"格物、致知"指的是主体对伦理准则的认知学习。"诚意、正心"则强调把主体的道德认知转化为道德情感、信念和意志品质。只有真正做到这一点，不为任何物欲、私欲所动，才算完成了个人道德上的"修身"。儒家要求"自天子以至于庶人，壹是皆以修身为本"，充分反映了人伦德育的目的。"齐家、治国、平天下"，一方面是说实现道德理想的途径，另一方面也是说在道德伦序的关系中对待家庭就像对待自己一样，对待国家就像对待自己的家庭一样，只有这样，我们才有可能实现道德理想，才可以平天下。

四、忠恕之道：人伦视阈下道德教育思想之基本方法

"忠恕"是人伦德育思想所主张的处理人我关系的方法，"忠"是诚实的素质，"恕"是推己及人的原则。忠恕之道在《大学》中又被称为"絜矩之

---

① 朱熹.四书章句集注[M].北京：中华书局，1983：3.
② 许敏.道德教育的人文本性[M].北京：中国社会科学出版社，2008：279.

道",包含着两个方面的命题:推己及人与和而不同。在人与人之间,只有在"同"的方面能做到以"忠恕之道"推己及人,在"异"的方面能做到以"和而不同"来求同存异,这样关系才能达到协调和谐之境。《中庸》亦云:"施诸己而不愿,亦勿施于人。"孟子则曰:"反身而诚,乐莫大焉;强恕而行,求仁莫近焉。"①"诚"也就是"忠"。孟子认为,"忠恕"这个原则是实现"仁"的最切近的方法。所以他说:"仁者爱人。"②并认为能做到"爱人",就可以收到"爱人者,人恒爱之"③的回报。

墨子亦曰:"盗爱其室,不爱异室,故窃异室以利其室。贼爱其身,不爱人,故贼人以其身。此何也?皆由不相爱。虽至大夫之相乱家,诸侯之相攻国,亦然。大夫各爱其家,不爱异家,故乱异家以利其家。诸侯各爱其国,不爱异国,故攻异国以利其国。天下之乱物,据此而已矣。察此何自起,皆起不相爱。若使天下兼相爱,则国与国不相攻,家与家不相乱,盗贼无有,君臣父子皆能孝慈。若此则天下治。"④"吾闻为高士于天下者,必为其友之身若为其身,为其友之亲若为其亲。是故退睹其友,饥则食之,寒则衣之,疾病侍养之,死丧葬埋之。"⑤墨子又推之为别君、兼君之事,其义略同。墨子之所揭示与儒家所说的忠恕之道蕴意相同:"视人之国如其国,视人之家如其家,视人之身如其身。"⑥然社会间人与人的关系,尝于不知不觉间,生亲疏之别。故孟子至以墨子之爱无差别为无父,以为兼爱之义,与亲疏之等不相容也。然如墨子之义,则两者并无所谓矛盾。其言曰:"孝子之为亲度者,亦欲人之爱利其亲与?意欲人之恶贼其亲与?既欲人之爱利其亲也,则吾恶先从事,即得此,即必我先从事乎爱人之亲,然后报我以爱利吾亲也。诗曰:'无言而不仇,无德而不报,投我以桃,报之以李。'即此言爱人者必见爱,而恶人者必见恶也。"然则爱人之亲,正所以爱己之亲。⑦

在与人交往时,若能设身处地替别人着想;反过来,你也希望别人设身处地替你着想。于是理性就推出道德,因而就可称之为"道德律",好像数学

---

① 杨杰.四书五经:2[M].哈尔滨:北京文艺出版社,2014:316.
② 孟子译注[M].金良年,译注.上海:上海古籍出版社,2016:189.
③ 孟子译注[M].金良年,译注.上海:上海古籍出版社,2016:189.
④ 蔡元培.中国伦理学史[M].北京:商务印书馆,1999:35.
⑤ 蔡元培.中国伦理学史[M].北京:商务印书馆,1999:35-36.
⑥ 蔡元培.中国伦理学史[M].北京:商务印书馆,1999:36.
⑦ 蔡元培.中国伦理学史[M].北京:商务印书馆,1999:36.

定理一样坚实。所以,"忠恕"确实可以作为处理人际关系的普遍原则,可谓是处理人际关系的黄金法则,具有超越阶级、超越时代、超越国界的价值和意义,无论家人之间、朋友之间、上下级之间乃至广大普通人之间皆所适用。即如父子之间,如果我希望子女能孝顺于我,那我就应该率先做到孝顺父母;如果我希望朋友对我讲信用,那我就应该先做到对朋友讲信用。如此等等,可以类推。弘扬忠恕之道,对于增进人与人之间的互相信任和理解,改善人际关系,营造和谐的社会生活环境,都具有不可替代的重要作用。一个人只要能以"忠恕"存心,人际关系就能达到协调和谐。忠恕之道既是传统美德又是时代风尚,尤其为世界各国民族所共同强调。

忠恕之道的积极方面是孔子所提出的"己欲立而立人,己欲达而达人",简括而言就是"己所欲,施于人",即自己希望达到和实现的,也希望别人达到和实现。这是一种很高尚的品德。自己想成为有修养的君子,也乐于别人是这样的君子;自己想在事业上有成就,也希望别人同样有成就;自己生活得好,也愿意别人生活得更好。这种态度是以仁爱之心、公正之心和宽阔无私的胸怀为底蕴的。倘若心胸狭隘、自私自利,那么一看到别人好了,心里就会不舒服,更不容别人超过自己。这种人往往嫉贤妒能,甚至搞阴谋、耍手腕,结果不仅有害于人际关系,而且也把自己孤立了。而真正的君子风度是"君子己善,亦乐人之善;己能,亦乐人之能也"[①]。其实,只有抱着这样的胸怀去与人竞争,才是互助互利、和衷共济、共同进步的正常竞争。在现代的商品社会中,尤其需要这种真正有益于推动社会发展的正常性竞争。

诚然,能够达到时刻以"立人、达人"为己任这种精神境界的人是为数不多的。于是,孔子换了个角度,从消极方面提出了一个人人不难做到的准则:"己所不欲,勿施于人。"即自己不喜欢、不愿意的事,也不要强加给别人。孙中山先生继承这一思想,把仁爱看做是中国的好道德,认为仁爱恢复起来,再去发扬光大,便是中国固有的精神。仁爱学说成为中国传统美德的核心,成为中国人民处理人际关系和国际关系的基本准则。

值得注意的是,"忠恕"决非无原则的原谅和迁就。诸如对于某些损人利己、伤天害理、祸国殃民的劣迹恶行,如果不谴责、不斗争,却"将心比心"

---

① 胡毓寰.孔子训语类释[M].上海:商务印书馆,1931:62.

地予以姑息和包庇,那就正如朱子所说:"今人只为不理会忠,只徒为恕,其弊只是姑息。"①假若姑息容奸,那就绝非"忠恕",而是陷入孔子所谓"德之贼"的"乡愿"了。

然而,实行忠恕之道的同时,还必须济以"和而不同"。这是因为:作为人性,既有其普遍性,又有其特殊性。比如说,饥而思食,寒而思衣,这在每个人来说都是相同的,所以可从我之饥思食推知别人也饥而思食;但是喜欢吃什么或需要吃多少,各人就不同了。这就要用"和而不同"的原则来求同存异了。"和而不同"既承认多样性与差异性,又主张彼此尊重、和谐共处,其中包含了较多的人权意识和民主精神,它与专制主义、斗争哲学是不相容的。所以,"和而不同"也是处理现代人际关系的普遍原则,在任何人际关系之间皆所适用。

五、知中执中:人伦视阈下道德教育思想之基本原则

三代以前,圣者辈出,为后人模范。其时虽未谙科学规则,且亦鲜有抽象之思想,未足以成立学说,而要不能不视为学说之萌芽。后世言道德者多道尧舜,其次则禹汤文武周公,关于他们的言行事迹多记载于《尚书》。《书》曰:"尧克明俊德,以亲九族,平章百姓,协和万邦,黎民于变时雍。"先修其身而以渐推之于九族,而百姓,而万邦,而黎民。其重秩位如此。《易》曰:"重秩序,故道德界唯一之作用为中。中者,随时地之关系,而适处于无过不及之地者也。是为道德之根本。"而其修身之道,则为中。其禅舜也,诫之曰:允执其中是也。是盖由种种经验而归纳以得之者。实为当日道德界之一大发明。而其所取法者则在天。故孔子曰:"巍巍乎惟天为大,惟尧则之,荡荡乎民无能名也。"

到舜之时,舜又把"中"的概念更为抽象化地运用于心性状态,作了更为切实的要求。其命教胄子曰:"直而温,宽而栗,刚而无虐,简而无傲。"说涵养心性的方法就是知中执中。其于社会道德,则明显有爱有差等之义。命契曰:"百姓不亲,五品不逊,汝为司徒,敬敷五教在宽。"五品、五教,皆谓于社会间,因其伦理关系之类别,而有特别之道德也。也就是所谓的五伦之

---

① 许树霞.中国经典廉政名句解读[M].北京:中国方正出版社,2005:507.

教,也即父子有亲、君臣有义、夫妇有别、长幼有序,其实质不外乎执中。惟各因其关系之不同,而别著其德之名耳。由是而知中之为德,有内外两方面之作用,内以修己,外以及人,为社会道德至当之标准。

《中庸》曰:"中也者,天下之大本也"。"中"可谓是一种标准或一种基本原则,主要是指人的主观认识和行为与事物的客观实际相符合,从而达到一定的预期目标,故含有合乎客观规律的"真理"之意。① "中"在中国的人伦德育思想上,既包涵地理上"中央与四方"的"自然之理",也包含着"中正""中和"等"人事之功","时中""权中"等更是阐发了"自然之理"与"人事之功"的内在联系。如果把血缘人伦及其拟亲化的人伦关系作为"自然之理"或本体的话,那么"人伦之理"的教化便是"人事之功",人伦德育思想的目的便是"正"与"和","时中""权中"则是其主要的方法论。

"中正"是用于调节同一事物内在的两极之间关系的方法论,它具体体现为在相反相成的关系中要求达到既中且正的"中正"标准。《周易》认为,大至宇宙,小至一事一物,无不蕴涵着阴性和阳性这一对普遍的矛盾;并由这对矛盾在一定的客观条件下的平衡消长和互相作用,才推动了事物的运动变化和不断发展。这条基本规律即体现为阴阳两极之间既中且正的"中正"法则。如《节·彖》曰:"当位以节,中正以通。"《益·彖》曰:"利有攸在,中正有庆。"正是体现了"中正"之道的作用。若将"中正"法则用于"人伦之理"上,可以把"五伦"中的每一伦视为一个整体,而把其中所包含的双方视为同一整体中相反相成关系之两端。如果每一伦的双方都能遵守之间的道德准则而尽到自己应尽的义务,那么实际上也会从对方相应地获得自己所应有的权利,于是双方的关系也就保持了有序和平衡。假若其中一方没有尽到应尽的义务,其间的关系都会因失去平衡而产生矛盾。所以,"中正"法则体现为同一伦中的双方都能遵守相应的道德准则来维护关系之有序与平衡。

"中和"是用于处理多种不同事物之间关系的方法论,它体现为要求参加作用的多种事物达到"和而不同"与"因中致和"的"中和"目标。"和而不同"与"因中致和"合而观之,就把"中和"这一方法论从实践经验提升到了

---

① 徐儒宗. 人和论:儒家人伦思想研究[M].北京:人民出版社,2006:560.

理论的高度,乃成为协调不同事物之间关系的基本方法。而正式提出"中和"这一哲学范畴并加以系统论证的则是《中庸》:"喜怒哀乐之未发,谓之中;发而皆中节,谓之和。中也者,天下之大本也;和也者,天下之达到也。致中和,天地位焉,万物育焉。"当感情未发之前,无所偏向,当然是"中";既发之后,必须每种感情都中节,才能达到感情总体上的"和"。但所谓"中节",并非在喜与怒或哀与乐之间取其中性,而是当喜则喜,当怒则怒,当哀则哀,当乐则乐;既出于内心之真情,又合乎事理之宜,才算是"中节"。每种感情都"中节"了,全部感情的总体也就达到"和"了。若推而论之,则"中和"这条法则适用于协调一切不同事物之间的关系,包括人与人之间、物与物之间、人与物之间、人与自然之间等等关系。《论语·学而》载有子曰:"礼之用,和为贵。"正因为礼是调节人与人之间关系的仪节,故以"和"为贵。假若把这种"和为贵"的精神进而推广到一切物与物、人与物乃至人与自然之间,使宇宙间的一切事物之间都能遵循"中和"法则而摆正位置,那么天地万物都会各得其所,并能生生不已了,所以说:"致中和,天地位焉,万物育焉。"若把"中正"法则用于"人伦之理",可以将"五伦"看作五种不同事物之间的关系,并运用"因中致和"的方法,分别以每伦之间的"中"来实现"五伦"总体上的"和"。这是因为,凡在现实中生活的人,并非只是某一伦中的角色,而是同时在多伦关系之中充当相应的角色。只有分别在每一伦的关系中相处到适得其宜,亦即合乎"中"的标准,才能实现人伦总体上的"和";无论哪一伦的关系"失中",都会导致人伦总体上的"不和"。这还是仅就某位公民的本身着眼而言;但若进而从整个社会着眼,也只有每位公民在每一伦的关系上处理"得中",才能实现整个社会人际关系总体的"和";无论哪位公民在哪一伦的关系中处理得当,都会或多或少地影响整个社会之"和"。

"时中"是从时间运行的观念上去把握事物发展的趋势,体现为因时制宜、与时俱进的一个方法论。因为一切事物的变化发展都是在时间运行的过程中展开的,因而人的行为必须适应这种随时变化的规律。合乎这一规律的,则谓之"时中"。《易·蒙彖》云:"意亨行时中也。"《中庸》云:"君子之中庸也,君子而时中。"因为只有人的观念和行为都能与时俱进,才能适应时代的发展。故《易·艮彖》云:"时止则止,时行则行,动静不失其时,其道光明。"《易·系辞》曰:"变通者,趋时者也。"孔子和孟子都非常强调"时"的观念,认为一切事物都有其相适应的时间。小之如农作物的生长,大之如整个人类社会的发展,都离不开时间的更新。如果离开这一规律,就无法掌握中道。孔子认为夏、商、周三代由于时代不同,故其礼也必须有所因革损益。孟子更提出了"彼一时,此一时"的命题,他在向公孙丑解释"以齐王犹反手也"的道理时,就拿古今时代形势不同的观点做了论证。他说:"且王者之不作,未有疏于此时者也;民之憔悴于虐政,未有甚于此时者也。""当今之时,万乘之国行仁政,民之悦之,犹解倒悬也。故事半古之人,功必倍之,惟此时为然。"①人类的"人伦之理"是随着时代的前进而不断变化发展的,作为体现人伦价值的行为规范也必须与之相适应。故在人伦德育中,本乎"时中"方法论,既要反对固守旧章、顽固不化的守旧思想,又应反对随波逐流、盲目追求时髦的不正确潮流,而应该追求一种既适应时代发展趋势又适得事理之宜的最佳理想境界。

"权中"是在对待事物变化规律"常"与"变"的关系上,体现为原则性与灵活性高度统一的方法论。因为一切事物在按照常规不断变化发展的同时,还可能出现某些意想不到的反常情况和难以预料的突发性事件。所以在具体实践中运用"中"这一基本原则时,还必须根据实际情况,在不违背原则的前提下有所变通,才能恰当地处理问题而适得其宜。这种适应事物变化的灵活性就叫"权"。"权"有二义:一是应付事物常规变化时的"权衡"之义,二是应付事物出现反常情况时的"权变"之义。孔子说:"可与共学,未可与适道;可与适道,未可与立;可与立,未可与权。"②孟子也说:"执中无权,犹执一也。所恶执一者,为其贼道也,举一而废百也。"③所谓"举一而废百"的"执一"实际上就是一种以孤立的、静止的、片面的观点看问题的方法;而只有"执中"并能"达权"才是合乎辩证观点的正确方法。故有人问孟子,当"嫂溺授之以手"与"男女授受不亲"的古礼发生矛盾时,将如何处理?孟子毫不犹豫地说:"嫂溺不援,是豺狼也。男女授受不亲,礼也;嫂溺援之以手,权也。"④当作为正常典则之"礼"不足以应付突发事变时,就必须济之以灵

---

① 孟子.孟子[M].牧语,译注.南昌:江西人民出版社,2017:56.
② 孔子.论语[M].北京:中国纺织出版社,2015:132.
③ 孟子.孟子[M].牧语,译注.南昌:江西人民出版社,2017:329.
④ 孟子.孟子[M].牧语,译注.南昌:江西人民出版社,2017:164.

活运用之"权",方能处得其宜。这个例子生动地论证了"权"与"中"的辩证关系,并着重强调了"权"的重要性。

宇宙间一切事物的运行都有常有变,"人伦之理"亦复如此,故有所谓"人伦之变"。我们既要遵守一定的原则,又要根据具体情况而有相当的灵活性,也就是在"执中"的同时还必须能"达权",才能适应事物的变化发展。所谓"人伦之变",主要有两种情况:一种情况是同一伦中某一方违背了常则,导致另一方不得不采取权变的行动。例如虞舜出生于"父顽、母嚚"的恶劣家庭,可谓处于"父子之变",因而采取了有违常礼的"不告而娶"的权变之举,孟子认为这仍然是合理的。又如汤、武处于桀、纣暴虐之世,可谓处于"君臣之变",因而不得不采取"以臣伐君"的权变之举,等等。另一种情况则是两伦之间发生了矛盾,使人无法兼顾,不得不放弃其中一伦以保全另一伦的权变之举。在历史上,处于"人伦之变"的情况下,选择了"执中达权"法则而做出灵活处理的事例多不胜举。因此,在合乎"义"的前提下,即使是天经地义的人伦之间,也是可以做出异乎寻常的特殊性处理的。

第四章　人伦观照下的道德教育追寻

　　针对人伦价值在道德教育中失落的境遇,建构首要应以考察研究对象的产生为开端探讨其在道德教育中的始源性价值意义。无论从理论上还是从实践上,在"道德教育"被当作"当然"的概念和理念被肯定的时代,对这种带有学科边缘性和实践解构性的"始点"问题的追究似乎不但多余,而且可能是典型的象牙塔中的天籁之音。然而,它确实是道德教育的理论合理性与实践合理性的基础性问题,也是现代学界的前沿性问题。在《尼各马科伦理学》中,亚里士多德提出了一个方法论的问题:对问题的研究应当从始点开始。"有的理论自本原开始,有的理论以本原或始点告终,让我们不要忽略了它们的区别。柏拉图提出了一个很好的问题,研究的途径到底是来自始点或本原,还是回到始点或本原?"①什么是始点或本原?亚里士多德的理解是:"始点或本原是一种在其充分显现后,就不须再问为什么的东西。"②就是说,始点或本原是"只知如此,不可或无须究诘"的那种东西。他的主张是:"研究还是从我们所知道的东西开始为好。"③"从所知道的东西"开始研究,也就"回到始点"。对道德教育的研究来说,"回到始点",就是回到"道德教育的价值始点"。"价值始点"就是伦理学与教育学在道德教育理论中的生态结合点,至少是最重要的生态结合点之一。

　　在古希腊人的观念里,伦理、道德的基始是生活本身。而人类生活本身是在关系中展开的,完全彻底的孤立的个人生活在人类历史上是不存在的,生命本身就是连续性的。西方伦理观念的脱臼可能与基督教有关。现代西方的自由主义巧妙地改造了基督教《圣经》的解释,《圣经》上说,所有的人都是上帝创造的,所有的人都归属于上帝。这样,人与上帝之间的关系被强

---

① 苗力田.亚里士多德全集:第8卷[M].北京:中国人民大学出版社,1997:6-7.
② 苗力田.亚里士多德全集:第8卷[M].北京:中国人民大学出版社,1997:6-7.
③ 苗力田.亚里士多德全集:第8卷[M].北京:中国人民大学出版社,1997:6-7.

化了,而人与人之间的关系反而被淡化了。因为每个人都是单独地面对上帝,根本性的道德问题似乎与人伦关系无关,而只是与人和上帝的关系相关。后来的人文主义者利用了这一点。西方的个人主义、天赋人权观念也是以宗教为背景和基础发展出来的。从中国来说,孔子面对的是礼崩乐坏、群雄并起的战国时代,他以一个智者的智慧直觉到,要想在这种礼崩乐坏的情况下生活,必须找到一个规矩,建立社会伦理道德秩序。所以他着力于世俗生活本身,根据人类关系发展的规律建立了人伦的基本范型,使一切道德都必须落实于人伦关系语境才能被言说和表现出来。道德教育对人社会化的策进功能的实效性离不开人伦关系的中介作用,道德教育的规范传授和价值引导不能割裂了对人伦之理的体认,人伦之理也不能割裂了对道德目的和道德理想(道德价值)的追求;道德目的和道德理想通过人伦关系、规范等途径、手段、方法才能够实现,人伦价值通过道德教育才能体现。

第一节 道德教育的历史始点

考察道德教育的历史始点,是从历史和现实的伦理关系、道德生活中,研究德性最初从哪里诞生,也就是回到道德生活和人之德性的历史和现实的源头探究"始点"问题。

自孔孟开始,中国伦理道德将所有的人伦关系归结为五种基本的关系:夫妇、父子、兄弟、君臣、朋友,此即所谓"五伦"。"五伦"是中国伦理的范型,其他人伦关系都可以由此引发开来,并寻找到相应的人伦之理即所谓"伦理"。"五伦"之中,父子、兄弟二伦属天伦,即家庭血缘伦理关系;君臣、朋友二伦属人伦,即社会伦理关系;夫妇一伦则介于天人之间,并联结着天伦与人伦。由此建立起人伦的三维坐标。"五伦"的结构原理是:人伦本于天伦,家庭伦理是社会伦理的根基,社会伦理的原理由家庭伦理演绎引申而来。

由"五伦"的原理,便自然产生相应的道德要求:夫义妇顺、父慈子孝、兄友弟恭、君惠臣忠、朋友有信,即所谓"五伦十德"。在所有的德目之中,孔孟认为,"仁""义""礼""智"四者是最基本的。由此,"五伦四德"便分别构成中国伦理和道德的基础。"五伦"是人伦的范式,"四德"是道德的基德。

"四德"之中,又以"仁"为诸德之根;而要做到仁,成为最高境界的"仁人","天伦"之德性——孝悌最为重要。"孝悌也者,其为仁之本欤!""仁"的核心是"爱人"。爱人之情从天伦中发育,即"亲亲";由"亲亲"而"仁民",由家庭道德扩充为社会道德;最后达致"老吾老以及人之老,幼吾幼以及人之幼"的境界。在这个境界结构中,没有"老吾老"之德,就不可能生长出"以及人之老"之德;没有"幼吾幼"之德,就不可能生长出"以及人之幼"之德。所以,在家庭伦理中培育出的德性,无疑是一切德性之根。

据此,人的德性和道德教育的历史始点就是人伦,人伦是人类对自身存在方式的反思后而充分意识到的人之为人的缘由所在。

一、家庭伦理的人伦之始

家庭在中国文化和中国社会中的本始性意义,得到经典作家的一致肯定。林语堂先生曾断言:家是中国文化最后的也是最重要的堡垒。梁漱溟先生有言:"家庭在中国人生活里关系特见重要,尽人皆知;与西洋人对照,尤觉显然。"①黑格尔也发现:"中国纯粹建筑在这一种道德的结合上,国家的特性便是客观的'家庭孝敬'。中国人把自己看作是属于他们家庭的,而同时又是国家的儿女。"②为此,需要探讨的是家庭这一伦理实体作为人伦价值始点在道德教育中的合理性。

在现代道德教育中,如果以家庭为人伦价值始点,同时面临着理论合理性与实践合理性两方面的难题。来自理论合理性方面的质疑有二:家族主义伦理精神曾经造成中国传统伦理的诸多弊端,以家庭为人伦价值始点是否可能重现这些弊端?西方现代化社会结构中特别重要的构成是介于"自然社会"(家庭)与"政治社会"之间并作为其联结的"市民社会",有人认为它正是现代中国社会所应当着力建构和追求的,以家庭为道德教育的价值资源是否与此相悖?在实践合理性方面,难题同样有二:家国一体,由家及国,是传统中国社会结构的特点,这种社会结构不仅随着近代以来的社会变迁受到极大冲击,而且这种结构的合理性也受到现代性的强烈质疑。在现代中国社会,家庭伦理的革命十分深刻,特别是随着独生子女政策的实施,

---

① 梁漱溟.中国文化要义[M].北京:学林出版社,2000:26.
② 黑格尔.历史哲学[M].王造时,译.北京:生活·读书·新知三联书店,1956:65.

其结构愈益瘦化,伦理关系越来越松散,在这种情势下,它是否还能履行本始的道德教育、道德训练的功能?

以上难题概括起来就是一句话:家庭是否还应当、是否还堪当人的德性和道德教育的原始性的历史价值资源?家庭之于中国道德教育的意义几乎不证自明。无论家庭在近几个世纪经历怎样的社会和政治激荡,在现代中国文化中,它仍然是最坚韧的伦理实体和伦理神圣性的根源,依然具有不可取代的文化价值地位。

中西方道德体系寻找人伦根据的方法都是以"天人合一"、天道与人道合一为模式的,区别只是对"天"的诠释不同。西方是宗教的天,中国是以家庭伦理为基础的道德的天,上帝与家庭分别构成人伦关系的根据和范型。西方的人伦关系虽然是以平等、民主为世俗价值追求的原子式结构,但最终并未超出"上帝"的规约。在西方具有宗教传统的文化系统中,人们几乎无例外地都是从宗教尤其是宗教的终极实体——像上帝、真主那里——确认德性的根源,这实际上只不过是对道德合理性和人的精神家园的一种逻辑预设,同时也是一种文化虚拟。其实,西方人最担忧的人文问题是:"如果没有上帝,人类将会怎样?"在缺乏宗教传统和宗教的文化力量的社会中,人们的担忧可能是:如果没有家庭,社会将会怎样?在既没有上帝又失去"天伦"作为人伦之始的文化背景下,人伦价值的建构何以可能?因此,在世俗生活中,在人们的实践理性中,事实上还是指认家庭是人的最初的也是本始德性的诞生地。黑格尔就明确指出:"对意识来说,最初的东西——神的东西和义务的渊源,正是家庭的同一性。"[①]在黑格尔看来,家庭是一个伦理性的实体(人伦关系的复合体),它以爱为根本规定,"爱"的根本特征是"离开了他人自己就不能独立":"爱的第一个环节,就是我不欲成为独立的、孤单的人,我如果是那样的人,就会觉得自己残缺不全。至于第二个环节是,我在另一个身上找到了自己,即获得了他人对自己的承认,而另一个人反过来对我亦同","爱就是伦理性的统一。"[②]家庭就是这样一种以爱为本性的伦理性的实体。所以说,以家庭伦理作为人伦之始在道德体系中具有一定的跨文化和超越时代的普遍意义。

[①] 黑格尔.法哲学原理[M].北京:商务印书馆,1996:196.
[②] 黑格尔.法哲学原理[M].北京:商务印书馆,1996:175.

人是一种"类"存在和社会性动物,是生活在特定的社会关系之中的,社会交往不仅是人的社会性存在方式,也是组织结构方式和存在的依托。社会文明的过程就是人的社会交往的扩大和社会关系不断丰富的过程。对此,费孝通先生曾有十分形象的比喻:"以'己'为中心,像石子一般投入水中,和别人所联系成的社会关系,不像团体中的分子一般大家立在一个平面上,而是像水的波纹一般,一圈圈推出去,愈推愈远,也愈推愈薄。"[1]"己"的组织存在就是"家"。在中国文化传统中,"家"在人的交往方式、范围和整个社会关系中就有特殊重要的地位,家是国的范型与模本,国是家的延伸与放大。家庭与家族不仅是人们社会组织形式的归属,而且也是社会交往中价值选择与判断的原点与归依。家庭这一伦理性实体作为人伦之始在中国的道德教育传统中之所以得到最为典型的体现,有两个方面的原因:一是中国特殊的社会结构。在构成客观基础的诸要素中,伦理与社会结构的关系最为密切。中国社会结构的特点是家国一体,由家及国,因而家庭在中国人的伦理生活和德性生长中也就最为重要。二是中国文化的特性。中国没有像西方那样有其强大的宗教传统。宗教,至少在理论体系中,始终没有像西方文化那样,成为伦理和德性的最后根据,具有宗教意味而在一定程度上作为终极价值的"天",在文化体系和伦理体系中只是为克服自身矛盾而预设和悬置的一个"文化黑洞",并没有像西方那样的文化实在性的意义。[2] 相反,宗教上的一些基本预设,反而可以从伦理的传统中得到诠释,最典型的就是晋宋之际竺道生关于"人人皆具佛性"的假设及其由此引发的佛理论争。[3] 如此,中国人的道德生活和道德教育就必定也应该从人伦价值之始——家庭开始。

二、家庭道德情感的德性之根

"大脑中存在着先天的潜意识压抑力和动机,它们深刻地、无意识地影响着我们的伦理前提,人类道德就从这些根源如同本能一样进化而来。"[4]

---

[1] 费孝通.乡土中国[M].北京:生活·读书·新知三联书店,1985:25.
[2] 樊浩.中国伦理精神的现代建构[M].南京:江苏人民出版社,1997:327.
[3] 樊浩.中国伦理精神的现代建构[M].南京:江苏人民出版社,1997:359-360.
[4] 威尔逊.论人的天性[M].林和生,等译.贵阳:贵州人民出版社,1987:5.

《在论人的天性》(On Human Nature,1979)一书中,爱德华威尔逊提出人类大脑中存在着道德的根源,并从生物学角度作了一些论证。"一个人并非生来就知道善和恶,义务的感情也并非直接就在他心中产生。但是,他具有很多本能,可以说,道德情感就是从这些本能进化而来的。"①在中国人的道德自我的价值始点确认中,个体德性的生长点就是家庭道德情感(孝悌)。

在天赋论方面,孟子的"四心说"是揭示人天生具有善端的典范。孟子所说的良心,就是"仁义"之心,其内容是"恻隐之心""羞恶之心""辞让之心""是非之心"。"恻隐之心,仁之端也;羞恶之心,义之端也;辞让之心,礼之端也;是非之心,智之端也。"②仁、义、礼、智是中国传统道德的四基德,在与理智、正义、勇敢、节制的希腊四德相对照的意义上,它可以被称为"中国四德",在中国道德理论和伦理精神的历史发展中,具有不可动摇的地位。四德之中,仁是根本。什么是仁? 仁的伦理精神如何产生和生长? 孔子规定:"仁者爱人。""樊迟问仁,子曰:爱人。"③这种爱人之情的生长有一个辩证过程。第一步,为仁之本:亲亲。以孝悌为核心的亲亲,是爱人行仁的始点和根本。"孝悌也者,其为仁之本欤!"④"君子笃于亲,则民兴于仁。"⑤第二步,为仁之方:忠恕。亲亲之家庭伦理之情如何成为社会的道德情感? 就是通过行忠恕之道。忠恕是家庭道德情感之外推,具体内涵就是:诚以待人,推己及人;已立立人,已达达人。第三步:仁之正路:仁道。亲亲与忠恕的结合,既"笃于亲",又"泛爱众",便是所谓仁道。三者的结合,就是中国式的爱人之情:仁爱。它与西方的博爱或神爱相对照,体现中国道德的民族特色:在仁爱中,在家庭伦理关系中孕生的亲亲之情,始终是德性的根本。以孟子奠基的"仁义礼智"建立的道德自我的德性体系,强调"居仁由义""礼门义路""必仁且智",凸显的就是家庭伦理情感对于整个道德体系与人伦精神的根源性意义。

人伦与道德之本都在家庭,道德教育也必定自家庭始。所以,中国的家

---

① 梯利.伦理学概论[M].何意,译.北京:中国人民大学出版社,1987:67.
② 孟子.孟子[M].徐强,译注.济南:山东画报出版社,2013:62.
③ 论语[M].刘兆伟,译注.北京:人民教育出版社,2015:275.
④ 论语[M].刘兆伟,译注.北京:人民教育出版社,2015:4.
⑤ 论语[M].刘兆伟,译注.北京:人民教育出版社,2015:159.

庭承担着道德教育的特别重要的人文使命。在中国传统社会中,家庭在道德教育中的人文功能表现在两个方面:一方面是理论上的道德教训和道德知识的传授,主要表现为长幼之间的道德教导;另一方面是实践上的道德训练。中国传统社会大家庭中的复杂伦理关系以及日常生活,为道德训练提供了最有效的基地。这种训练尤其在道德情感和道德智慧两个要素着力。在道德情感方面,通过对伦理关系的维护和人伦地位的恪守,培育人伦之情,在此基础上形成对道德准则的敬重和敬畏之情,进而透过习俗的力量和习惯的养成,将对道德准则的践履内化为人的良知良能,所谓"见父自然知孝,见兄自然知悌,见孺子入井自然知恻隐"。在道德智慧方面,内聚力极强的家族关系所形成的紧密的伦理场,使伦理的互惠互动的人文本性得到比较完整的实现,"忠恕""回报""内圣外王",不仅是一种内在德性,更是一种崇高的道德智慧。道德作为一种人文智慧的显现,是道德的生命力和道德教育有效性的不可或缺的要素。正如杜维明先生所指出的那样,在传统社会中,中国人的社会化,核心就是礼仪化,而礼仪化主要是在家庭中完成的。礼仪化的本质就是道德化。由此才可以理解,在传统伦理中,宁可产生某些方面的社会不合理,也要维护道德法则的神圣性。最典型的就是孔子"父为子隐,子为父隐,直在其中"的逻辑。这一逻辑表面上并不符合基本的社会理性和社会正义,但它对维护家庭伦理和家庭关系中个体德性的纯洁性和神圣性却有至关重要的意义。

  道德价值、伦理精神必须诉诸神圣性,这是中西方经典作家的共识。在《实践理性批判》中,康德反复强调:"意志与道德法则的完全切合是神圣的,是一种没有哪一个感觉世界的理性存在者在其此在的某一个时刻能够达到的完满性。"[1]"我们人格之中的人道对于我们自身必定是神圣的,因为它是道德法则的主体,从而是那些本身乃神圣的东西的主体,一般说来,正是出于这个缘故并且与此契合,某些东西才能够被称为神圣的。"[2]"实践理性"的最后根据或根源,不是某种理论理性或实用理性,而是道德良知或道德直觉,这种最终不能再追究的道德良知或道德直觉就是神圣性。在中西方道德体系和伦理精神中,这种神圣性有两种来源:家庭与宗教。伦理精神以爱

---

[1] 康德. 实践理性批判[M]. 韩水法,译. 上海:商务印书馆,1999:134.
[2] 康德. 实践理性批判[M]. 韩水法,译. 上海:商务印书馆,1999:144.

人为价值起点,这种爱人在中西方文化中有两种不同的表现形态:仁爱与神爱。仁爱是以家庭亲亲之爱为起点的神圣性;神爱是以上帝之爱或超越性的彼岸之爱为根源的神圣性。前者最后发展为泛爱,后者发展为博爱。但它们都诉诸也都具有神圣性。孔孟儒家所以以家庭伦理为道德体系的基础,就是因为它能够担当作为神圣性之根的人文使命。"见父自然知孝,见兄自然知悌,见孺子入井自然知恻隐",这种"自然"就是出于良知的神圣性。传统的"中国四德"以"智"为最后的德性,这种"智"不是西方式的理智或理性,而是中国式的融合情感与理性的道德良知或道德直觉,只有达到了这种"智",才最终建立起道德自我。康德的伦理学体系,为扬弃其矛盾,最后通过理性做出两个预设:灵魂不朽与上帝存在,将神圣性诉诸上帝。而黑格尔在《法哲学原理》中则认为,家庭是神圣性和义务的根源。消解了家庭伦理(天伦)及其道德情感作为神圣性根源的地位,在没有宗教传统的文化中,道德体系的深刻危机就是:道德神圣性从何而来?道德神圣性何以培育?何以可能?可以说,家庭的道德教育功能的弱化,必然导致个体德性与社会风尚的退化。

第二节 道德教育的逻辑起点

道德教育的逻辑起点,无论在伦理学还是在教育学中,都是最重要的理论学术前沿问题之一。这一问题表面上看已经解决,实际上似是而非。

表面上的解决是从马克思主义哲学的本体论中直接演绎的。马克思主义哲学的唯物史观的基本观点,是社会存在决定社会意识,道德归根到底由人们的物质生活条件和社会的经济状况所决定并随之而变化。于是,主导的观点便是:道德和道德教育的逻辑价值始点就是个人的物质生活条件与社会的经济发展水平。无疑,这是一个在学术上最便捷,在意识形态方面最保险的预设。然而,被人们长期忽视的是,它也可能是一个现代人在学术研究上缺乏创见的预设,它可能将人们的道德生活和社会的道德教育导入一个"安全"的误区。这种误区的实质是泛本体主义和机械本体论,对它进行仔细而深入的剖析不是本书最需要完成的任务。最简明的理由是:如果哲学的最一般的形上理论可以代替其他学科或者作为其他学科的先验结论,那么,丰富多样的学科的存在,与之相关联,文明体系中多样性的人文结构的存在,是否必须和有足够的根据?在哲学之外之所以还需要伦理学和教育学,就是因为它们有着迥然不同的学术视角和人文使命,因而有着不同的理论和价值始点。诚然,马克思主义哲学为人们也为学术研究提供最一般的世界观和方法论,但必须注意,它的合理性和生命力也就在这个"最一般"方面,如果用"最一般"代替"具体",它就会丧失真理性。"社会存在决定社会意识"的本体论结论,是在"归根到底"的"最一般"的意义上回答社会意识的根源问题,但如果不加分析地将由此演绎出的物质生活条件、经济发展水平决定个体和社会道德的形上结论作为道德和道德教育的价值起点,那么,这不仅会导致道德相对主义,为各种道德包括最恶劣的道德找到理论辩护,而且也会从根本上消解伦理学和道德教育的理论合理性和实践合理性,在使伦理学和道德教育学成为哲学的袖珍克隆的同时,也极有可能从根本上使道德和道德教育丧失对个体行为和社会生活的价值导向和文化干预能力,从而事实上使它们失去在学术体系和文明体系中存在的人文依据。

道德教育的逻辑起点是指道德教育从何处出发的问题,它要解决道德教育的内容、道德教育的方法、道德教育的途径等的出发点问题。道德的基本问题是处理人们之间的利益关系问题。人们彼此间的利益关系只有在人们的交往中,在人们的社会实践活动中产生和改变。恩格斯指出:"人们自觉或不自觉的,归根到底总是从他们阶级地位所依据的实际关系中——从他们进行生产和交换的经济关系中,吸取自己的道德观念。"[①]这就是说,人们的道德是在人们的社会关系中产生和形成的,在人们的交往和实践中通过彼此之间利益关系的处理表现出来。只有在人们的社会交往和实践中才能判断一个人的言行是善的还是恶的,是丑的还是美的,是道德的还是不道德的。也只有在人们不断的社会交往与实践中,才能形成一个人稳定的道德品质和情操。18世纪法国著名的思想家爱尔维修曾说过:"如果我生在一个孤岛上,孑然一身,我的生活就没有什么罪恶和道德,我在那里是既不能

[①] 中共中央马克思恩格斯列宁斯大林著作编译局.马克思恩格斯选集:第1卷[M].北京:人民出版社,1972:153.

表现道德,也不能表现罪恶的。"①脱离了人与人之间的社会交往和社会关系,脱离人的社会实践,无所谓言行一致,不存在彼此之间的利益关系问题,也就无所谓道德。那么作为培养人和塑造人的道德人格的道德教育在内容、方法、手段等方面的选择和实施上就应与此相契合,所以道德教育应从现实社会的人际关系出发,培养良好的人际关系。从人与人之间的友好交往、相处出发,从小处而言,指处理好自己与家人、朋友、他人的利益关系,处理好自己眼前与长远的利益关系;从大处而言,指处理好自己与集体,集体与国家、社会之间的关系,处理好人类与自然的关系。归根结底,道德教育的逻辑起点,若用最具我国民族特色的一个术语来表达,那就是"明人伦"。这不仅可以从我国儒家的道德教育思想及其实践得到证明,还可以从道德发生学及道德教育心理学得到验证。

一、基于儒家道德教育思想及其实践的分析

孟子提出道德教育的根本在于明人伦,即"教以人伦:父子有亲,君臣有义,夫妇有别,长幼有序,朋友有信"。就是正确处理人与人之间的关系,维持社会关系和社会秩序。《中庸》有曰:"天命之谓性,率性之谓道,修道之谓教;道也者,不可须臾离也;可离非道也。"这段话高度概括了道德教育的实质性问题。意思是说人的道德发展有其本来的规律,要按这种规律去修养,不可偏离。《大学》对儒家的德育实践过程做了具体精辟的阐述:"古之欲明明德于天下者,先治其国。欲治其国者,先齐其家。欲齐其家者,先修其身。欲修其身者,先正其心。欲正其心者,先诚其意。欲诚其意者,先致其知。致知在格物,物格而后知至,知至而后意诚,意诚而后心正,心正而后身修,身修而后家齐,家齐而后国治,国治而后天下平。"在此,儒家把个人修养看作是关系个人安危、国家治乱的大问题,把修身提到治国、平天下的高度。由个人修身到家庭和睦到治理国家到天下太平,表明了儒家道德教育在教育内容和方法上都是从大处着眼、小处着手,具体的就是由小到大、由近及远培养封建的伦理道德,掌握处理封建人际关系的准则,进而维持封建的等级制度,维持社会秩序,保持社会稳定。我国封建社会能延续两千多年,始

---

① 普列汉诺夫.唯物主义史论丛[M].王太庆,译.北京:生活·读书·新知三联书店,1961:66.

终在华夏民族的统治之下,保持稳定的社会结构,不能不说与儒家的伦理道德教育内容和方法有很大关系。在当代,以中国传统的儒家伦理价值观为导向的我国香港、澳门、台湾地区以及日本和东南亚的一些国家经济迅速发展,震惊世界,究其深层机理,是运用了儒家伦理调整社会人际关系,促进了工业的繁荣和社会稳定所致。这已是公认的事实。

二、基于道德发生学的分析

从发生学来看,道德最初源于个体与他人及社会整体的利益关系问题。只有当发生了个人利益同社会整体利益的关系极其需要对其加以调整的时候,道德才会出现。首先,人在生命的生产与再生产中形成了家庭关系、家族关系、亲属关系和邻里关系。人是一种生命的存在,以广义的配偶、亲子等关系为形式的原初人伦正是在生命存在的生产和再生产过程形成的。从原初自然血缘之上的人伦逐渐产生了家庭人伦关系;家庭人伦关系的进一步展开,则是家族及或近或疏的亲属网络;与之相关的尚有邻里间的交往,等等。邻里关系尽管并非以血缘为纽带,但却以家庭为其中介。从社会学的角度看,邻里之间并非仅仅呈现为空间位置上的彼此并存,作为一种社会联系的形式,邻里关系乃是通过家庭成员之间的交往而建立起来的,它在某种意义上可以看作是家庭关系的外在延伸;而邻里与家庭、家族、亲属等等相互交融,又构成了生活世界的一个重要方面。其次,人在物质资料的生产与再生产生中形成了各种政治关系、经济关系、社会关系。从早期的农业经济到近代以来的大工业乃至现代的信息产业,广义的物质资料的生产与再生产过程伴随着人存在的整个历史过程。从前现代的自然经济到工业化以后的大生产,劳动分工以不同的形式存在于生产过程,它同时又使社会成员之间形成了不同形式的联系。随着经济的发展,以劳动的分工为前提又逐渐衍生出不同生产者之间的交换关系,而劳动成果之间的交换关系往往交错着社会成员之间的利益差异,它的进一步发展则是利益集团的形成。在劳动、交换、利益等等的种种分工互动中蕴含了社会结构中诸如经济、政治、法律等等的关系。由此,便产生了人与人之间的伦理要求及相应的伦理规范。伦理实质上就是人伦之理,主要指处理人与人之间关系的价值规范和相应的道理。这些价值规范和道理在个体德性中的主体体现离不开个体的认知和反思,认知和反思的过程离不开道德教育的价值引导,所以说,道德教育对人的社会化具有策进作用,其从很大程度上影响着个体对价值规范的理解、接受、认同,等等。

在《思想起源论》中,拉法格指出:"首先令人惊异的一个事实是:……欧洲语言中表示物质财富或直线的词也表示道德意义的善……"①。中国汉语中的"善"字,据《说文段注》解:"吉也,从言,从羊。"羊者,祥也,说明"善"字最初的意思表示吉祥,也是从人们的利益中引申出来的。大量的考古学、人类学研究事实表明,道德最初起源于原始人在劳动分工的基础上所产生的调整人们之间、个人同社会整体之间的利益的需要。② 人们之间利益的调整是人类种族的道德的起源,虽然现代社会个体道德的形成和完善在时间上大大短于人类种族道德的形成和发展,但社会道德要真正内化为个体的道德,在过程上,它要复演人类种族道德的形成过程。道德教育就要与这个过程相契合,才能比较完善的促进个体道德的社会化。这就从道德发生学方面为我们的道德教育的逻辑起始点提供了证明。

三、基于道德心理学的分析

通过对儿童玩弹子游戏的观察法和基于公正、惩罚、欺骗、责任等有道德含义的问题同儿童进行访谈法,著名的心理学家皮亚杰研究了儿童道德判断的发展。通过研究,他发现儿童能够在具体的道德情景中做出独立的思考和判断,所得出的结论是:儿童的道德发展是一个有明显阶段特点和顺序的连续过程。这一连续过程分为四个阶段:第一个阶段是零岁到两岁之间的前道德阶段,在这一成长阶段中的儿童对事物的判断是以本能需要和感觉为标准,并无对规则的任何意识;第二个阶段是两岁到七或八岁之间的他律的道德阶段,在这一成长阶段中的儿童的思维是单向的、不可逆的和"自我中心主义"的,他在道德判断上表现为对权威的绝对崇拜和服从以及对规则的单向理解;第三个成长阶段是七或八岁到十一岁或十二岁间之间

---

① 拉法格.思想起源论:卡尔·马克思的经济决定论[M].王子野,译.北京:生活·读书·新知三联书店,1963:56.

② 八所高等师范院校.马克思主义伦理学原理[M].贵阳:贵州人民出版社,1987:54 – 57.

的自律或合作的道德阶段，这一阶段的儿童把规则看成是同伴之间自愿制定、接受和遵守的行为准则，表现出了对规则的义务感，而且能从多角度理解规则；第四个成长阶段是十二岁以上更高水平的道德阶段，这一阶段的儿童有了更广泛，更有社会性的道德思维变化，并有某种朝向"道德理想"的方向前进的冲动。儿童会更多地从整个社会的联系上理解规则，并且对规则有了体现主体性的把握和体认。基于这种研究结论，皮亚杰特别推崇并主张让学生道德思维在相互交流和合作活动中得到发展。他指出，虽然儿童最初的道德主要是在成人影响下形成的，并且这种影响在日后的发展中继续起着作用，但是随着儿童年龄的增长和活动范围的扩大，在儿童同伴间所进行的基于相互尊重和平等原则之上的社会交际和合作活动日益成为道德发展的主要推动要素。①

在皮亚杰研究的基础上，美国心理学家科尔伯格又进行了纵向研究，从而把皮亚杰的道德发展理论予以更为详细的分化，提出了从出生直到20岁以后青春期和成年初期的道德发展的三水平六阶段理论：前习俗水平，包括阶段一（以惩罚与服从为定向）和阶段二（以工具性的相对主义为定向）；习俗水平，包括阶段三（以人际关系的和谐或"好孩子"为定向）和阶段四（以法律和秩序为定向）；后习俗水平，包括阶段五（以法定的社会契约为定向）和阶段六（以普遍的伦理原则为定向）。科尔伯格根据这种研究结果指出，道德教育是要求教师采取有效措施促进儿童的积极的道德思维和推理，一直达到能理解和运用公正这类普遍的伦理原则，而不只是个传授具体的行为准则的问题。他对学校德育提出了以下六个方面的要求：第一是鼓励学生考虑他人观点，以调和相互间的分歧和向高一级道德思维水平发展；第二是鼓励学生从事有条有理的辩论和考虑多种选择之类的逻辑思维活动；第三是鼓励学生勇于作出道德决定并影响学生的内心世界；第四是促进学生的道德思维的冲突；第五是提供一种道德思维冲突的新的道德结构，促进学生向高一级水平前进；第六是提供一个公正的社会环境让学生在其中活动，在这个环境中，日常生活中人与人之间的关系是由相互尊敬和公平为基础的。②

---

① 魏贤超. 现代德育原理[M]. 杭州：浙江大学出版社，1993：192-195.
② 魏贤超. 现代德育原理[M]. 杭州：浙江大学出版社，1993：199.

由皮亚杰和科尔伯格的研究及其提出的学校道德教育方法来看,培养儿童友好地与同伴相处、相互尊重以及相互合作是学校道德教育实践的关键所在,这是与儿童道德心理的发展相一致的。把道德教育的逻辑起点定为培养良好的人际关系,是有其道德教育心理学的依据,所以是合适的、恰当的。

第三节 人伦价值是道德教育策进人之社会化的中介

人是一种高度社会化的存在,其社会化就是在自我与他人、群体、社会的交互作用中所实现的。人之成人,不是孤立实现的,而是在其社会化过程中实现的,也就是说,是在一定的交往关系中并通过这种关系生成的;在与他人的关系中不但界定个体而且塑造人的社会人格。由此,便产生了人与人之间的伦理关系及与之相应的伦理规范,伦理实质上就是人伦之理,主要指处理人与人之间关系的价值规范和相应的道理。这些价值规范和道理在个体德性中的主体体现离不开个体的认知和反思,认知和反思的过程离不开道德教育的价值引导,所以说,道德教育对人的社会化具有策进作用,其从很大程度上影响着个体对价值规范的理解、接受、认同,等等。反过来说,道德教育对人社会化的策进功能的实效性也离不开人伦价值的中介,道德教育的规范传授和价值引导不能割裂了对人伦之理的体认。道德教育要在人伦价值的观照下,使个体在以血缘人伦的"自然之理"逐步扩展到拟亲化的社会人伦的"人伦之理"中,明白做人之正道的不可改易性,在灵活掌握的过程中体现"人事之功",达到道德教育之目的。同时要求在道德教育中始终把握平凡、平常、平易可行的原则,通过"拟亲化"的智慧,策进情感认同,提高道德教育的成效。

一、人是高度社会化的存在

人是一种高度社会化的存在,其社会化就是在自我与他人、群体、社会的交互作用中所实现的。从本质上说,人是一种关系性的存在,"动物不对什么东西发生'关系',而且根本没有'关系',对于动物来说,它对他物的关系不是作为关系存在的",如此,马克思和恩格斯从人与动物的比较中强调了这一点,他们认为惟有人才能在其存在过程中建立多方面的关系。① 从人自身存在的关系本性分析入手,先秦的孔子、布伯(M. Buber)②和(E. Levinas)③都从不同的角度有所论述。

从社会学的角度看,邻里之间并非仅仅呈现为空间位置上的彼此并存,作为一种社会联系的形式,首先,人是一种生命的存在,以广义的配偶、亲子等关系为形式的原初人伦正是在生命存在的生产和再生产过程形成的。从原初自然血缘之上的人伦逐渐产生了家庭人伦关系;家庭人伦关系的进一步展开,则是家族及或近或疏的亲属网络;与之相关的尚有邻里间的交往,等等。邻里关系尽管并非以血缘为纽带,但却以家庭为其中介。邻里关系乃是通过家庭成员之间的交往而建立起来的,它在某种意义上可以看作是家庭关系的外在延伸;而邻里与家庭、家族、亲属等等相互交融,又构成了生活世界的一个重要方面。所以说,广义的家庭关系在人的存在中无疑具有某种本源的意义,它作为人的生命生产和再生产借以实现的基本形式,从本体论层面将人规定为关系中的存在。在中国哲学史上,儒家对家庭人伦的强调、以亲子和长幼之间的孝悌为道德形成的出发点、并进而将孝悌作为通过忠恕之方达到为仁之道这一普遍价值伦理原则的根据,等等,已经涉及家庭关系在人的存在过程中的独特地位。从生命的生产与再生产在人的存在过程中所具有的本源意义看,儒家以家庭人伦为轴心展开其伦理体系是有其历史深意的。

其次,与生命生产与再生产相辅相成的是物质资料的生产与再生产。从早期的农业经济到近代以来的大工业乃至现代的信息产业,广义的物质资料的生产与再生产过程伴随着人存在的整个历史过程。作为人存在的社会本体,物质资料的生产或广义的劳动过程以分工为其内在的规定。从前现代的自然经济到工业化以后的大生产,劳动分工以不同的形式存在于生产过程,它同时又使社会成员之间形成了不同形式的联系。随着经济的发展,以劳动的分工为前提,又逐渐衍生出不同生产者之间的交换关系,而劳动成果之间的交换关系往往交错着社会成员之间的利益差异,它的进一步

---

① 马克思,恩格斯. 德意志意识形态[M]. 北京:人民出版社,1961:24.
② BUBER. I and Thou, Charles Scribner's Sons[M]. New York, 1958:11, 28.
③ LEVINAS. Ethics and Infinity[M]. Duquesne University Press, 1985:95 – 96.

发展则是利益集团的形成。在劳动、交换、利益等等的种种分工互动中蕴含了社会结构中诸如经济、政治、法律等等的关系。所以，如果说，作为生命生产与再生产基本形式的家庭关系构成了生活世界中多重社会关联的出发点，那么物质资料的生产与再生产借以展开的劳动分工，则孕育了更广泛的经济、政治、社会关系，渗入于人的存在过程各个方面的社会关系，作为人无法摆脱的存在境遇，同时又制约着人存在过程本身。

由此，便产生了人与人之间的伦理要求及相应的伦理规范，伦理实质上就是人伦之理，主要指处理人与人之间关系的价值规范和相应的道理。这些价值规范和道理在个体德性中的主体体现离不开个体的认知和反思，认知和反思的过程离不开道德教育的价值引导。

二、道德教育对人实现社会化的策进

人生活在各种关系中，是一种关系性存在，这一存在本性不仅是自在的，同时也是自为的。作为社会中的一员，个人总是要经历一个社会化的过程，人停留在自在之中就不可能实现社会化，必须通过道德教育这种自为的过程才能实现社会化；人之成人，不是孤立实现的，而是在其社会化过程中实现的，也就是说，是在一定的交往关系中并通过这种关系生成的；在与他人的关系中不但界定个体而且塑造人的社会人格。人的社会化过程是逐步实现和完善的，道德教育对人的社会化具有策进作用。

社会化的第一要义是相对于自然的存在状态而言的。当人刚刚来到这个世界时，他在相当意义上还只是一种生物学上的存在，其自然的待定性或天性往往构成了更主要的方面。与这一存在状态相对应，个体的社会化意味着超越自然的规定，使个体成为社会学意义上的存在，这一过程同时包括社会对个体的接纳及对成员资格的确认，而对个体而言，则意味着逐渐形成对社会的认同，并把自己视为社会共同体中的一员。与之相辅相成，社会化的过程往往涉及普遍规范与个体意识之间的相互作用。

而对个体而言，普遍的规范是外在的；作为社会地、历史地形成的准则，往往先于具体个体而在。个体在成为道德主体的过程中，往往面临着如何有效转化普遍的规范为内在道德意识的问题，其中涉及个体对普遍规范的理解、接受和认同，等等。通过道德教育的策进使人伦之理在个体德性得以

落实和体现,才能使社会的普遍规范(包括道德规范)逐渐为个体所接受并内化和融合于个体意识,这一过程同时也以天性向德性的转换为其内容。

三、人伦价值是策进道德教育的津梁

道德教育对人社会化的策进功能的实效性也离不开人伦价值的中介作用,道德教育的规范传授和价值引导不能割裂了对人伦之理的体认,人伦之理也不能割裂了对道德目的和道德理想(道德价值)的追求,道德目的和道德理想通过人伦关系、规范等途径、手段、方法才能够实现,人伦价值通过道德教育才能体现。道德教育要在人伦价值的观照下,使个体在以血缘人伦的"自然之理"逐步扩展到拟亲化的社会人伦的"人伦之理"中,明白做人之正道的不可改易性,在灵活掌握的过程中体现"人事之功",达到道德教育之目的。同时要求在道德教育中始终把握平凡、平常、平易可行的原则,通过"拟亲化"的智慧,策进情感认同,提高道德教育的成效。

首先,人伦之理是以研究人应当如何生活的价值规范为对象的,以给人们提供符合人的发展需要及社会发展要求的道德价值原则和伦理价值规范为目的;然而,任何价值都不是凭空产生的,而是基于某种事实矛盾和现实困境的,道德价值原则与伦理价值规范也不是脱离现实存在的人的主观情感和意志的抽象表达,而同样是根源于人的生活世界的道德事实矛盾和伦理现实困境的。所以,道德教育在人的社会化中必须坚持价值与事实相统一。

其次,人伦之理作为一种规范,意味着离不开价值追求,关键是以什么价值为核心或实质,即什么才是道德价值和伦理目的。有了幸福、快乐、功利、德性、责任和义务的目的,才有了"义与利""德与福""价值与义务""善与正当"的矛盾,所以,伦理学中才存在着的目的论与义务论的分歧与对立。伦理学中的目的论也即效果论,历史上表现为幸福主义、快乐主义、功利主义等,但又不同于快乐论、幸福论和功利论,是把行为的道德价值建立在某种善的目的和好的结果之上的道德伦理思想。义务论反对把行为的伦理价值建立在某种功利、快乐、幸福等目的的考虑之上,强调的是行为的正当以行为本身或某种义务规则为根据,是以责任与义务为核心的道德伦理思想。其实,目的与义务是相辅相成的,这是由人的"双重生命价值"决定的。人首

先是一种自然存在,具有自在生命的本性,为了生存发展,需要衣食住行、健康消遣、婚姻家庭和幸福快乐,从而决定了人的"自在生命价值"追求。人同时又是一种社会存在,具有自为生命的本性,人要实践、交往、发展事业和超越现实、追求理想,创造新的生活和新的自我,从而决定了人的"自为生命价值"追求。人的双重生命本性和双重生命价值追求,构成了人在生活中的功利与道义、价值与义务、善与正当等的目的追求的人性前提与价值基础,也应该是"目的"与"义务"相统一的前提或基础。目的论是人伦之理的前提和根本性基础,合理的义务是在正确的目的上提升人的伦理品位、升华道德品格境界、使人成为真正的"道德人"和"伦理人"的策进力量。所以,道德教育在人的社会化策进过程中必须坚持目的与义务的统一。

最后,在中国人伦思想传统中,"道德"不仅源于"道"和"德"的不同含义与相互关联,而且具有"本体价值"和"主体品质"双重意义;而伦理则原本属于"人伦之理",规定了人和人关系的价值规范及其应有道理。"道德"实际上是一种人之为人的根本之道,是人生成的某种并非自在的、先天的、客观的、不变的终极关怀价值,是人为了使自己成为人而在不同历史条件下、通过某种方式主导选择和自觉设定的理想目标。但是,人是高度社会化的存在,人之成人只有在一定交往关系中并通过这种交往关系才能生成,也就有了人与人的伦理关系和社会交往的伦理规范。人伦之理是实现道德价值的社会方式和现实途径,道德价值决定和制约伦理规范,伦理规范则是判断道德价值的依据;所有人伦之理只有在道德价值中才能找到自己的合法性根据。道德决定着人伦之理的根本目的、终极价值,人伦之理则意味着应当、责任和义务,本身不具有独立的道德价值,只是实现道德价值的一种途径、手段价值,若没有这种途径和手段,道德目的价值也难以实现。因此,道德教育对人的社会化策进中必须追求道德与人伦之理的相统一。

第五章　人伦机制下的道德教育原理

　　人伦机制下的道德教育原理表现为文化原理、运行原理和场效应原理。"伦理"与"道德"相统一的德育表达,"明人伦"的德育初衷与以"仁"为核心的价值理想追求,通过人伦关系与人伦结构的认知、人伦原理与行为规范体系的构建和个体德性的建立与示范过程,揭示了"伦序"与"人理"相统一、"形而上"与"形而下"相统一、"本体"与"本质"相统一的道德教育本质;其运行原理表现为由"伦"及"理"、由"道"及"德"、由"德"及"得"三个价值生态构成;人伦为道德教育的有效进行提供了一种场效应机制。在此,根据马克思主义原理和物理科学的原理,把自然科学的场论引入伦理道德科学,把物理学中的场转化为伦理场。在中国的文化传统中,伦理的基础是人伦,人伦的核心是"伦"的体悟,而"伦"首先是一个自然的和生命的共体,并在此基础上发展成为哲学意义上的"普遍物",从而现实地形成了一种场的效应机制。人伦在道德教育中的场效应原理主要表现在伦理感效应和道德感效应两个方面及六个相互关联的"润物细无声"的浸染。

第一节　人伦机制下道德教育的文化原理

　　文化具有规范性特征,伦理和道德是这些规范性特征的总汇。中国的人伦文化通过数千年的延递发展,在揭示人与人关系的次序与道理及其规范中,使人伦之道成为历史悠久、思想自觉、制度习俗普及的极为系统和高度发展的文化形态,从而奠定了人伦文化传统的根本特征,而德育则是其本质性的特征。中国人伦文化传统在历史与价值相统一的建构过程中,既表现出人伦精神、理念、理想和价值观的反映人伦文化之"魂"的形而上层面与由血缘关系拓展到社会关系秩序的反映人伦文化之"体"的形而下层面的统一,同时又在"伦序"与"伦理"的相互联系中反映出"本体"与"本质"的统一,在"明人伦"的德育过程中揭示了德育的本质。

一、"伦序"与"人理"相统一的文化原理

任何一种文化模式及由此而析出的生活模式,都源于对人自身的观照方式,其对人的先天预设是推演文化模式、生活模式的基础。西方文化以"人是理性的动物"[1]作为人的先天预设,在彰显理性的文化设计中,其"伦理"原指社会的风俗习惯,"道德"原指个体的品质气质,近代以后才具有了"人与人的关系""社会价值"和个体规范的意义。中国文化则以"人之为人,别于禽兽"作为人的先天预设,在彰显"天人合一"的文化设计中,"人伦本于天伦而立"除了表征人的"血缘本能"的天然形成的秩序外,也反映出这种天然形成的先天关系模式作为后天的社会关系范式时所具有的"伦理"与"道德"相统一的本质。所以,中国人的人伦文化在对人自身的观照上,不仅仅体现出人与人之间关系的社会学意义上的表达,而其实质也在于对"五伦之伦性"之间的道德关系表达,这种表达即"伦序"与"人理"的统一。

"伦"是中国文化的特殊概念,其特性在于其结构性、秩序性和血缘性。按照《说文解字》的诠释,"伦,辈也","车以列为辈",在纵向的横向的血缘关系网格中,不仅代表其中的地位,而且也代表权力义务的"伦份"或"份位"。孟子认为:"圣人又忧之,使契为司徒,教以人伦。父子有亲,君臣有义,夫妻有别,长幼有序,朋友有信。"[2]伦理的产生是因为圣人忧于秩序的紊乱和行为的堕落,"伦"是社会需要所固有的。中国人伦文化中的"伦"不同于西方社会公民的"人际关系"平面,而是具有上下亲疏的先验性、立体性的,以血缘关系的先验性为基本关系模式,然后外推出去,不仅"老吾老以及人之老""幼吾幼以及人之幼",而且"友伦"也赋予了"兄弟""忘年交""干亲""义亲"等特殊关系,从而在社会关系上具有了结构性、立体性和自组织性的功能。

中国的人伦文化是人之父子、兄弟的血缘关系和由此推演的社会关系与道德的合一。人伦本于天伦,天伦规定了人伦之伦性,这是"圣人,人伦之

---

[1] 亚里士多德. 尼各马可伦理学[M]. 上海:商务印书馆,1933:117.
[2] 孟子[M]. 徐强,译注. 济南:山东画报出版社,2013:97.

至"①的贡献。"君臣、父子、夫妇,六人也。所以称三纲何?""三纲法天地人,六纪法六合。君臣法天,取象日月屈信(伸),功归天也。父子法地,取象五行转相生也。夫妇法人,取象人合阴阳,有施端也。"②"君臣者,何谓也?君,群也,群下之所归心也。臣者,坚也,志自坚固也。""父者,矩也,以法度教子也。子者孳也,孳孳无已也","夫者,扶也,以道扶接也。妇者,服也,以礼屈服也","朋者,党也。友者,有也。""同门曰朋,同志曰友。朋友之交。近则谤其言,远则不相讪,一人有善,其心好之,一人有恶,其心痛之,货则通而不计,共忧患而相救,生不属,死不托。"③父子之实质在于"矩、孳"二义,夫妇之实质在于"以道扶接",君之实质在于"群下之所归心",臣之实质在于"励志自坚固",朋友之实质在于"志于道",五伦之伦性在于其五伦之间的道德关系。所以,中国基于"明人伦"的道德教育,反映在血缘关系及由此推演出的社会关系与道德的合一性上,便是"人伦"与"伦性"的统一,任何一伦的伦性既是具体的有针对性的,同时也是以"仁"为核心的相互联系的统一体。"仁有两般,有作为底,有自然底","仁者,仁之本体;礼者,仁之节文;义者,仁之断制;知者,仁之分别","仁流行到那田地时,义处便成义,礼智处便成礼智"④。以"仁"为核心的"伦性",动态流行,"流行时便是公共一个,到得成就处,便是各具一个"⑤,充分体现了以"仁"为核心的"体用一源"的道德教育价值及其实质。

  中国的人伦文化的"体用一源"是道德教育中"伦序"与"人理"的统一。人伦本于天伦,"天地造化,养育万物,各得其宜者,亦正而已矣"⑥,正常的秩序是由阴阳错杂交感之和谐统一所自然形成的,如果没有和谐,也就没有了秩序。"物之合则必有文,文乃饰也。如人之合聚,则有威仪上下,物之合聚,则有次序行列,合则必有文也","在天谓之天文,在人谓之人文","天文谓日月星辰之错列,寒暑阴阳之代变,天下成其礼俗,乃圣人之道也","天

---

① 孟子[M].徐强,译注.济南:山东画报出版社,2013:128.
② 班固,等.白虎通·三纲六纪[M].北京:商务印书馆,1936:204.
③ 班固,等.白虎通·右论三纲之义[M].北京:商务印务馆,1936:205-206.
④ 黎靖德.朱子语类:第1卷[M].杨绳其,周娴君,校点.长沙:岳麓书社,1997:102,99,103.
⑤ 余敦康.汉宋易学解读[M].北京:华夏出版社,2006:525.
⑥ 程颐.周易程氏传[M].北京:九州出版社,2010:106.

文,天之理也;人文,人之道也。"① "如何是道? 于君臣父子兄弟朋友夫妇上求"②,"立人之道曰仁与义……盖仁者体也,义者用也,知义之为用而不外焉者,可与语道矣。"③ "忠者体,恕者用","然恕不可独用,须得忠以为体","忠,天道也,恕,人事也","和顺于道德而理于义"④,"诚为统体,敬为用,敬则内直。诚合内外之道,则万物流形,故义以方外。"⑤ "人文"价值的核心就是仁与义,然而,人生天地之间,不是自然具有仁义礼智的,仁为本体,羞恶辞逊是非等恻隐之心通贯"义礼智"三者,人文之理就是此心之仁的动态流行,流行时便是公共一个,到得成就处,便是各具一个。因此,朱熹说:"仁者,仁之本体;礼者,仁之节文;义者,仁之断制;知者,仁之分别。"⑥ "仁流行到那田地时,义处便义,礼智处,便成礼智。"⑦ "如程先生云:'偏言则一事。专言则包四者','四德之元,犹五常之仁',恰似有一个小小底仁,有一个大大底仁。'偏言则一事'是小小底仁,只做得仁之一事;'专言则包四者'是大大底仁,又是包得礼义智底。"⑧ 可见,中国人伦文化的德育本质是以仁为本体,以五常之伦序为载体的"仁义礼智"体用互动的内在关系,"仁"之道只有在五常之伦中才能获求,"仁"统一着仁与义、忠与恕、仁与礼、仁与智的体用关系,而在五常之一伦或四德之一德"偏言一事"只能是小仁,只有以仁为本体,将"仁义礼智"统一在五常之伦的体用过程中,才能达到大仁的境界,从而构成了"小仁"与"大仁"相统一的德育过程。

二、形而上与形而下相统一的文化原理

道德与文化之间存在着天然的不可分割的联系,道德和道德教育又始终存在于一定的文化谱系中,不仅道德和道德教育的价值理想总是体现为文化的内在精神和价值追求,而且其具体内容也反映了某种文化类型所要

---

① 程颐.周易程氏传[M].北京:九州出版社,2010:87.
② 程颢,程颐.二程集[M].北京:中华书局,2004:310.
③ 程颢,程颐.二程集[M].北京:中华书局,2004:74.
④ 余敦康.汉宋易学解读[M].北京:华夏出版社,2006:414.
⑤ 程颢,程颐.二程集:第2集[M].王孝鱼,校点.北京:中华书局,1981:364.
⑥ 黎靖德.朱子语类:第1卷[M].杨绳其,周娴君,校点.长沙:岳麓书社,1997:99.
⑦ 黎靖德.朱子语类:第1卷[M].杨绳其,周娴君,校点.长沙:岳麓书社,1997:103.
⑧ 黎靖德.朱子语类:第1卷[M].杨绳其,周娴君,校点.长沙:岳麓书社,1997:101.

求的人伦规范。中国人伦文化的内在精神与"明人伦"的道德教育价值追求的统一性,不仅反映了"伦序"与"人理"相统一的德育本质,而且也深刻揭示了"形而上"与"形而下"相统一的德育本质。

《易·系辞》曰:"形而上者谓之道,形而下者谓之器。"据宋儒朱熹解释:"阴阳,气也,形而下者也。所以一阴一阳者,理也,形而上者也,道即理所谓也。"阴阳是有形的,所以称为器,阴阳变化是无形的,所以称为道。对于文化而言,形而上层面的是反映文化精神、理念和价值观的文化之"魂",形而下层面的是承载文化精神之"体",任何类型的文化都是形而上与形而下的统一,中国的人伦文化亦然。

在中国的人伦文化中,以血缘关系及其通过拟亲化的方式将血缘关系进一步泛化、扩展和延伸而形成的人伦关系设计,反映出极为丰富的智慧,成为全部人伦文化的基本载体,不仅血缘关系之外的朋友、同事、同学等在拟亲化过程中达成情感认知上的认同,具有了拟血缘的"伦序"关系,而且在君臣、臣臣的拟亲化过程中也达成了家国一体的情感认同,形成了个体与国家的人伦纽带,无论社会关系如何变化,都能通过拟亲化而简约为基本的人伦关系。于是,中国的人伦文化便有了完备的精神处所,不仅"老吾老以及人之老"有了归宿,而且"齐家、治国、平天下"也有了安身立命的承载。

人伦之理是中国人伦文化的核心或精魂,这个形而上的精魂,一开始就被"理"的文化设计和"道"的价值理想所抽象。《说文解字》以"治玉"释"理",使"人性本善"的文化预设成为"人伦之理"的先验性,并通过客观伦理的"伦序"和主观伦理的"人理"的具体到抽象的提升,形成了形而上的"理"与"道"的统一。在形而上层面上,"理"是内在的一般的原理、原则,"道"则是体现"理"的路径;"理"是人伦的抽象,"道"是德性的起点;"理"是解决必然和应然问题的,"道"则是对这种必然和应然的落实和操作。虽然"理"有"人理"与"天理"之殊,"道"也有"人道"与"天道"之别,但"天"与"人"之间的不可分离的内在联系,"人道"对"天道"的外化,都表征了"天人合一"的德性伦理精神。

中国传统的人伦文化是以儒家的"仁"为核心的。据《史记》记述:"舜举八恺,使主后土,以揆百事,莫不时序;举八元,使布五教于四方,父义、母慈、兄友、弟恭、子孝,内平外成。"孔子继承发展了夏商周三代的人伦文化,建构了以"仁"为核心的儒家思想。孟子在发展儒学思想的过程中,提出了"人之所以异于禽兽者几希,庶民去之,君子存之。舜明于庶物,察于人伦,由仁义行,非行仁义也"①的思想,把远古的人伦五教发展为五伦,"人之有道也,饱食暖,逸居而无教,则近于禽兽。圣人有忧之,使契为司徒,教以人伦。父子有亲,君臣有义,夫妇有别,长幼有序,朋友有信"②;并强调人伦"行之而不著焉,习矣而不察焉,终身由之而不知其道者,众也"③,关键在于自觉其人伦之道,自觉的人伦之道就是"仁"。

从形而上的层面讲,"仁"是儒家伦理哲学的核心,在中国人伦文化中始终是一个流变的概念。孔子《论语》109 处用"仁",前提是"仁者爱人",但"爱人"有两条重要原则,一是"己欲立而立人,己欲达而达人",二是"己所不欲,勿施于人",二者结合起来谓"忠恕之道"。唐韩愈在《原道》中总结以前儒家的各种"仁"说,提出了"博爱之为仁"的哲学命题。宋明理学家更强调"仁"的形而上学性,认为"心譬如谷种,生人之理便是仁也"④,"仁是造化生生不息之理。……譬之木,其始抽芽,便是木之生意发端处;抽芽然后发干,发干然后生枝生叶,然后是生生不息。……父子兄弟之爱,便是人心生意发端处,如木之抽芽。自此而仁民,而爱物,便是发干生枝生叶。"⑤"仁"的流变,反映了中国人伦文化核心价值体系的不断发展完善,是"内圣外王"的君子"安身立己"所需思考的,而对一般百姓来说,只需"以身体道",明白形而下的伦序及其相关要求,"非礼勿视,非礼勿听,非礼勿言,非礼勿动","为仁由己"⑥就行了,大不必为"日用而不知"所烦恼。

中国以"仁"为核心的人伦文化,由伦序—人理—人道—人德,构成了伦理道德运作的内在文化原理,揭示了形而上与形而下相统一的德育本质。"仁"便是"道","道"具有普遍性,而"内得于己,外施于人"的"德"则是个别的、分殊的,具有特殊性和多样性,"道"与"德"在矛盾统一之中,通过人伦关系而获得情感认同,在"伦序"这种人伦关系的客观伦理和"理"与"道"

---

① 孟子[M].徐强,译注.济南:山东画报出版社,2013:154-155.
② 孟子[M].徐强,译注.济南:山东画报出版社,2013:97.
③ 孟子[M].徐强,译注.济南:山东画报出版社,2013:252.
④ 程颢,程颐.二程集[M].北京:中华书局,1981:7.
⑤ 王阳明.王阳明全集[M].上海:上海古籍出版社,1992:26.
⑥ 论语[M].刘兆伟,译注.北京:人民教育出版社,2015:254.

这种抽象的人伦之理与普遍人生之道的主观伦理和个体之"德"的现实伦理之间,实现着形而上与形而下相统一的德育本质。

三、本体与本质相统一的文化原理

中国传统人伦文化的本质是人伦现象之间必然、普遍、内在和稳定的联系,揭示着人伦文化应当是什么的问题。由于事物的本体是不变的,而事物的本质是变化的,德育本质的变化过程是从人伦教育本体存在("明人伦")扩展为具有特定规定性的道德教育具体存在的有规律的变化过程,这种变化过程所反映的"变"与"不变"的统一,不断揭示着人伦德育的本质。

亚里士多德认为:"某事物是什么,其一义为本体与'这个'。此外各义就是量、质等诸云谓。一切事物都各有其'是',但其为是各有不同,或为之基本之'是',或为之次级之是,某物是什么?其原义所指为本体,其狭义则指其他范畴。"①中国传统道德教育的原初或终极起始原因是"明人伦","明人伦"是传统德育的本体所在,这种本体存在是一切德育存在的必然联系和统一的原因。如果说人伦之"伦序"是本体存在,"人理"是本体的展开,是本质存在的话,那么德育便是"伦序"与"人理"相统一基础上的"明人伦"的本体存在。

中国人伦文化传统中的以血缘亲情为基础所构建的人伦关系,虽然表面上看只是父子、夫妻、兄弟、君臣等"平面化""直接化"的人伦关系,难以覆盖随着社会发展而涵盖复杂的人与人之间的关系,似乎不具备"本体"的不变性;但是,由于"友伦"的加入和拟亲化过程的外推与扩展,不仅使社会发展中复杂的人与人之间的关系得以有效简约,而且在简约的过程中通过拉近人与人之间的关系,消解了人伦关系的"平面化",提升了系统联系上的自组织性,从而保持了"本体"的不变性,为德育之"明人伦"的"本体"不变性奠定了基础。

"明人伦"是中国传统德育的本质,"明人伦"的德育体现了从"亲情"到"爱情"的设计原理,揭示了"老吾老、幼吾幼"的人伦本质,既符合普遍生命"亲情自在"的一般本质,又反映了"未成的待定的人"的群体存在及其发展

---

① 亚里士多德.形而上学[M].吴寿彭,译.上海:商务印书馆,1959:130 – 131.

的本质。即：亲情是先天的,爱是后天教育发展的。"伦序"作为人伦文化的本体是不变的,而反映人伦之伦序的"人理"作为人伦文化的本质,在对人伦之序的展开、充实、限定和具体化过程中不断变化;"仁"作为"人理"的本体是不变的、而反映"明人伦"的德育本质是在对"仁"的展开、充实、限定和具体化过程中不断变化的;这种"本体"与"本质"的统一,符合历史与价值相统一的普遍原理。孔子在总结"尧、舜、禹"三代及其西周的人伦实践的基础上,通过"仁"规定了中国人的生活方式和思维方式,由"爱亲"而推及"爱人",并"导之以德",使"智、勇""忠、恕""义、利"统一于"仁",赋予"仁"本体与本质的统一。孟子继承、发展了孔子的"贵仁"思想,以"人伦"为思想前提,以"仁义"为最高道德原则,通过"察于人伦,由仁义社稷;卿大夫不仁,不保宗庙;士庶人不仁,不保四体"的主张,把"仁、义、礼、智"四德提升到了齐家、治国、平天下的高度,发展了"仁"的本体与本质的统一。董仲舒继承了孔孟的"义利"观,以"天人合类"的思想,提出了"人之形体,化天数而成;人之血气,化天志而仁,人之德行,化天理而义;人之好恶,化天之暖清;人之喜怒,化天之寒暑;人之受命,化天之四时"①的"天人合一"的主张,通过"君为臣纲,父为子纲,夫为妻纲"为封建社会确立道德原则,并通过"天子受命于天,诸侯受命于天子,子受命于父,臣受命于君,妻受命于夫。诸所受命者,其尊皆天也。虽谓受命,于天亦可"②,强调"天不变,道亦不变",使孔孟的相对伦理演化为绝对伦理,并按"天人合类"说使"仁、义、礼、智、信"与"金、木、水、火、土"(五行)相比附而为"五常",赋予"仁、义、礼、智、信"以最高价值,进一步发展了符合历史时期价值的本体与本质的统一。而宋代的程朱理学又继承、发展了传统儒学的伦理思想,形成了一套从"正君心"到"正人心"的治国策略,所提出的"天下事有大根本,有小根本。正君心是大根本"③的民主思想,虽具有进步意义,对"三纲五常"由"天理"演化而成认识,也进一步确立了"人伦"的本体地位,但"存天理,灭人欲"的价值主张,却在客观上强化了专制伦理。古代人伦思想从相对伦理、绝对伦理到专制伦理的演化,不仅说明了作为"人伦"本质的"人理"是不断发展变化的,同

---

① 董仲舒.春秋繁露[M].曾振宇,注说.开封:河南大学出版社,2009:276-277.
② 董仲舒.春秋繁露[M].曾振宇,注说.开封:河南大学出版社,2009:343.
③ 黎靖德.朱子语类[M].北京:中华书局,1986:2678.

时也说明了,正是由于"人理"这种本质的不断变化所反映出对人伦之序的展开、充实、限定和具体化过程中的价值倾向和不断的价值选择与建构,"本体"与"本质"相统一的德育本质,才在不同的社会历史条件下得到了发展。

"本体"与"本质"相统一的伦理道德原理,不仅揭示了社会伦理与个体道德、社会生活秩序与个体生命秩序建构的人伦文化规律,而且也揭示了人伦思想只有在不断挖掘符合时代发展需要并能够为其发展服务的新的价值,就一定能够在现代道德建设与实践中成为社会核心价值观的有机组成部分的历史与价值相统一、继承与创新相统一的规律。在现实道德的实践与建设上,有学者将这种建构分为三个阶段:一是对社会的人伦关系与人伦结构的认知与把握过程;二是形而上的人伦原理与行为的规范体系形成过程;三是个体德性建立过程。① 正是由于"人伦"是以伦理原理、伦理形式并用伦理机制建立和调节的关系,而"人际"至少不含有如此明确和完整的伦理内涵,既可以是伦理关系,也可以是法律或一般的社会关系,而且中国的人伦文化具有很强的拟亲化传统,当代德育就不应该忽视这种文化土壤,而应该积极回归人伦德育的重建,推动道德教育的新发展。

在"全球化"浪潮的冲击下,"主体自由"与"社群认同"之间,各种不同的道德主张和伦理话语,正在使关于自由普遍主义的道德神话破灭,道德教育也正在经历着前所未有的考验,世界把注意力聚焦于中国文化,同时也在兴起文化或道德上的置根(embedded)运动,中国的人伦文化传统理应得以发展、创新和张扬。中国人伦文化传统中"伦序"与"人理"相统一、形而上与形而下相统一、"本体"与"本质"相统一的德育本质,通过认识与挖掘其现代价值,也理应成为道德实践与建设的推动力,并为道德教育的发展做出新贡献。

第二节 人伦机制下道德教育的运行原理

中国古代伟大的思想家孟子在讲到上古时期学校教育的主要任务和内容时说:"设为庠序学校以教之。庠者,养也;校者,教也;序者,射也。夏曰

---

① 樊浩.伦理的文化本体性与文化定位[J].中州学刊,1997(4):81.

校,殷曰序,周曰庠;学则三代共之,皆所以明人伦也。"在孟子看来,古代早期学校"明人伦"就是教人明白父子、君臣、夫妇、长幼、朋友等"五伦关系"。这是人类早期社会最基本的人际关系,也是人类进化和提升文明程度的根本所在。后来的一些思想家从"父子有亲、君臣有义、夫妇有别、长幼有序、朋友有信"的基本"人理伦序"出发,进而拓展到"修身、齐家、治国、平天下"的"内圣外王"之道,体现了"德""内得于己,外得于人"的基本"修身"过程,以及"德"依据于"道"和"德"与"得"相通的实践规律。在中国德育思想史上,不同时代的思想家曾对"明人伦"道德教育模式进行过符合时代价值需求的相应的诠释和解释,这表明"明人伦"具有历史与价值相统一的特征,尤其在于其具有可被解释的合理性内核。这个内核就是"明人伦"所蕴含的道德教育的运行机制,它由三个基本因子构成,即伦序人理、人德规范和人文力;其中包含着三对价值结构,即"伦"—"理"、"道"—"德"、"德"—"得",并展现为"伦"—"理"—"道"—"德"—"得"的依次演进。也就是说,在道德教育中由客观的人伦关系出发,经过价值抽象,形成复归于现实社会生活之中的道德原理,用以引导人的道德观念和行为方式。

一、由"伦"及"理"的"伦序人理"互动与人文内涵

"明人伦"首先就是明白"伦序人理",懂得"伦序"中的"人理"和"人理"下的"伦序",即在人伦关系的坐标中明"理"、得"道"。正所谓"所恶于上,毋以使下;所恶于下,毋以事上;所恶于前,毋以先后;所恶于后,毋以从前;所恶于右,毋以交于左;所恶于左,毋以交于右:此之谓絜矩之道。"[①]这里的上下、前后、左右就是指父子、君臣、夫妇(上下关系)、长幼(前后关系)、朋友(左右关系)等"五伦关系",他们之间的关系是一种相互关系。这是用否定句式表示肯定的意思,要求人们在社会生活中依据"五伦关系"做人处事,规定了人们应遵循的规矩和法度,其目标是依据一定的价值标准去规范人们的社会关系,同时按照公共道德和理想人格在"伦序"关系中具体引导个体德性的改善。虽然价值标准随着空间和时间序列的转移其合理性依据是相对的,但任何时空上的道德价值选择也只不过是对人伦内涵的进一步

---

① 朱熹.四书集注[M].陈戍国,标点.长沙:岳麓书院,2004:13.

完善而已。程颐认为:"人文,人理之伦序。观人文以教化天下,天下成其礼俗,乃圣人用贲之道也,""天文,天之理也;人文,人之道也。"①其一是说中国的人文就是"伦序人理"的学术和知识。其二是解释了人伦的内涵就是人理与伦序的辩证统一。做人的道理总是具体反映在不同的人与人的关系之"伦序"中的,这种做人的道理便是教化天下的"人文之道"。这充分体现了由"伦"及"理"的"伦序人理"互动及其人文内涵。

"伦序"规定了各个层面的人伦关系,这种关系包含了关于"次序""秩序"上的丰富的象征意义,从而成为建构"人理"的载体。"人理"由于对不同"伦序"规定了基本的规范,因此,就整体意义上讲,"人理"便是人文之道。同时,"人理"又总是具体"伦序"上的道理或规范,所以具有很强的针对性,由此而成"明人伦"道德的基本内容。而且,随着"伦序"的不断延伸,"人理"的内容也是进一步扩充的。人类最初的"伦序"只建立于血缘宗亲之间,构建了父子、夫妇、兄弟之"伦序",并提出了相应的"人理";随着社会分工和人与人交往范围的不断扩大,"伦序"也随之延伸到君臣、朋友和集体、国家的层面上,并促进了"人理"的发展。尽管现代社会中的人际交往范围更大、关系更为复杂,但在任何一个人际圈内都存在"伦序"关系,并且针对"伦序"关系的"人理"始终主导着人际交往。即便像经济交往中销售与消费、服务与消费、管理与被管理关系,实质上也是"伦序"关系的扩充。因此,所有的人际关系都是在一定"伦序"范围内实现的。"伦序"内容的不断扩充,势必会引起与之相对应的"人理"的不断生成和改变;而且,由于历史和人的认识的局限性,也必然会造成"伦序人理"的边界模糊,但无论"人理之伦序"的边界如何模糊,其以人为本的价值核心是不会变的,人们完全能够根据时代发展的需要,对于反映这一价值核心的"仁、义、理、智、信"等"人理"思想做出符合历史的价值性发展。

"伦序"以基本的人伦秩序为基础,进而延伸到整个社会的系统中。也就是说,它可以从社会最小单位的家庭,扩展到更为广阔的社会系统之中,从而在复杂的社会系统中体现其普遍价值。按照系统论的观点,人伦系统是由一个一个"伦序"部分,依据一定的"人理之道"组成的复杂的人际系

---

① 余敦康.汉宋易学解读[M].北京:华夏出版社,2006:434.

统。并且,每一个"伦序"部分既是一个相对独立的系统——有相应的"人理"和道德规范予以规定,又是整个人伦系统中的子系统,与其他"伦序"系统存在着相互联系与相互制约的关系。当部分的"伦序"之间发生"人理"上的矛盾冲突时,便有了"人理"核心价值的观照,而使单一伦序体系中的道德不会迷失。因此,只有按照"人理"的核心价值建构和规范整个人伦系统,其各个"伦序"系统才更具有整体意义。当今社会"人理"和核心价值是"以人为本",这是建构适应新时代需求的合理的道德规范的根本。

在经济生活中,"伦序"由供与求、服务与消费之间的关系组成的,其核心的"人理"是"义利"关系,"义"是核心精神价值,它是"体",是根本;"利"是"用","利"必须服从于"义","义"规定了"利"。围绕"义"这一核心可以生成如诚信等很多的道德规范,遵守了这些道德规范就是遵守了"义",其"利"便"得之有道"。无论是商品经济还是市场经济,其经济活动的最单一的追求都是为了获得利润最大化,这个利润最大化就是"利",所有经济学的原理和市场运作规则都为利润最大化提供了不同的途径,但是并没有给利润最大化提供情感、道德、道义以保证。"义"这一核心价值为"利"提供了情感、道德、道义上的基本保证,因此,利润最大化或整个经济活动才更具有社会价值上的意义。西方社会已经发现市场规则不是万能的,他们也在学习中国儒家传统中的核心价值思想,以提高经济活动或经济发展的社会价值。自古以来,凡大商者皆儒商,因为儒商更懂得在经济伦序关系中如何以义取利。在现代社会中几乎所有的大商都是精通以义取利这种优秀的中华民族传统的人士。不仅在东南亚这些有着儒家文化的国家是这样,而且这种以义取利的思想也正在极大地影响着西方经济社会。可以说,中国的这种优秀文化传统为西方市场经济规则之不足提供了精神拯救。

二、由"道"及"德"的"人德规范"建构与道德自我

从伦理学体系上说,"道"是由客观的人伦关系决定的,人德之"道"是人伦之理的具体体现,道德是伦理的具体落实。由"伦"及"理"的"伦序人理"互动价值结构通过"理"与"道"的联结与转化向由"道"及"德"的"人德规范"价值结构过渡。人德规范是建构道德自我的一种范式,它的依据是"明人伦"的道德原理,其由道德的逻辑起点及其把握方式、德性与价值规范

的关系、道德自我的建构方式三部分内容构成。

　　人性是中国古代道德哲学关于道德的逻辑起点的设定。与揭示人性的"真实"和"必然"相比,毋宁说,探究人性的"应当"和"应然"是人性论追求的价值旨趣之所在。中国古代道德哲学家在性善的价值前提下诠释人性、追求人性,并且在性善的价值指向上一贯执着于性善的信念,在坚持每个人道德人格平等的基础上坚信每个人都有成圣成贤的道德可能。当然,每一种道德哲学也都承认人性中有恶的危险性,即使是力主性善的道德哲学家孟子也不例外。在中国的道德哲学中,也有以道德哲学家荀子为代表的性恶论的传统。性善论揭示的是道德教育的可能性,性恶论揭示的是道德教育的必要性,它们在逻辑上是道德教育哲学中不可缺少的二重人性前提。以性善论为主导,中国道德哲学认为,道德规范是对人的德性的真正造就而不是对人性和人的行为的限制,因而它是人德规范,其本质是益于真正人性的生长的德性价值而不是行为约束。所以,从人性中生长、与文化构成有机生态和具有实践性是中国道德哲学家所提出的道德规范体系中一般都具有的三个特征。孟子的"仁义礼智"说是中国道德思想史上影响最大的道德规范体系,它与西方道德文明中以理智、正义、节制、勇敢为内容的"希腊四德"相并列而被称为"中国四德"。"仁"植根于人性中的恻隐之心,"义"植根于人性中的羞恶之心,"礼"植根于人性中的恭敬之心,"智"植根于人性中的是非之心。"乃若其情,则可以为善矣,乃所谓善也。……恻隐之心,仁也;羞恶之心,义也;恭敬之心,礼也;是非之心,智也。"①在"四德"之中,基于恻隐之性的"仁"、基于羞恶之性的"义"和基于恭敬之性的"礼"这三者是诉诸情感的,而只有基于是非之性的"智"这四分之一是诉诸理性的。与基于"理"的德性不同,基于"情"的德性可以直接转化为道德行为,达到"知行合一",而无须透过意志的中介。所以,道德自我的特殊价值取向和价值机制便是"情"与"理"的结合。

　　基于性善认同和情理结构,中国道德哲学便演绎出建构道德自我的方式,即以"反求诸己"为特征、"躬自厚而薄责于人"为价值品质的道德修养,其基本方法就是"毋自欺""慎其独""行絜矩之道"。由此,性善-情理-修

---

① 孟子[M].徐强,译注.济南:山东画报出版社,2013:213.

养便构成了由"道"到"德"的人德规范价值结构,其运作过程就是道德自我的建构。在履行和实现"道"、建构道德自我的过程中,强调修养具有重要的意义,这对于维护既定的伦理秩序是极为有力和有效的。修养的实质是克服有可能影响"道"的内化和实行的因素,高扬自身本性之中体现"道"的部分,从而实现自我的超越。也就是说,在修养的过程中,"道"与"德"的关系属于认同关系,"道"是先验合理的,它是德性依据于"道"进行修养的先决条件。而事实上,"道"是具体的而不是永恒的,它是因人而异、因时而异。如果人们依据于不合理的"道"进行修养时,其客观的后果只能是既造就了道德上的圣人,又维护了社会的不公正,最终使道德成为政治统治的工具。要突破这种局限,"明人伦"道德教育就必须在弘扬修养的道德精神同时,贯彻追求公正的民主精神,要求人们在道德修养的过程中,在"履道""行道"时,首先要对"道"、对人伦秩序和道德规范进行审视,在推动个体至善的同时,推动社会公正的实现。当今中国道德教育要走出困境,就必须对"道"进行批判性的反思和选择,对道德规律和道德价值的认知也必须放在人与人、人与自然、人与自身的完整关系中去把握,从而实现伦理精神与科学精神的有机整合。

三、由"德"及"得"的"人文力"形成与和谐秩序

人文力,本质上是文化力,是透过人的主体性、人的行为所体现和实现的文化力。伦理是社会的,是人与人之间的关系;道德是个体的,是人与"理"、人与"道"的关系。如果把伦理道德理解为尽性合理的生活秩序、个体生命秩序的价值建构,那么,伦理道德的人文力就是一种秩序力,是透过价值的机制,建立和谐生活和生命秩序的人文力。[①] 这种"力"既是人伦秩序中所体现的聚合力,又是个体生命中蕴藏的道德的激发力,也是维持秩序和谐的内驱力和外张力。所以说,"明人伦"的道德原理中所蕴含的人文力是解决社会伦理和个体道德之间的矛盾,在二者之间寻求合理性的秩序力,其特点在于道德的价值性。也就是说,它是在一定的道德价值指导下,透过人伦关系的调节和个体行为的规范所建立和实现的秩序力。

---

① 樊浩.人文力与实践理性[J].南京农业大学学报(社会科学版),2001(1):77.

人文力像物理力一样，具有作用点、方向和大小。"明人伦"道德原理的人文力的作用点是和谐秩序，作用方向是"德"与"得"相通。"德"即德性，"得"可以理解为"获得"，"德"与"得"相当于这个人文力的两个分力，两个分力方向差距越小，其合力即这个人文力就越大，人的生命和生活秩序就越和谐。"德"与"得"相通是这两个分力方向一致、合力最大的理想状态，是中国道德精神的真谛，是在人类文化的特定方向上生长起来的深邃的人文智慧，"明人伦"的道德原理和价值取向就深藏于此。所以说，"德"与"得"相通的人文力的形成因为关联着社会伦理生活与个体道德生命之间矛盾的协调进而关联到社会和谐秩序的稳定。"德"应当"得"、"得"必须"德"、"德"必然"得"和"得"就是"德"是中国道德哲学中所体现出的"德"与"得"相通的价值原理，其与内圣外王的逻辑关系有着同样的道理。一个完整的德性不仅仅是"内得于己"，还必须见诸人际关系中的道德行为，即"外施于人"。而"外施于人"的结果就是以"内得于己"的德性为基础的"得"。这种"得"，既是"己欲立而立人""己欲达而达人"直至"明德、亲民、止于至善"的道德价值的展现，又是"得于人""得天下"的现实自我的体现。在主体的道德行为中，如果只把道德作为为人、待人的方式，践履的是"德"与"得"的"内得于己"与"外施于人"的价值内涵，就会形成以道德为目的的德性主义；如果以"德"作为"得"的途径和方法，或者以"德"作为"得"的手段和工具，就会形成道德实用主义。德性主义和道德实用主义的结合，便形成了中国道德精神融崇高性与平实性、理想性与世俗性于一体的智慧境界。

　　从根本上说，"德"与"得"的沟通密切关联着道德观念与社会生活之间的矛盾。因为，人们一方面从所处的社会生活需要中选择并认同自己的道德观念，另一方面又根据社会发展的需要不断地变革自己的道德选择，更新道德观念，推动道德的发展，所以，"德"与"得"的沟通既是道德观念向社会生活落实的机制，又是道德观念接受社会生活检验的机制。可见，"德"与"得"的沟通也制约着人们对"道德"的接受与选择。从个体来说，个体对某种特定道德价值的认同是在"德"与"得"统一的前提下进行的，"德"与"得"的统一体现了个体的道德理想和道德境界。从整体来说，"德"与"得"的矛盾统一决定着社会道德价值体系的变革与建构，也决定着人们对社会的适应以及对社会发展的推动。因此，"德"与"得"是应当一致也必须一致的。

从实质上说,"德"与"得"的矛盾,既是德性能力与自我实现、个体德性与社会机遇的矛盾,也是规范体系与人性生长、社会发展与个体实现的矛盾,所以其解决的最佳方式是个体至善与社会至善的辩证互动,既要避免"道德的人与不道德的社会"的悲剧,也要避免"公正的社会与不道德的人"的悲剧。

总之,人伦文化在道德教育的运行机制的意义不仅体现在它既是一种伦序人理互动、人德规范结构,又是一种人文力的形成,还体现在它是一种由"伦""理""道""德""得"五元素和由"伦"及"理"、由"道"及"德"和"德"与"得"互通的发展过程构成的价值体系。"伦"是客观的人伦关系,是个体行为的出发点和精神家园;"理"是对"伦"的规律的自觉把握,其是认知和意识或思维形态的"伦";"道"是对"理"从认知向行动、思维向冲动的转换,是意志形态和冲动形态的"伦",它是对根植于社会生活中的人伦之理的概括,为人们设计了建构道德自我的方式和有价值的生活方式,并为人们提供了行为的道德规范;"德"是通过"理"与"道"的中介而实现的"伦"的内植和内化,它既是对人伦之理的把握,也是对"道"的内化;而"得"使"德"由一种可能性外化为现实,造就了合理的生命秩序和生活秩序,"得"与"德"的关系既指向个体至善,又旨在获得个体与整体的实现。所以,合理的道德教育,应当是由"道"及"德"和"德"与"得"互通的几个发展过程和"伦""理""道""德""得"这五个元素的有机体,任何一个过程的脱节或者是任何一个元素的缺场都会导致道德生长的残缺和障碍,这也是造成现代中国道德教育中存在着诸多的理论论争和实践误区的根源之所在。所以,人伦价值的道德教育运行原理对中国今天的道德建设及道德教育具有许多启发意义,它不仅提供了一种以历史性和价值性相统一的方法论为指导的可以创造性转化的价值体系,还设计了一个有效的具有民族特色的"情"与"理"结合的道德教育原理和机制,为解决道德的自律性与他律性、价值性与功利性、理想性与平实性之间的矛盾找到了切入点,是解决现代中国道德建设及道德教育之难题的根源动力。

第三节 人伦机制下道德教育的场效应原理

人伦价值为道德教育的有效进行提供了一种场效应机制。在此,根据马克思主义原理和物理科学的原理,把自然科学的场论引入伦理道德科学,把物理学中的场转化为伦理场。所以,伦理场和物理场有相类似的地方:它是一种实体的社会存在,是一种相互关系场,它是随着条件和时空因素而变化的。但是,伦理场和物理场又有相区别的地方:作为反映社会意识形态之伦理现象的伦理场,它又是一种精神现象,是主体意识才能认识、把握的空间。它和主体道德意识一样也是因人而异、不断变化发展的。① 在中国的文化传统中,伦理的基础是人伦,人伦的核心是"伦"的体悟,而"伦"首先是一个自然的和生命的共体,并在此基础上发展成为哲学意义上的"普遍物",从而现实地形成了一种场的效应机制。人伦价值在道德教育中的场效应机制,是指在道德教育中有效地利用人伦价值的机制,形成能够激发受教育者的伦理感和道德感发生作用的场力。这种场效应机制是一种血缘人伦和通过血缘人伦的"拟亲化"过程而形成的"伦理场"及其所包含的"道德精神"辐射作用在内的道德教育生态。相互作用、相互联系以及整体的观点,是场性的重要表征。相互作用是蕴含于相互联系之中、蕴含于整体之中、蕴含于场之中的。人伦价值在道德教育中的场效应不仅具有一般场的运行特征和机制特征,而且有其自身的特性。由于论述重点不在一般场理论的研究,所以只论述人伦价值在道德教育中的场效应机制的特性。人伦价值在道德教育中的场效应机制主要表现在伦理感效应、道德感效应两个方面及六个相互关联的"润物细无声"的浸染。

一、伦理感效应

人伦价值在道德教育中的伦理感效应机制对道德主体的影响逻辑地展开为"单一物"与"普遍物"的统一感的浸染、实体感的浸染和精神感的浸染三个相互关联的过程。

(一)"单一物"与"普遍物"统一感的浸染

"单一物"与"普遍物"是伦理中两个形而上学的基本要素。"普遍物"既是"单一物"的公共本质,也是"单一物"的共体。但是无论是"单一物"还是"普遍物",都不能成为伦理的本质,能成为其本质的只能是"单一物"与

---

① 易法建.道德场论[M].长沙:湖南教育出版社,2001:65.

"普遍物"的统一。"单一物"与"普遍物"统一的感觉就是伦理感。

黑格尔对家庭伦理的理解和诠释是精确地把握"伦理感"的典型例证。按照黑格尔的观点,最自然的伦理感是家庭成员和家庭间的伦理关系,但家庭伦理关系指的是家庭成员这个"单一物"与作为每个家庭成员共体的家庭这个伦理场即"普遍物"之间的关系,却并不是各个家庭成员之间的关系,甚至也不是家庭成员之间的爱以及情感的关系。只有将家庭伦理关系认同为家庭成员与家庭伦理场的关系而不是理解家庭成员之间的关系时,个别家庭成员才能以家庭为其目的和内容进行行动而成为现实,这体现在伦理是一种普遍的东西这一本性上。① 家庭成员作为"单一物"与作为他们共体的家庭的"普遍物"统一的感觉就是家庭伦理感。"个别家庭成员以家庭为目的和内容进行行动"的那种情感及其冲动就是家庭"伦理感"的表现。

借助"人伦关系"与"人际关系"的比较可以把握对"伦理感"的精微捕捉。一般说来,"人伦关系"是伦理学范畴的概念,"人际关系"是社会学范畴的概念。那么,之所以"人伦关系"是伦理学范畴的概念而"人际关系"却不能是伦理学范畴的概念的根本原因就在于"人伦关系"中蕴含有"伦理感",而"人际关系"中却不能产生或不具备这种感觉。为什么说"人际关系"不具备"伦理感",其原因在于:"人际关系"是以区分为前提的,"际"即是区分,其凸显的是在彼此之间的区分前提下的"单一物"与"单一物"之间的关系或彼此间建立的联系。而"人伦关系"则与此完全不同,其伦理本质是个别性的"人"这个"单一物"与"伦"这个"普遍物"(场域)的关系,因为"伦"既是单个的人的公共本质,也是人的生命的共体。在"人伦关系"中,"人"与"伦"的关系,既体现为"人"与其公共本质或类本质之间的关系,更体现为与作为其根源并延绵不断的生命共体之间的关系。

家庭为自然形成的伦理场,是其他伦理场形成的出发点和基础。中国文化凸显以家庭作为血缘人伦形成的伦理场和生命始点的文化意义,而西方文化中的"Ethics"则以风俗习惯为基础,强调透过风俗习惯所形成的个体的品质气质,这是中国文化传统中的"伦理"概念与西方文化中"Ethics"的最大区别之所在。

---

① 黑格尔.精神现象学:下[M].北京:商务印书馆,1996:8.

(二)实体感的浸染

伦理是"普遍物",是"公共本质""共体",其本质上也是实体。由于伦理本性上是普遍的东西,因而"伦理行为的内容必须是实体性的,换句话说,必须是整个的和普遍的;因而伦理行为所关涉的只能是整个的个体,或者说,只能是其本身是普遍物的那种个体"①。实体从本质上说就是"单一物与普遍物统一"的统一体或同一体。从这个意义上说,伦理感乃是实体感,"伦理的自我意识乃是实体意识"②。

"实体"是"单一物"与"普遍物"的统一体或同一体、具体的和辩证的统一体,它既包含特殊又包含普遍。所以说,"实体"既是一个"整体"又具有"普遍物"的特性,但它不是抽象的整体或普遍物。也就是说,"实体"的本质是"单一物"与"普遍物"的统一而不是个体与个体的统一,它因包含个体所以是具体的,但却并不是个体的集合。如果把伦理中的"单一物"比喻为阴极、把"普遍物"比喻为阳极的话,那么实体便是太极,其统摄二者又兼具二者;从这个意义上说,实体也是一个个体,只是它是"整体的个体"而不是个别性的个体。具体地说,在伦理关系中,个人作为家庭成员、社会公民是个体或称为"单一物",而家庭的血缘之天伦、民族国家的社会之人伦中的"伦"乃是整体或称为"普遍物",家庭、民族就是"人"的"单一物"与"伦"的"普遍物"的统一所形成的"实体"。"单一物"的感觉是主观的,"普遍物"的感觉是抽象的,只有在两者统一基础上所形成的实体感或实体的感觉才是具体的、辩证的。

实体感就是伦理感的本质表现,其要义和真谛就是伦理,个体作为"单一物"与他的"普遍物"的不可逃脱的统一不仅是一种应然,而且是一种宿命。"悲怆情愫"是黑格尔用来表达这种统一和实体感的"伦理意境":"在个体性那里实体是作为个体性的悲怆情愫出现的,而个体性是作为实体的生命赋予者出现的,因而是凌驾于实体之上的;但是,实体这一悲怆情愫同时就是行为者的性格;伦理的个体性跟他的性格的这个普遍性直接地自在地即是一个东西,它只存在于性格这个普遍性中,它在这个伦理势力因相反

---

① 黑格尔.精神现象学:下[M].北京:商务印书馆,1996:9.
② 黑格尔.精神现象学:下[M].北京:商务印书馆,1996:27.

的势力的缘故而遭到毁灭时不能不随之同归于尽。"①这段话的意思是：在伦理中，个体的悲怆情愫就是实体；个体的行为者以悲怆情愫作为其性格；这个性格与伦理相伴随的永恒，对伦理性的个体来说具有普遍的真理性。所以，贺麟先生才如此解释黑格尔的"悲怆情愫"，那就是："指渗透个体整个存在的、决定着他的命运的一种感情因素。"②

(三) 精神感的浸染

与"精神"天然同一，也必须同一是伦理的最重要的特质之一。"把伦理当作精神"的观点和命题被当作典型的唯心主义。然而，只要承认"单一物与普遍物的统一"是伦理的本质特征，伦理与精神同一就是必然的。在《精神现象学》中，"伦理"是在"理性"上升为"精神"之后才出现的。也就是说，伦理必须有"精神"的铺垫才能够形成，"单一物与普遍物的统一"必须透过精神，甚至只有借助精神才能完成，这是伦理感必须是一种精神感或精神的升起的根本性思辨依据。"单一物"作为个别的和感性的存在，是经验的；而"普遍物"作为共体与本质，却是超验的，其只能由精神所把握，也只有在精神中才能存在。更重要的是，只有透过精神的努力和精神的中介，由"单一物"向"普遍物"的过渡或者说"单一物"与"普遍物"的统一才能完成实现。也就是说，需要像价值观这些精神性元素的运作和支撑，"单一物"才能扬弃自身的个体性从而向"普遍物"皈依；同时，因为"普遍物"是一种理性把握中的存在，"单一物"与它的统一，也只能通过精神的把握才能完成。没有精神感的存在，伦理实体的形成以及"单一物"向"普遍物"的提升和运动都是不可能的。精神感既是精神自在自为地存在和运作的感觉，也是在精神中存在的那种感觉。

透过"实体"与"集体"两个概念的辨析对"精神"之于伦理的意义诠释也许可以得到启迪。现代中国伦理学的一个重要概念就是"集体"，具体与抽象的区分似乎被当做成是"集体"与"实体"的区分。然而，"集体"必须要上升为"实体"才具有现实性与合理性。在经济学中，"经济实体"也就意味着是经济活动中个体与整体，即"单一物"与"普遍物"相统一的那种存在。缺乏"精神"是"集体"之所以缺乏真实性与合理性的根本原因之一；"集

---

① 黑格尔. 精神现象学：下[M]. 北京：商务印书馆，1996：30.
② 黑格尔. 精神现象学：下[M]. 北京：商务印书馆，1996：2.

体",在没有"精神"的运作的情况下,就不可能成为真正的"普遍物",更不可能成为伦理性的实体,而只能是个体或"单一物"的"集合"。基于此,"集体"走出困境的伦理出路就是"精神"及其建设。在这个意义上,伦理感也是一种精神感。正如 Robert Gimello 所指出的:我们更应当认为,对孔子和他的信徒来说,普遍、最终的价值就是个人借此能够完全以"人群中的一员"过上某种丰富完满的精神生活的过程。①

"单一物"与"普遍物"的统一感、实体感、精神感共同构成伦理感,于是,以人伦价值为趋向的道德教育的着力点,就是培育个体与他的公共本质的同一感、个别性统一于普遍性的实体感,以及以意义世界作为生命存在确证的精神感。只有找到并建立起这些情感和感觉,才能具有或建构起真正的"伦理感"。

二、道德感效应

如果说伦理感是个体通过"伦"的场效应成为实体或"整个的个体"的冲动,以及整个伦理实体的冲动,道德感就是个体按照伦理的要求自我规定以及自我确定的冲动。虽然道德的地位在法哲学体系与现象学体系中不同,但有一点即必须以伦理为基础或归宿却是共同的。"一个人必须做些什么,应该尽些什么义务,才能成为有德的人,这在伦理性的共同体中是容易谈出的:他只须做在他的环境中已指出的、明确的和他所熟悉的事就行了。"②道德或者扬弃自己的主观性,在伦理中达到意志与意志的概念的同一,从而成为"主观意志的法";或者在精神的辩证运动中使伦理实体由潜在、自在走向自为,通过个体行为变为现实,从而成为"对其自身具有确定性的精神"。道德感既表现为一种道德的主观意志,也表现为一种见诸行为的道德冲动。"意志作为主观的或道德的意志表现于外时,就是行为",而且"道德的意志表现于外时才是行为"。③ 人伦价值在道德教育中的场效应机制对道德主体进行的伦理感浸润逻辑地展开为得道感的获得、敬重情感的

---

① 转引自 Robert. M Gimello. 古典儒学中"礼"的文化身份(The civil status of "li" in classical Confucianism)[J]. 东西方哲学,1972(22):204.
② 黑格尔. 法哲学原理[M]. 北京:商务印书馆,1996:168.
③ 黑格尔. 法哲学原理[M]. 北京:商务印书馆,1996:116.

获得以及义务感的获得三个相互关联的过程。

（一）得道感的浸染

道德感由伦理感转化而来,伦理的"实体感"内化为个体的"得道感"是这种转化的过渡环节,所以说道德感与伦理感是一体相关的。"得道"是道德的真谛,其内涵就是个体内在的实体性,即是对伦理的实体性的分享及其在个体意志行为中的外化。"得道"是由伦理感向道德感转化的中介。在这里,道德之"道"一方面由伦理之"理"转化而来,另一方面,它又扬弃了伦理实体抽象的普遍性而获得个体内在的实在性。

"得道",既是对伦理实体的分享以及对伦理之"理"的获得,更是伦理的实体性要求和伦理的客观意志向道德的主体性确证和主观意志的转换。"道"就是个体性、主观性的"实体感",或者说是个体内在的伦理实体;而"得"的方式是分享,而不是占有。"得道"是个体对实体和道德对伦理的"获得"方式,其要义是获得伦理的要求并转化为个体行为的法,从而使个体获得伦理的实体性。黑格尔用法哲学的语言把这些形而上的抽象逻辑清晰地表达为"伦理性的东西,如果在本性所规定的个人性格本身中得到反映,那便是德"[1]。在本性中所体现的个体的伦理性格就是德。也就是说,一个人的行为符合伦理的要求,如果这种"符合"成为一种稳定的性格,那么就是"德"。所以,"德,毋宁说是一种伦理上的造诣"[2],伦理上的造诣感就是"得道感",其核心是"单一物"与"普遍物"、个体与实体统一的感觉。不过,求道、持道、行道的那种冲动是"得道感"作为一种主观意志与思维形态、纯粹理性形态的道德的区别所在。"得道"的基础是"求道"。"人之有道也,饱食、暖衣、逸居而无教,则近于禽兽。"[3]自由是道德的本质、教育的本质,而解放是自由的本质。将人们从自然冲动的束缚和压迫下解放出来,以获得人性的自由就是解放的第一要义。

过有道德的真正的人的生活并使自己从本能压迫下解放出来的那种冲动就是"求道"。人之所以需要道德,就是因为人身上具有动物性;道德之所以可能,就是因为人性中具有善的本根。正如西方伦理学家所说,人有道德

---

[1] 黑格尔.法哲学原理[M].北京:商务印书馆,1996:170.
[2] 黑格尔.法哲学原理[M].北京:商务印书馆,1996:169.
[3] 孟子[M].徐强,译注.济南:山东画报出版社,2013:97.

是人性与兽性的根本区别所在;人需要道德是人性与神性的区别所在。可见,人性中同时存在有道德的可能性与不道德的危险性,所以,"求道"之后,还必须要有"持道"的意志力。道德的固持即为"持道",即孟子所说的"不动心",亦即孔子所说的"造次必如是,颠沛必如是"。"行道"是"持道"之确证。只有"行道"才能使道德的主体得到确证,也才能将伦理的要求外化为现实,也才是真正意义上的"知道"和"有道"。道德的理论态度与实践态度和思维形态与冲动形态的统一就是"知行合一"。"得道"感的内在结构就是"求道—持道—行道"的辩证统一。

(二)敬重情感的浸染

康德认为,道德法则直接受道德意志决定,是道德价值的本质。"行为全部道德价值的本质性东西取决于如下一点:道德法则直接地决定于意志。"[1]纯粹理性的任务是为人们提供道德法则,[2]纯粹实践理性要将道德法则变成意志的直接决定者,就必须为人们找到道德行为的动力,即意志服从道德法则的内在冲动,这种动力或冲动,康德称其为"灵魂驱动力"。关于这种冲动的本质,康德与黑格尔的观点是一致的,即认为这种冲动的本质应当是一种特殊情感。血缘人伦及其"拟亲化"过程为这一特殊情感找到了基础,"因为一切禀好和每一种感觉冲动都是建立在情感之上的,所以(通过禀好所遭遇的瓦解)施于情感的否定作用本身是情感"[3]。产生这种情感的理智根据就是对道德法则的敬重。在道德法则的动力之外寻求的动力,都可能使道德成为"无法持久的"和"危险的"伪善,而对"伦"的体认为道德法则提供了强大的动力。"对于道德法则的敬重是一种情感,它产生于理智的根据,并且这种情感是我们完全先天地认识的唯一情感,而其必然性我们也能够洞见到。"[4]于是,实践理性的根本动力,就是对道德准则的"敬重情感"。"这种情感现在也可能称为对道德法则的敬重情感;而出于这两个理由,它也可以称为道德情感。"[5]

---

[1] 康德.实践理性批判[M].北京:商务印书馆,1999:77.
[2] 康德.实践理性批判[M].北京:商务印书馆,1999:32-33.
[3] 康德.实践理性批判[M].北京:商务印书馆,1999:79.
[4] 康德.实践理性批判[M].北京:商务印书馆,1999:80.
[5] 康德.实践理性批判[M].北京:商务印书馆,1999:82.

敬重情感是人内在的对道德法则的肯定情感,是意志对道德法则景仰和礼赞的快乐情感。它是由纯粹理性向实践理性的转化,是人的道德行为的唯一合法的根据。"于是,对于道德法则的敬重是唯一而同时无可置疑的道德动力,并且这种情感除了仅仅出于这个根据的客体之外就不指向任何客体。"①道德法则的敬重情感何以可以产生道德冲动而成为实践理性的动力?"因为对于我们尊重的却又畏惧(由于意识到我们的软弱)的东西,由于更加容易适应它,敬畏就变成偏好,敬重就变成爱;至少这会是献身于法则的意向的完善境界,倘使一个创造物某个时候能够达到这一点的话。"②所以,在《实践理性批判》的最后,康德写下了那句给后人带来无限启迪和警示的话:"有两样东西,我们愈经常愈持久地加以思索,它们就愈使心灵充满始终新鲜不断增长的景仰和敬畏:在我之上的星空和居我心中的道德法则。"③

人们今天可能对康德将对道德准则的"敬重情感"作为道德的唯一动力的观点提出许多异议甚至批评,但它至今仍然具有真理性和启发意义的是:道德感本质上是对道德法则的"敬重情感",而且这种"敬重情感"推动人们由对道德的理论的态度或道德的思维形态,向实践的态度或实践形态转换。对道德法则的"敬重情感",既是冲动形态的道德,也是实践理性的根本动力。

(三)义务感的浸染

"伦理义务只有当我们尊其为义务时才成其为义务。说我们有义务敬重,等于说我们有义务去有一项义务……因为人必须先有了对内心法则的敬重心,才可能懂得什么叫义务。"④"敬重之情"是道德感与道德冲动的义务感的基础和前提。康德如此凸显义务之于道德的意义,以至认为伦理学"一般地,它也叫做义务论"。⑤ 义务与道德、与德性是一体的,人的行为准则在履行义务时体现的力量就是德性。德性指的是意志的道德力量,德性本身不是义务,拥有德性也不成其为义务,但它命令人有义务,伴随着其命令

---

① 康德.实践理性批判[M].北京:商务印书馆,1999:85.
② 康德.实践理性批判[M].北京:商务印书馆,1999:91.
③ 康德.实践理性批判[M].北京:商务印书馆,1999:177.
④ 康德.康德文集[M].北京:改革出版社,1997:369,361.
⑤ 康德.康德文集[M].北京:改革出版社,1997:345.

的一种(只可能由内在的自由的法则所施加的)道德强制。① 义务产生于对道德法则的敬重,德性是履行义务的力量,义务是一种道德的强制或绝对命令。于是,道德感就是履行义务、执行"绝对命令"的一种道德冲动。义务感与敬重情感一样,同样是一种道德情感。

义务不仅与德性一致,而且与冲动一致。黑格尔认为,德、义务、冲动,三者在内容上是相同的。"采取义务的形式,然后采取德的形式的那种内容,与其有冲动的形式的那种内容是相同的。冲动也同样以这种内容为其基础。"②黑格尔强调,义务的本质不是强制,而是自由,或道德解放。义务限制的仅仅是主观任性,而不是冲动。"具有拘束力的义务,只是对没有规定性的主观性或抽象的自由和对自然意志的冲动或道德意志(它任意规定没有规定性的善)的冲动,才是一种限制。但是在义务中个人毋宁说是获得了解放。"③义务使人摆脱了对自然冲动的依附,将人从自然冲动的束缚下解放出来;又使人摆脱了个体的偶然性与主观性,获得实体性与现象性。"在义务中,个人得到解放而达到了实体性的自由","所以,义务所限制的并不是自由,而只是自由的抽象,即不自由。义务就是达到本质、获得肯定的自由。"④道德感就是履行义务、执行道德法则的"绝对命令"的情感冲动,即道德感就是义务感。

道德感就是得道感、敬重情感、义务感。道德感教育的重心,就是使人们因获得"伦理上的造诣"而得"道";以对道德准则的敬重,培育道德上的"优美灵魂"和源头性的"灵魂驱动力";培育以自我解放为本质和追求的义务意识。

三、中国人伦传统中的"实体"及"场效应"原理

中国人伦传统中的"实体"不仅仅指以血缘为纽带的家庭伦理场。尽管中国的人伦传统更在意以家庭作为血缘人伦形成的伦理场和生命始点的文化意义,而不像西方"Ethics"则以风俗习惯为基础,强调透过风俗习惯所形

---

① 康德.康德文集[M].北京:改革出版社,1997:372.
② 黑格尔.法哲学原理[M].北京:商务印书馆,1996:167.
③ 黑格尔.法哲学原理[M].北京:商务印书馆,1996:168.
④ 黑格尔.法哲学原理[M].北京:商务印书馆,1996:168.

成的个体的品质气质；但中国人伦的拟亲化现象，已经对人伦进行了拓展，经过"拟亲化"拓展后的伦理场，使文化意义上的生命发展的整体性得到了延伸。这样一来，人伦的公共本质，就不是家庭成员这种"单一物"与成员共体的家庭这种"普遍物"之间的关系所能揭示的。人伦所揭示的公共本质，体现在血缘关系和拟亲化之后的一切关系之中，"人伦之理"是人伦公共本质的集中反映，"明人伦"的道德教育就是让人体验、认同、感悟人伦之公共本质。因此，道德教育放在更大的伦理场中，是中国人伦传统"拟亲化"智慧的延伸。

教育是人的社会化的中介，道德教育也必须为实现人的社会化提供服务。以家庭作为血缘人伦形成的伦理场和生命始点的文化意义，不言而喻，是人走向社会化的基础，但更需要在社会的伦理场中获得更为丰富的道德感和生命发展的文化意义，才可能更好地策进人的社会化。在中国的古典名著中，如果说《红楼梦》是以家族的血缘人伦为主而建构的"人伦场"，那么，《三国演义》《水浒传》和《西游记》则是通过拟亲化而分别建构了"兄弟关系""君臣关系""师徒关系"等"人伦场"，在这些人伦场中反映了丰富的人伦关系的公共本质，体现了难能可贵的道德教育价值。尤其是《西游记》，把唐僧西天取经置于师傅与徒弟、师兄与师弟、菩萨与佛祖（君臣）的拟亲化关系中，无论是悟空的火眼金睛和降妖除怪与唐僧的紧箍咒管制，还是八戒的贪欲、沙僧的憨厚朴实，都在这个伦理场中映衬出人伦之光辉，反映了得道成佛的公共本质和"伦理场"的道德教育价值。名著从一个侧面告诉我们，在中国人伦传统中，无论是得道感的浸染，还是敬重感、义务感的浸染，都始终离不开血缘人伦和拟亲化人伦关系，离开了"关系"的道德教育只能是空洞的教条的灌输。把道德理念、道德信念、道德规范等放在人伦场中进行，的确是中国人伦传统中道德教育的智慧所在。

如果说拟亲化是血缘人伦社会化的智慧，那么，对于抽象的道德理念与日常的道德教育相结合，其"百姓日用而不知"也是一种智慧。以做人的全部道德为核心的中国人文传统，经过几千年的发展，形成了十分丰富的内容和经学体系，历朝历代的经学大师都对其做出过深入的研究和精辟的论述。如果让百姓理解和掌握深化后的人文理论，几乎是不现实的和不可能的，形而上的道德哲学只是属于理论家的，形而下的基本人伦关系和关系中的基本规范才是属于寻常百姓的。人们在以血缘人伦形成的伦理场中获得生命始点的道德感并发展之，然后再在拟亲化的社会伦理场中获得生命价值更高的道德感，并实现着社会化，在人的社会化发展中致知、格物、诚意、正心、修身，不断提升道德层次，在领悟道德信念、规范等的哲学意蕴中，完善自身。因此，道德教育是从"日用而不知"开始的，"日用而不知"并不是道德教育的逻辑终点，道德教育的逻辑终点是"齐家、治国、平天下"。"日用而不知"的道德教育价值，不仅体现了中国人伦传统中平常、平凡和平易可行的"中庸"思想，而且体现了"无可改易而改易"的道德教育智慧。

伦理感、道德感不只是道德形而上学与道德教育哲学的理论课题，更是当代道德教育与道德生活的现实问题。伦理感与道德感的失落与泯灭，在于过度冷落了伦理感、道德感这个与人的灵魂距离最短、对道德品质和道德生活最具基础性意义的实践道德精神结构，而将自己全部的热忱和智慧倾注于对"理论道德精神"的关切。我们缺乏的并不是抽象的道德理性和借以取得学分的道德知识，而是道德的实践品质和实践能力。[①] 樊浩教授指出："家庭、学校和社会，是当今中国社会最重要的三大伦理场，问题是如何使之成为共生互动的'伦理场生态'。首先必须捍卫家庭和学校作为伦理道德的两大策源地的地位，在多元文化和市场经济背景下，维护家庭的伦理直接性和学校的伦理纯洁性；其次，将它们从伦理'教育'场推进为伦理'训练'场，致力培育知行合一的'精神'，而不是道德上'理智的傻瓜'；最后，通过提升社会环境的伦理含量和伦理质量，优化社会伦理场，建构家庭—学校—社会的伦理同一性。"[②]

[①] 樊浩. 伦理感、道德感与"实践道德精神"的培育[J]. 教育研究, 2006(6):3-9.
[②] 樊浩. 当前中国伦理道德状况及其精神哲学分析[J]. 中国社会科学, 2009(4):41-42.

第六章　人伦传统下的道德教育形态

人伦德育不仅是中国德育文化传统的主要内容,而且也是其主要的德育形态。作为内容来讲,人伦德育包含了人伦次序、人伦之理、人伦示范、人伦准则、人伦规范等各种德育要素,体现了德育要素的总和;作为形态来讲,家庭伦序推延到社会伦序的人伦涵盖性,使人伦自身成为德育内容的存在方式,体现了德育的表现形式,而围绕"依伦尽份""按伦施教"的核心形式,通过家庭教育、学校教育、社会教育中各个形式要素的不同结构方式,体现着对不同时代条件的重要人伦观念、道德观念、德育观念的关注,表征着不同的德育形态。以"仁义礼智信"为核心价值观的中国传统德育,在"重人伦""明人伦"道德文化中的演进,反映了德育形态的基本轨迹。

第一节　"由仁行义,化民成俗"的亲族德育形态

亲族德育是人伦德育历史形态的主要表现形式,这种表现形式肇始于亲族、习俗性德育,从德育活动的作用形式上讲又兼容了直接性和间接性。

"由仁行义"是亲族德育形态的发端。人的生命一开始就有"物化"与"文化"的双重性,"人虽然来自物,却能超越于一切物之上,人是生命的存在,却又超越了生命的局限","既近于野兽而又类于天使,身上充满了'二律背反'式矛盾"。[①] 孟子认为"人之所以异于禽兽者几希",是因为"察于人伦""教以人伦""明人伦于上""由仁行义",正因为"察于人伦""由仁行义",人才异于禽兽而类于天使。正如邵雍的《为人吟》所云:"为人须是与人群,不与人群不尽人。大舜与人焉有异,帝尧亲族亦推伦。"人超越自然生命正是从认识亲族人伦开始的,亲族人伦道德作为自然生命最初的调节器,

---

① 高清海. 人就是"人"[M]. 沈阳:辽宁人民出版社,2001:3.

属于人超自然生命的存在形态。

"由仁行义"的家庭德育形态是亲族推伦的结果。亲族推伦的教育,最早在聚落、部落中的习俗教育中进行,从察于基本的血缘人伦开始。"一般而言,一个亲族系统由若干个家庭,根据血亲关系和合法世系联结组成,社会成员身份正是借助于这些关系得以界定,角色(性、辈分等)也只有在亲族系统内部才具有现实性,而这又同时意味着:亲族关系决定着群体的边界所在",[①]人们在具有群体边界的亲族生活中,通过仪式、习俗、伦理、宗教而建立对所处世界的信念和行为规则的信念,把"爱"与"道义"联结起来。原始先民由"知其母不知其父"到"知其父母兄弟"而认识最基本的亲族关系和血缘伦序,从"聚落杂居"到"部落分居"而把血缘之"爱"转化为繁衍繁荣之"义",使"由仁行义"建立在尧舜所倡导的"察于人伦"基础之上,形成最初的自在性德育形态,随着对先民"教以人伦"到逐渐的"明人伦于上",人伦规范约定成俗,发挥着最初的调节器作用,推动先民对自然生命的原始超越。

习俗性德育是在学校教育产生以前存在于原始社会的德育形态。[②] 道德教育从一开始就是调节社会成员之间关系、维护氏族部落团结的重要手段,而且这种道德教育往往又与原始宗教仪式结合在一起,在集体的宗教仪式中,培养部落青年对神灵的敬畏、对首领的虔敬、对长者的尊敬和对责任的理解等道德品质。集体的宗教仪式一方面具有全员参与性和等级伦序性,按照尊卑、长幼关系,每个成员都有宗教仪式中相对固定的位置;另一方面,集体宗教仪式则具有"礼"对秩序的象征性,"仪式的象征性功能在于透过仪式性动作,将个人与一种社会秩序关联起来,提升个人对该秩序的尊重,活化该秩序于个体内心之中,尤其是深化个人接受那些用以维系连续性、秩序性和界限的程序,以及接受控制社会秩序矛盾性的程序",[③]葛兆光先生在其著作的《中国思想史》中曾深刻阐述"礼"对于秩序的象征,夏商周三代尤其是周代正是通过"礼"的象征意义而稳固王国秩序的,孔子更是通过系统整理周礼而建立儒家的礼乐思想。按照伯恩斯坦对分化性仪

---

① 张博树. 现代性与制度现代化[M]. 上海:学林出版社,1998:68.
② 檀传宝. 德育形态的历史演进与现实价值[J]. 教育研究,2014(6):25.
③ 伯恩斯坦. 阶级、符码与控制:教育传递理论之建构[M]. 台北:联经出版社,2007:69.

式的各种形态划分①,其"年龄关系仪式","通过增加距离和不均等,强化不同年龄群体对其价值的承诺,进而控制成员对本年龄团体和高年龄团体的忠诚之间的矛盾","强化不同年龄团体之间的权威关系",②先民的仪式习俗教育不仅开创了"礼"之德育功能,而且也使"礼"具有了原初性人伦德育形态。

亲族德育是通过强化血缘人伦的德育功能而实现的。中华民族是在保持和加强原始公社组织形式的条件下而跨入文明的门槛的,以血缘关系为纽带,依靠集体的力量,治水平土、发展农牧而进入奴隶社会,家国一体既是王国时代也是帝国王朝时代的基本社会组织形态。中华民族在跨入文明门槛时,通过新石器时代两次"绝地通天",变部落各自都有自己"神"的"民神杂糅"现象为天下只有"天"或"帝"的 统一的天神。以血缘为纽带的家国一体的整体思维,以统一"天""帝"为天神的天人合一的整体意识,把血缘人伦和由此推延的社会人伦统一在长幼有序的人伦准则之中,把天德与人德统一在天然合理的"仁"和"礼"之中。在家(族)庭中要实行父子、兄弟、夫妻、君臣、长幼、朋友、宾朋等七项人伦之教,要明白"三德""三行"("一曰至德,以为道本;二曰敏德,以为行本;三曰孝德,以知逆恶"为三德,"一曰孝行,以亲父母;二曰友行,以尊贤良;三曰顺行,以事师长"为三行)。通过祭祀天神、地神、家神(祖先)等亲族民俗活动和日常生活,把人伦秩序和人伦道德的天意所归、天然合理性活化于每一个成员内心之深处,不断强化着人伦德育之功能。

日常生活是亲族人伦德育的核心要素。长期的农耕社会使家(族)庭包含了共同生产、生活、管理等基本特性,就其生产、生活、管理而言,小农经济和长期所依赖的"子从父学""口传身授"教育方式,其人伦德育过程具有对直接性和间接性的兼容。"所谓直接德育是指教育者的德育意图明显,受教育者明确知道自己在接受教育的德育形态","所谓间接德育是指教育者的

---

① 伯恩斯坦认为:"根据年龄、性别、年龄关系或社会功能来区隔学校内部的团体。这些分化性仪式深化特定团体特有的行为,及不该有的行为;亦深化不同权威位置应有的行为,在时间上创造出一种秩序",其分化仪式可划分为"年龄分化仪式、年龄关系仪式、性别仪式、学舍仪式"四种形态。见《阶级、符码与控制:教育传递理论之建构》,台北:联经出版社,2007:71。

② 伯恩斯坦.阶级、符码与控制:教育传递理论之建构[M].台北:联经出版社,2007:71.

德育意图并不直接和明显,受教育者通过间接途径接受道德教育的德育形态"。① 在亲族家庭生活中,诸如认识人伦关系及其基本要求、族规家训等都是人伦德育意图直接呈现并十分明显的,而父慈子孝、尊长爱幼、夫扶妻从等亲族家庭的道德示范和家族家庭依据族规处理具体事情的过程等,则兼容了直接而又不明显的德育意图,而更多的诸如热爱劳动、惜时惜粮、勤俭节约、敬畏自然等等道德教育,则是在日常劳动、烦琐生活中潜移默化的,虽然教育的直接意图可能是生产、管理、生活的技术技能或经验,但言传身教之下却发挥德育的功能。

民俗性德育和亲族德育形态的世代沉淀,促进了民间德育形态的形成与发展,虽然民间德育体现在劳动、市场、庙会、节庆、娱乐活动等具体的群体性民俗活动中,也兼容着直接德育与间接德育形态,但这些民间活动既促成了由血缘家庭人伦向民间社会人伦的推延,也促进了社会人伦道德规范和和谐社会人伦关系的生成与建构,形成"一方水土一方人"的道德文化特色,使人伦德育由家庭扩展到社会。重视亲族推伦和发挥家庭德育形态、民俗德育形态、民间德育形态的人伦德育功能,仍然是当代人伦德育的重要课题。

第二节 "以礼制心,之所以明人伦"的学校德育形态

就其人伦德育的功能形态而言,"学校德育绝不仅仅是一门课程,而是学校的一种基本秩序和社会结构",就是"将个人与一种社会秩序关联起来",使其德育活动能够真正成为社会共识的形成机制。② 中国古代学校德育的演进,则集中体现了服从服务于以人伦秩序为核心的社会秩序的形成机制,或者说围绕"礼天下"这一核心价值,通过对"仁义礼智信"核心价值观的认知过程,知其"之所以明人伦"。

学校教育是教育制度化的体现,教育制度化的关键却在于其制度的合

---

① 檀传宝. 德育形态的历史演进与现实价值[J]. 教育研究,2014(6):29.
② 谢维和. 伯恩斯坦的"表意性秩序"理论及启示:一种关于学校德育管理的理论[J]. 教育研究,2014(2):61-66.

法性,合法性不仅仅是合法律法规性,而取决于其存在意义的普遍信念,①正如孔子在子贡追问政之要时所答"民无信不立","化民成俗,其必由学"(《礼记·学记》)的普遍信念是教育制度合法性的基础,也是学校德育合法性的基础。

从结构形态上讲,古代学校德育可分为"小人之学"和"大人之学"。按照著名教育学家涂又光先生的解释,"小人"是指15岁以前的童子,而15岁以上为"成童"亦曰"大人"或"成人","小人之学"学的内容是六艺,"大人之学"学的内容是经术或"道"即各家各派的学说。② 儿童在成童之前要学礼、乐、射、御、书、数,后来要学《千字文》《百家姓》《弟子规》等,既要学习基本的人伦之礼、重要仪式之礼和相应的礼乐,也要学习识别名物和基本的生产生活技能,还要学习洒扫、应对、进退之日常之礼。洒扫、应对、进退是镶于实践中的伦理教育,据《礼记·少仪》和《弟之职》所说的洒扫,不仅强调了先洒后扫、由里而外等技术规范,而且还强调了入户而立、箕口对己、遭遇先生等道德规范;《礼记·内侧》和《曲礼》更是强调了唯父母舅姑之命敬对、进退周旋慎齐、遇先生于道之要求等伦理规范。在"小人之学"的人伦道德教育中,明显的由家庭人伦规范拓展到了亲族血缘之外的人伦规范,在人伦道德层面为促进儿童的社会化奠定基础。"大人之学"在于"道","齐景公问政于孔子,孔子对曰:君君,臣臣,父父,子子"(《孔子·颜渊》),"前一个'君'指某君,后一个'君'指君道;……'臣臣''父父''子子'均仿此",③人伦之道是"大人之学"要学的。之所以"大人之学"要学"人伦之道",是因为在"伦"上存在着道德与生命的冲突,需要进一步弄明白。

从功能形态上讲,古代学校的人伦德育的功能在于"明人伦"。"从逻辑上,生命是道德的母体,道德是生命的内核",④"道德既是一种调节社会关系的特殊手段,同时,道德又是人实现自身统一、精神完善的一种特殊方式,使人不断形成、完善德性,从而获得自身存在的意义和价值",⑤生命承载者道

---

① 张康之.合法性的思维历程:从韦伯到哈贝马斯[J].教学与研究,2002(3):63-68.
② 涂又光.中国高等教育史论[M].武汉:湖北教育出版社,2003:22.
③ 涂又光.中国高等教育史论[M].武汉:湖北教育出版社,2003:49.
④ 冯建军.走向道德的生命教育[J].教育研究,2014(6):33-40.
⑤ 吕前昌.悖离与重建:走向生命关怀的道德教育[J].理论月刊,2010(7):87-90.

德,道德决定着生命存在的意义与价值,生命存在的二重性在实践中往往会表现为道德与生命的冲突,突出表现为人伦道德与生命的冲突。孔子在《论语·子路》中讨论过父亲偷羊"而子证之"与"子为父隐"的问题是人伦与道德的冲突,《孝经》中有关孝养、孝顺、孝敬、孝尊等"究竟何为孝"的问题则是表现在父子伦理关系上的道德与生命的冲突,在何以为慈与为孝、为友与为恭、为明与为忠、为信与为义等人伦道德关系中,始终存在着生命与道德的冲突,古代学校的人伦德育功能就在于通过学习"四书五经"的知识,深层次认识和解决这种冲突。

古代学校人伦德育在解决生命与道德的人伦冲突上,始终围绕个体对群体的责任和义务这一核心价值观而展开。孟子认为"学则三代共之,皆所以明人伦也"(《孟子·滕文公上》),只是从历史上的"三代共之"得出的结论,并没有真正回答为什么"所以明人伦"。学校人伦德育通过解决人伦冲突中生命与道德的矛盾而提升人自身。"礼"是由亲族人伦到社会人伦的群体秩序的设定,是"仁义礼智信"的核心,《尚书》记载的有关"仁义礼智信"的核心价值观的萌出就是以"礼"为核心的,"以礼制心""以义制事""克宽克仁""彰信万民"(《尚书·商书·仲虺之诰》),"天秩有礼""知人则哲"(《尚书虞书皋陶谟》),周人以"礼"取代商人"敬鬼",初立"礼"对人间等级秩序的设定,开创了"人文化成"的文明时代。孔子引"仁"入"礼",强调"克己复礼为仁",把体现群体意志的"礼"内化为体现个体道德精神的"仁",用"仁"指导个体的日常行为,建立起人伦道德体系中"礼"与"仁"的内在联系。管子则引"义"入"礼","礼者,因人之情,缘义之理",建立了"礼"与"义"的关联,孔子所强调的"杀身成仁"之"义",孟子所强调的"生亦我所欲也,义亦我所欲也。二者不可得兼,舍生而取义者也"(《孟子·鱼我所欲也》),不仅说明了"义"在"礼"中的地位与作用,而且强调了个体与群体、道德与生命发生冲突时的价值选择。汉代董仲舒引"天"入"礼",通过自然之天的感应力,建立"天人合一"的"礼"秩序,不仅强调"三纲"与"五常",而且重视"天之道有伦,有经,有权"的"常""变"关系,用天之灾异、瑞祥之变限制"君道"和君之个体意志与天下群体意志的关系。程朱理学引"理"入

"礼","将天地之'必然'与人类社会之'应然'统一在了'理'中",①"夫礼也者,天理也","其张之为三纲,其纪之为五常"(《朱子文集卷七读大纪》),"义"或"理"是对公共利益的抽象、是善,"利"与"欲"是对个人利益的抽象、是恶,"理"就是群体秩序的化身。在学校教育中,如果认识并明白了圣人之言、经典之说、历史之载中集体意识、天下秩序的本质所在,自然就知道"皆所以明人伦"之深意和如何处理实践中道德与生命的人伦冲突所带来的矛盾。

朱熹在其所著的《大学章句》中,把"明明德""亲民""止于至善"称之为"大学之纲领",把"格物""致知""诚意""正心""修身""齐家""治国""平天下"称之为"大学之条目",不仅强调了人伦德育之功能和目的,而且完整描述了"格物、致知、诚意、正心、修身"等个体内部精神秩序的完善与达到"齐家、治国、平天下"外部秩序的和谐的关系,进一步说明儒家思想所主导的学校德育形态,就是要根据社会的核心价值需要,建构个体在各种伦序中的责任与义务,按照以"礼"为核心的"仁义礼智信"这一社会核心价值观的内在联系,认识个体与群体、利欲与义理、生命与道德的关系,处理人伦实践中的冲突和矛盾,不断完善德性,在群体中提升自身的精神价值和意义。围绕社会核心价值体系和核心价值观而形成的学校德育形态,在今天仍有重要借鉴意义。

第三节 "观乎人文,化成天下"的社会德育形态

社会德育形态是一个空间最大、范围最广、内容最为丰富的范畴,但就其存在形式却集中体现为"化民成俗",即要把群体秩序或社会秩序转化为个体责任意识,把"仁义礼智信"核心价值观转化为民间的普遍信念和民众的集体人格,其人伦德育的功能在于日用常行中的教化,达到日用而不知的目的。程颐在其《贲卦传》中曾经说"人文,人理之伦序。观人文以教化天下,天下成其礼俗,乃圣人用贲之道也","天文,天之理也;人文,人之道也",教育就是"观乎人文,化成天下"。

---

① 康中乾,罗高强. 中国古代致知思想的特色[J]. 陕西师范大学学报(哲学社会科学版),2014(1):29–40.

"化俗成礼"和"化礼成俗"是民间社会人伦道德教化的基本形态。"礼"文化与"俗"文化是两种不同的文化类型,"礼"是士人德性的发展与实践,具有超越的取向;"俗"是庶民群体生活的共同认知,习惯成自然,具有生活的取向;"礼""俗"的形成却与道德运作有关。① "礼"由"俗"而成,但又"化俗成礼",正如祭祀作为以赐福护佑为目的的对神祇仪式的一种表现行为,源自原始宗教习俗,长期存在于常民社会,但经由知识精英的发微与总结,道德意义遮蔽了仅止于仪式行为,用以节制并规范社会行为,虽然常民社会仍然存留着赐福护佑的"俗"之意蕴,但以"忠孝"为道德目的的教化,的确使常民社会的祭祀之俗融入了"礼"的意义,在"化俗成礼"中逐渐"化礼成俗"。又如亲族推伦是常民社会之俗,源自血缘亲族之伦常,虽然民众都知其五伦,但只见其亲伦,亲伦道德是"由仁行义"之俗常,重道德本身是俗常,在亲伦中更加重视"孝"德本身,而忽视亲伦道德的相互制约,教化的功能就是要使其明白伦之理与伦之德的关系。父子是一伦,父子有亲,父慈子孝是道德本身,"亲"是此伦之理;夫妻有别,夫敬妻从是道德本身,"别"是此伦之理;君臣有义,"义"是此伦之理;长幼有序,"序"是此伦之理;朋友有信,"信"是此伦之理;天人是一伦,天人有和,和是此伦之理;人己是一伦,人己合一,己所不欲,勿施于人,"合"是此伦之理;伦之理才是道德之根本。② 理即礼,把伦常道德之俗转化为"礼""俗"统一的社会礼俗,"使单个的个体得以聚集亲辅,结合为一个相互依存的群体,……使群体组织成为一个井然有序层次分明的稳定结构",③才是教化之根本。

"先富后教"与"继天而教"是社会人伦道德教化的策略形态。在中国古代德育传统中存在着同样来自儒家思想的两种不同的社会德育教化策略,即"先富后教"和"继天而教"。"先富后教"是孔子对于常民社会建立礼制社会的主要论旨,先后被孟子、荀子及后世儒家所承继,孔子的这种观点在《论语·子路》中首次提出,"子适卫,冉有仆。子路曰:'庶矣哉!'冉有

---

① 绕见维.浅析中国传统礼俗中的道德教化运作[EB/OL]."道德教育"国际学术研讨会(台湾"教育部"主办、花莲师范学院承办,1992年5月7日~19日)论文,nknucc.nknu.edu.tww/t1.2006-06-23.

② 涂又光.中国高等教育史论[M].武汉:湖北教育出版社,2003:203-205.

③ 余敦康.汉宋易学解读[M].北京:华夏出版社,2006:435.

曰:'既庶矣,又何加焉?'曰:'富之。'曰:'既富矣,又何加焉?曰:'教之'。"孟子继承了孔子的思想,同样认为修身平天下只适于士人,对于庶民则主张礼制秩序必须建立在温饱基础上,只有在此基础上才能进行礼仪的道德教化,"是故明君制民之产,必使仰足以事父母,俯足以畜妻子,乐岁终身饱,凶年免于死亡。然后驱而之善,故民之从之也轻。今也制民之产,仰不足以事父母,俯不足以畜妻子,乐岁终身苦,凶年不免于死亡。此惟救死而恐不赡,奚暇治礼义哉?"(《孟子·梁惠王上》)荀子在其《礼论》中也认为礼治秩序的教化要"以养人之欲、给人之求",礼的节制作用才能发挥。就连管仲也认为"仓廪实则知礼节,衣食足则知荣辱"(《管子·牧民》),主张庶民社会应"先富后教"。不同的是董仲舒,一方面主张"先饮食而后教诲"(《春秋繁露》),另一方面又提出了"更化"(当更化而不更化,当有大显不能善治《对册》)的方案,即"继天而教","人之继天而成于外也,非在天所为之内。天所为,有所至而止,止之内谓之天,止之外谓之王教"(《春秋繁露·实性》),其人性至于善并不在"天所为"的范围内,而是在王教的范围内,即"天生之,地养之,人成之"或"天生之,地化之,圣人教之",认为人一生下来就应该进行道德教化。尤其是汉代的贾谊在其《陈政事疏》更是通过"商鞅遗礼仪"到秦和汉仓廪实而不知礼仪的具体史实,阐明"富而后教"的弊病。

从社会人伦德育传统的功能形态上讲,还存在着士人与常民以道德与功利(道德讲为他和追求功利,功利讲为我和追求互惠)分野的社会教化、士人发挥道德示范的社会教化、民间宗教中的善恶有报与士人中"以德配天"视天为最高人格力量的"为他而不图报"的社会教化等形式,同时还充分发挥神话与民间文学、族规家训、戏剧曲艺等在社会人伦道德教育中的作用,把常民社会生存、生活的经验与对此的理性自觉反省结合起来,在教化中实现道德价值认同。"化俗成礼"与"化礼成俗"的内在机理,"富而后教"与"继天而教"的相互借鉴,多种形式的交融竞合,对于当代社会道德教育的反思和当今的社会主义核心价值观教育仍有所裨益。

内容与形式相统一是马克思主义的基本原理,人伦道德教育的内容存在于人伦道德教育的形式之中,人伦道德教育的形式又是人伦道德教育的内容的结构和组织,人伦德育形式在对德育内容进行结构和组织的过程中表现为历史的、目的的、功能的、方法与策略的等各种形态。中国人伦德育形态在为人伦德育内容提供存在形式、结构和组织的过程中,实现着人伦道德教育的价值取向,有机融合在人伦文化传统之中,其观照价值理想与价值实践、常民生活与士人追求等的统一,兼顾社会秩序与民间秩序、为己之功利与为人之功利、亲伦天伦与人伦等方面的和谐,形成了"由仁行义"与"化民成俗"、"以礼制心"与'所以明人伦"、"化俗成礼"与"化礼成俗"、"先富后教"与"继天而教"等目的形态和功能形态,发挥了"观乎人文,化成天下"的道德教化作用,对今天的社会主义核心价值观教育无疑值得借鉴。

第七章 人伦框架下的道德教育范式

范式是一种深深铭刻在人的精神、植入人的意识深处、渗透我们的文化和生活世界的方方面面无形的东西;是一种特定社会成员共同接受的信仰、公认的价值和技术的总和;是一种隐藏在预设或前提之下的、绝对而自明的集体资源。形成和改变一个范式,人类都需要许多的积累。[①] 德育思想范式作为我们共同接受的道德信仰和公认的道德价值,饱含着民族智慧的文化精神,是从历史中形成、获得并不断超越历史羁绊的一种相对独立的形态,既属于过去而又有着比较具体的客观指向,"已经成为实际的历史实体,是中华民族道德文明进化过程的道德教育渊源"[②],同时还属于现在和未来,"仍在不断丰富、发展道德文化动态和道德教育趋势"[③]。过去的历史的德育思想范式,属于传统德育思想范式,是传统道德文化的一种表征;而既属于过去、还属于现在、更属于将来的德育范式,是历史形成并发展着的道德文化传统,[④]这种道德文化传统深深涵泳着德育思想范式。就道德文化传统中的德育思想范式而言,按照社会控制程度及其影响力,可分为制度化的德育

[①] 莫兰.方法:思想观念:生境、生命、习性与组织[M].秦海鹰,译.北京:北京大学出版社,2002:271.

[②] 郭齐家.论中国教育传统的基本特征及现代意义[J].北京师范大学学报(哲学社会科学版),1995(5):23-28.

[③] 郭齐家.论中国教育传统的基本特征及现代意义[J].北京师范大学学报(哲学社会科学版),1995(5):23-28.

[④] 参考华东师范大学的丁刚教授有关"传统教育与教育传统的区别和联系",他认为"传统教育属于过去,教育传统则不仅属于过去,还属于现在,更属于未来","传统虽然看起来显得比较抽象,但它确确实实存在于我们的生活中,并贯穿于我们个体的整个生命中","理解传统意味着理解现在和把握未来"。参见丁刚著《历史与现实之间:中国教育传统的理论探索》,教育科学出版社,2002年10月,第7页。

思想范式和非制度化的德育思想范式。①

中国古代人伦思想的发展演变,由春秋战国精英话语的个人表达到汉代罢黜百家独尊儒术的政治表达为基础,通过王权政治的选择与控制,大传统与小传统不断融合,其人伦德育思想随着人伦思想之表达的变化而变化。一般都认为,中国古代人伦文化过于关注家庭和国家这两个极端层面,而疏于对广大社会空间的观照,从而影响了人伦德育思想的社会表达。实际上,在人伦德育思想随着人伦思想之表达的演变过程中,只有充分填补精英表达与政治表达之间的广阔社会表达空间,才能够对社会和谐稳定及其发展产生作用。从历史的宏大场景上看,士群体即古代广大知识分子,担负着社会表达转化的重要任务,在人伦德育中起到了连接大传统(政治制度化)与小传统(非制度化的民间传统)之间的桥梁作用。在士群体中有两支不可忽视的力量,一支是布衣士人,一支是各种世家。布衣士人处于社会底层,融入社会百姓之中,他们一方面不懈追求政治理想,另一方面又把人伦思想和人伦道德规范通俗化,以便于普通百姓接受,加之自身的君子示范,实现了人伦德育思想的社会表达转化。历史上存在很多诸如门阀世家、官宦世家、文学世家和科考世家等,他们有很多来自寒门,靠世代不懈奋斗而成为世家,在朝代演进中也出现了官宦世家、文学世家、科考世家的不断兼容,他们往往以家规、家训等形式,将人伦思想和人伦道德思想具体化、通俗化,以便教育后代,从而成为基层社会示范的榜样,影响了乡村民规、民约、族规、家规的建设,促进了人伦思想的社会表达转化和人伦德育思想的下潜。随着明清时期儒商队伍的扩大,儒商世家、医生世家的民间社会影响也越来越大,他们通过职业道德规范和家规、家训的完善,也在人伦德育思想的社会表达转化上发挥了重要作用。士人群体在人伦德育思想的社会转化过程中,也促进了德育范式的转化,尤其在佛教传入之后,与天人感应的"灾异惩罚"相结合,因果报应进入人伦德育思想和德育范式中,在民间造成历史性影响。正是由于广大士群体在不同历史时期通过人伦德育思想社会表达转化而对于广阔社会空间的观照,人伦德育思想的发生、发展与演变才更具有了社会价值和意义。

---

① 宋五好.制度化道德范式与民间道德范式的道德价值认同[J].华南师范大学学报(社会科学版),2014(8):77-81,182.

第一节　人伦框架下制度化道德教育范式

　　制度化的德育思想范式存在于制度文化之中,是人类为了自身生存、社会发展的需要而主动创制出来的道德规范体系,主要体现为国家正规的道德教育与传播体制、人才培养与选拔制度、礼仪制度体系等内容,反映了主流社会所主导的道德信仰与信念、道德价值与理想。

　　从中国道德文化传统上看,制度化道德范式主要来自正规的学校教育和科考制度,而学校教育和科考选官都以儒家经典为依据,儒家经典既是学校教育的内容,也是科举考试的内容;儒家经典所主导的道德思想、理念和教育方法,既是基本的道德信仰、信念和价值观,也是修身、立德、处世、做人的道德准则、规范和理想追求;儒家经典所倡导的"按伦尽分"思想,既是在道德责任上对社会关系的生动描绘,也是在道德行为上对道德示范的充分张扬。在以道德教育为核心的制度化道德范式中,"修身"是道德价值的基础,"忠恕"是推己及人的道德价值原则,"内圣外王"是君子人格的道德理想追求。"修身"基于性善认同,"性"与"心"所具有的善和"身"所具有的"恶"的危险性,是修身的价值基础,性(心)只需要养,而"身"则必须"修";"忠恕"是"修身"的价值准则,基于"推己及人"的理性认同,要实现这种价值理性,就必须"己欲立而立人,己欲达而达人","己所欲,施于人","己所不欲,勿施于人";"内圣外王"的君子人格是"人人皆可为尧舜"的道德理想价值,人人只要按照道德伦理的要求认真修其身,为仁由己,从"利他"出发,"躬自厚而薄责于人",就能够达到君子人格的理想境界。在制度化道德传统中,虽然也不乏重义轻利、重人轻物、重情轻欲等各种道德价值观的张扬,但就其制度化道德范式的基本价值逻辑来讲,要实现各种道德价值目的,身心修养是第一位的,身心的安宁祥和是一切德行的精神家园,修身、律己、利他、重义的一切善心善行都归于"仁",而这种"仁"是不图报的,于是"人人皆可为尧舜"的道德理想就能够实现。

　　在主流道德文化传统中,其制度化道德范式的价值逻辑链条上,"理"与"欲"、"义"与"利"的关系是牵动道德价值理想能否真正实现的关键,虽然血缘本位的道德文化设计突出了道德情感的核心地位,但也由此构成了理性与情感的内在紧张,"天理与人欲之辩"成为中国道德哲学的永恒话题。早在《礼记·乐记》中就以"夫物之感人无穷,而人之好恶无节,则是物至而人化物也。人化物也者,灭天理而穷人欲者也"的认识,将天理与人欲对立,同时又以"饮食男女,人之大欲存焉"①而不否认物质欲望的合理性,后世产生的"以理灭欲""存理灭欲""理存于欲"三种见解,则是从不同侧面突出了道德之"理"对"欲"的节制作用,"圣人之制民,使之有欲,不得过节,使之敦朴,不得无欲"②,由于"性善情恶",必须"革尽人欲,复尽天理"③,虽然明清提出了"理存于欲",认为"穿衣吃饭即人伦物理"④,"天下之人,各怀其家,各私其子,其常情也",⑤但并没有根本扭转"理"对"物欲""情欲"的统领。

与"理欲之辩"并行的是"义利之辩","理与欲"要通过处理"义与利"的道德行为来体现其道德价值取向,在功利论的义利观中,"义"的价值定位是"利人","利"是私利,"义"就是"理","利"在个人就是"欲","小人则以身徇利,士则以身徇名,大夫则以身徇家,圣人则以身徇天下"⑥,义贵有功,"义以生利,利以丰民"⑦,"义厚则敌寡,利多则民欢"⑧,义之功在利国、利民、利天下,虽然"天之生人也,使人生义与利。利以养其体,义以养其心。心不得义不能乐,体不得利而不能安"⑨,但身之养重于义,"不义,虽利勿动",当义利不可兼得时,要先义后利、舍利取义。

第二节 人伦框架下非制度化道德教育范式

非制度化德育思想范式也称之为民间德育思想范式,与制度化德育思想范式相对应,是指制度化德育思想范式所蕴含的价值取向和角色期望没

---

① 礼记[M].梁鸿,编选.长春:时代文艺出版社,长沙:湖南文艺出版社,2003:103.
② 董仲舒.春秋繁露[M].曾振宇,注说.开封:河南大学出版社,2009:203.
③ 黎靖德.朱子语类:第1卷[M].杨绳其,周娴君,校点.长沙:岳麓书社,1997:200.
④ 李贽.焚书·续焚书[M].长沙:岳麓书社,1990:4.
⑤ 顾炎武文[M].唐敬果,选注.武汉:崇文书局,2014:7.
⑥ 庄子[M].方勇,译注.北京:中华书局,2010:136.
⑦ 左丘明.国语[M].上海:上海古籍出版社,2015:175.
⑧ 晏子春秋[M].廖名春,邹新民,校点.沈阳:辽宁教育出版社,1998:29.
⑨ 董仲舒.春秋繁露[M].曾振宇,注说.开封:河南大学出版社,2009,248.

有完全内化为组织或个体的价值取向和角色期望,但又深深体现了百姓自身生存、生活和发展的基本价值取向,历史地体现在民俗礼仪、民间故事、祭祀拜祖、乡规民约、族规家训等之中,反映为民间百姓普遍的道德信仰、信念、价值和理想,是长时间深深渗透于民间生活、存在于民间的不言自喻的集体道德资源,具有深刻的道德示范认同价值。

在利欲面前,道德理性不见得永远能占上风,当人们由于物质之欲、情感之欲而违背了道德之理,出现了不道德的行为该怎么办?儒家道德传统除了道德谴责之外,主张的是"修己以敬"①,通过"见贤思齐,见不贤而内省"②的方式,达到"修己以安人""修己以安百姓"的道德目的,即便是进行道德谴责也不能过分,"人而不仁,疾之已甚,乱也"③,痛恨不仁的人和事是可贵的道德良知,但痛恨不加节制就可能走向不道德。仅靠每个人的内省与自觉和有限的痛恨与谴责,不免太过于理想化。在佛教传入中国后,佛教以解决人的生死问题为核心,以自度度人的社会责任感为追求,以克己自律的追求为基本特征,与儒家以天下为己任的君子和大丈夫情怀相契,与儒道两家克己自省、悲天悯人的宽容宽厚趋于一致,逐渐与中国传统道德思想相融合,特别是其"三世因果"和"六道轮回"的论说,与中国固有的"精气为物,游魂为变"的思想合流,广被儒道诸家引用,一方面为中华民族但求正义的至善至真而"不畏生死"的精神奠定了牢固基础,另一方面也下潜至民众生活而为因果报应提供了支撑。④ 虽然在制度化的道德范式中,依然恪守修身、内省式的道德价值追求,但因果报应已深深植入民间道德范式之中,通过道德暗示、警示、惩罚等一系列过程,成为民间道德范式着力渲染的道德价值力量。

以因果报应作为一种道德价值信念的民间道德范式,具体反映在流传的民间故事、民间戏剧和民俗文化之中。民间故事中流传最多的如《愚儿弑母》讲的是"一个小孩儿,为人奸猾,六七岁开始在集市上偷鱼、偷油,得到母亲纵容、护短赖理,长大后欺男霸女、强取豪夺,最后因抢劫官银被官府缉

---

① 论语[M].刘兆伟,译注.北京:人民教育出版社,2015:351.
② 论语[M].刘兆伟,译注.北京:人民教育出版社,2015:70.
③ 论语[M].刘兆伟,译注.北京:人民教育出版社,2015:168.
④ 南怀瑾.禅话[M].上海:复旦大学出版社,1997:37.

拿,行刑问斩时对前来探望的母亲提出想再吃一口奶,趁机咬下母亲的奶头,母亲悔之晚矣"的育儿的因果报应,这则故事曾被选入旧中国的小学语文教材;又如《狼来了》(牧羊童与狼)讲的是"有一个放羊娃,在山上放羊,常以'狼来了!狼来了!'呼喊,欺骗农夫们上山,几经谎言欺骗的农夫们很生气,后来狼真的来了,人们再也不信放羊娃的拼命呼喊,结果放羊娃的许多羊都被狼咬死了"的说谎报应,这则故事曾被较长时间选入中华人民共和国小学教材;还有《史记》记载的历史故事《烽火戏诸侯》讲的"周幽王为讨褒氏一笑而点燃烽火台,戏弄诸侯,后来犬戎真的来攻,诸侯们再也不信烽火之骗,犬戎破城后周幽王被杀"的因果报应;始于宋代的"负鼓说书"艺术形式,最初是由朝廷组织,以说唱结合的形式,到民间进行道德宣传,后来流于民间,其很多内容也都与因果报应有关;类似这样的道德教育故事很多,都反映了因果报应的道德价值取向。像民间戏剧《墙头记》①讲的也是因果报应,而河南灵宝的"骂社火"习俗则通过互相辱骂不道德行为的社火形式,②警示人们要遵守道德规范。

民间道德范式中以因果报应为道德约束价值反映出的道德价值逻辑是:"不能不讲道德——没有道德的人会受到惩罚;要讲道德——讲道德的人会受到奖励",其中"善有善报,恶有恶报"是最高的道德原则,其价值倾向是:"一个人不违反道德原则,主要不是因为违反道德行为本身是不正当的,而是因为违反道德原则会使自己的利益受到损失;一个人如果能够践行道德原则,那么也不是因为道德原则本身值得践行,而是因为通过坚定和始终地践行道德原则会赢得历史的、社会的尊重并由此成就人生和事业。"③

尽管在中国道德文化传统中,制度化道德范式与民间道德范式历史地存在着道德价值的同一性基础,并且保证了道德文化的稳态性,但由于制度

---

① 讲的是"弟兄二人不赡养老父亲,隔着墙在墙头上把父亲推来推去,最后把墙推倒了,弟兄两个被倒塌之墙砸死"的因果报应故事。

② 河南省灵宝市杨平镇的两个相邻的东常、西常村,每逢正月初五,通过社火形式,互相对骂,揭露被骂村的不道德现象,一方骂时,另一方不得说话,虽骂得十分粗俗,但通过一年一度的这种揭短,维持各村子的道德秩序,约束其人们的道德行为。"骂社火"是河南省非物质文化遗产之一。

③ 石中英.'狼来了'道德故事原型的价值逻辑及其重构[J].教育研究,2009(9):19.

化道德范式与民间道德范式的自身价值逻辑的差异,在道德价值和道德理想上,民间道德范式始终离不开制度化道德范式的引导。一般来说,历史上每遇朝代末期、朝代更替或社会大的转型期,由于社会核心价值体系中物质范畴与社会意识范畴的价值发生错乱,社会意识中的一系列关系面临失序的考验,民间道德范式中"善恶有报"的价值逻辑往往主导着道德生活,生活中人的本性需要成为道德价值观的主体动因,"洁身自好"的取向则成为道德价值观发展的主体诉求。

第三节 制度化道德教育范式与非制度化道德教育范式的同一性基础

道德价值的"关系—实践"的理论形态所表征的从实体思维到关系思维的基本转向,意味着价值思考真正围绕"人是人的根本"的展开。① 这种对价值关系的思维转向,进一步说明了道德实践中的道德行为正在由"人的依赖关系"转向"物的依赖关系",传统的赖以"人伦"及其推延而存在的道德价值关系正在被"人与物"的道德价值关系所解构,个人生活的基本道德价值关系、道德价值核心和道德价值意识,对社会道德示范的认同不仅存在于社会主导的制度化的主流道德价值观念的引导,而且更存在于民间的非制度化的道德价值观念的影响。从道德文化传统上讲,制度化道德范式与民间道德范式在价值逻辑上存在着差异,但也存在着同一性基础。

有学者把贵族阶层、社会上层人士、知识精英所代表的、被制度化的道德文化称之为大传统,而把处于社会底层、民间百姓、非制度化的道德文化传统称之为小传统,并认为它们是相互对立的。② 但在中国道德历史文化的发展中,不仅不存在制度化道德文化与非制度化道德文化的二元对立,而且

---

① 李德顺(中国价值哲学研究会会长)在第 15 届全国价值哲学年会上发表的观点。见:尹岩. 反思与超越:走向新时期的中国价值哲学研究——第 15 届全国价值哲学年会综述[N]. 光明日报,2013 – 12 – 24(11).

② 美国人类学家罗伯特·雷德菲尔德(Robert. Redfield)在 1956 年出版的《农民社会与文化》中,首次提出二元分析框架,把大传统与小传统置于对立面。台湾学者李亦园也是用大传统与小传统的概念和二元对立的分析方法研究中国的雅文化和俗文化。

它们之间有着强烈的道德价值统一性和示范认同的渗透性。在中国道德文化传统中,制度化道德范式和民间道德范式具有同一性,血缘本位、情感机制、入世意向是其赖以存在的精神文化生态,家国一体、按伦尽分、齐家治国是其赖以存在的社会结构生态,"伦"既是道德规范,也是社会道德秩序,更是全部的"人文"所在①,制度化道德范式和民间道德范式同源于"伦",同一于儒家思想的理论框架之中。

在中国漫长的道德文化历史中,自从先秦诸子面对周代的"礼崩乐坏"、政治秩序紊乱,纷纷探索重建国家伦理思想,文化秩序开始集中,以孔子为代表所创造的儒家思想终于在汉代成为国家意识形态,完成了精英道德思想与国家意识形态的统一,并在之后历朝历代的学校教育和科考选官中实现了以"四书五经"为教育内容和科考依据的统一;以儒家思想为核心的"儒释道"融合,更使其血缘伦理不断外推而使家庭、社会、国家伦理统一成为最基本的道德信仰、道德信念、道德价值和道德理想;经过国家主导的社会传播和各层面社会精英的日常示范,打破了学校教育在道德价值思想传播中的相对封闭状态,实现了"百姓日用而不知"的道德思想下潜,最终形成了道德信仰与信念、道德价值与理想的统一性,形成了从思想示范到行为示范的不同层面、不同层次的示范认同。

人伦德育思想在文化秩序集中完成了从国家意识形态到科举选官再到民间教化的功能转化,但由于儒家道德教育以"立命"为价值目的,"在对于个体的立命方面给予足够照顾的同时,而对安身的问题则缺乏应有的重视"②,封建制度阻隔了百姓"安身"的应有诉求,每遇自然灾害、官吏盘剥等境遇而影响生存状态、改变生活方式时,"安贫乐道"的道德价值受到冲击,祈求鬼神、反思因果、保全自我等行为方式都会导向功利主义价值目的,"无事不登三宝殿""临时抱佛脚"的功利心理,"为人不做亏心事,半夜不怕鬼敲门"的自保心理和"作恶自由天报""不是不报,时候不到"的报应心理,渗

---

① 程颐在其《遗书·卷四》中专门谈到"天文,天之理也;人文,人之道也","如何是道?于君臣、父子、兄弟、朋友、夫妇上求",人文就是全部的人伦之道。
② 丁钢.历史与现实之间:中国教育传统的理论探索[M].北京:教育科学出版社,2002:47.

透到民风习俗中,形成"有事才求佛""怕鬼才不做亏心事""怕恶报而不作恶"的功利性道德价值认同,儒家的"先义后利""为义而利"或"为义而不利"的道德价值同一性受到民间道德范式的挑战。造成这种挑战的原因在于儒家思想中"安身"与"立命"的不均衡。人的生命的自然性不只是肉体的固定组成、自然自在的顺序发展和本能冲动的仁义释放,还有在能够意识到自身生命的存在与发展的同时,也能够对自身生命存在和发展做出自主的选择,当人在自然生命与环境的相互依赖中,失去"安身"与"立命"的动态平衡,道德价值的同一性就会发生倾斜,由此也进一步说明民间道德范式与制度化道德范式中价值同一性的重要。

虽然民间道德范式受百姓生存状态、日常生活方式、特定习俗和非正式传播的影响,在道德信仰、信念和道德价值上,与精英道德思想和制度化所主导的道德价值和道德理想还存在着一定的表面张力,但由于民间道德传统所具有的开放性优势,吸引了大量知识精英和官吏精英的参与,他们通过搜集民俗,探访民事和编写蒙学读物、戏曲与唱本、神话和故事、农事与农书、家训与乡约等不同方式,在接受民间优秀道德思想的同时,努力使制度化的道德范式不断丰富,民间道德范式所追求的道德价值不断提升,制度化道德范式与民间道德范式不断融和,从而最大限度地保证了道德价值及道德示范的认同。

第四节 价值认同:制度化道德教育范式与非制度化道德教育范式的转化

中国的传统价值理念是以"善"为核心的,对"善"的崇尚、追求、实践是道德教育的主线,人伦道德价值也是依据"善"这一主线而促进和保证了在制度化德育范式与民间德育范式中的转化。

首先,"善"在个体层面和群体层面的社会生活中的全面推进,是人伦道德价值在制度化德育范式与民间德育范式中实现转化的基础。"人之初,性本善"是中国人性哲学的基本假设,也是人伦德育的基本假设。于个体层面上,"善"是爱人与利他的修为和行动,而这种以"爱"所表达的"善",一方面源于最基本的"亲亲"所"爱",另一方面则又是由血缘之伦推衍到社会之伦的友爱之"善",体现了"帮助别人,快乐自己"的"爱"。在这样一种以"善"为核心价值的人伦德育中,个体要"己所不欲,勿施于人",做到自律,同时要"己欲立而立人,己欲达而达人",处处从"利人"出发,"自天子以至于庶人,亦是皆以修身为本"(《中庸》),从而达到"老吾老以及人之老,幼吾幼以及人之幼"的"泛爱众"的善,实现"民胞物与",以致"大道之行也,天下为公"。于群体层面,"善"是以仁爱为基础的,群体层面上对"善"的追求,就是用"仁爱"把个体与他人、家庭、社会群体联系在一起,并在其中体现个体的奉献价值,从而使人伦德育价值导向以善利群体的追求以致升华成为以邻为善、互利共生的和平主义国际交往观。

其次,"孝"在家庭层面和社会层面的全面推进,是人伦和谐价值在制度化德育范式与民间德育范式中实现转化的津梁。"孝"在人伦德育中是一个核心价值理念,"自天子之与庶人,孝无终始而患不及者,未之有也"。于家庭层面,"孝"要求首先爱自己的生命并能延续生命,同时要对父母、先祖爱、养、畏、敬,"爱"是"孝"的基础,"赡养"是"孝"的最基本的实践形式,"敬畏"是"孝"的升华,"大孝尊亲"则是"孝"的最高价值追求的成就体现,"由于个人在事业上的成功而使父母在他们所处的生活环境中备受尊敬"才是最大的孝,不仅体现了"孝"的终极关怀在于慎终追远、光宗耀祖,而且将家庭层面的"孝"通过事业成就与社会层面的"忠"有机联系在了一起,在制度化德育与民间道德之间建构了基于孝的价值认同。于社会层面,"孝悌也者,其为仁之本欤",是德之本,"孝者天之道",体现了孝与天理、天道相联系的宇宙观和价值观,个人的社会成就是"孝"的升华,忠君爱国是以孝奉献国家的集中体现,只有"立教在孝"才能促进家庭教育与社会教育的和谐统一,"齐家、治国、平天下"才能成为终极价值追求。

再次,礼在个体层面和群体层面的全面推进,是人伦德育价值在制度化德育范式与民间德育范式中的重要实践维度。"礼"是中国传统人伦道德价值观的外在维系核心,于个体层面,"礼"是立身达人之根本,不仅在冠、婚、丧、祭、朝、聘等人生重要环节中要践行"礼",而且在日常生活中也要恪守"礼"所表征的别、让、敬、同、和等核心价值理念,以礼仪化体现人的文明化。于社会层面,"礼"是社会交往乃至整个社会活动的价值准则,不仅体现在相见礼、乡饮酒礼、贺庆之礼、饮食之礼、养老礼、丧礼、祭礼等各种社会活动中各个环节的道德行为规范,而且更是体现在敬畏天地、敬畏秩序、敬畏规律、敬畏规则等由内心建立的对"礼"的价值崇尚,通过"礼"的内在驱动和外在行动,体现"诚"与"和"的道德价值追求,"心诚则灵","礼之用,和为贵"。"礼"作为一种秩序的象征,通过"禁于将然之前"的人伦教化和"禁于已然之后"的法制规范,从而实现"礼"在制度化德育范式与民间德育范式中的和谐统一。

另外,家训家规在家族层面和社会层面的全面推进,是人伦德育价值在制度化德育范式与民间德育范式中的重要实践模式。在中国传统人伦德育中,家训家规具有十分重要的价值功能,尤其是传统的世族、官宦、文学世家等名人家训在家族中的传承和社会中的广泛传播,引领了人伦德育的实践价值认同。如《朱子家训》,集中地把"仁"具体化为人伦道德规范:"君子所贵者,仁也;臣之所贵者,忠也。父之所贵者,慈也;子之所贵者,孝也。兄之所贵者,友也;弟之所贵者,恭也。夫之所贵者,和也;妇之所贵者,柔也。事师长,贵乎礼也;交朋友,贵乎信也。见老者,敬之;见幼者,爱之。有德者,年虽下于我,我必尊之;不肖者,年虽高于我,我必远之。慎勿谈人之短,切莫矜己之长。仇者以义解之,怨者以直报之,随所遇而安之。人有小过,含容而忍之;人有大过,以理而谕之。勿以善小而不为,勿以恶小而为之。人有恶,则掩之;人有善,则扬之。处世无私仇,治家无私法。勿损人而利己,勿妒贤而嫉能。勿称忿而报横逆,勿非礼而害物命。见不义之财勿取,遇合理之事则从。诗书不可不读,礼仪不可不知。子孙不可不教,童仆不可不恤。斯文不可不敬,患难不可不扶。守我之分者,礼也;听我之命者,天也。人能如是,天必相之。此乃日用常行之道,若衣服之于身体,饮食之于口腹,不可一日无也,可不慎哉!"① 仅317字,短小精准,朗朗上口,不仅在朱氏家族长久传承,而也广泛流传于社会历史,发挥了很好的人伦道德价值示范作用,今天国家又力倡家训家规文化传统,足见其在制度化人伦德育和民间人伦德育中的价值认同。

---

① 焦金鹏.治家格言[M].南昌:二十一世纪出版社,2015:85-88.

第五节　示范认同：制度化道德教育范式与非制度化道德教育范式的同构

示范，又称模仿，是指个体由仿效伦理场中榜样的言行举止而引起的与之相类似的行为活动的过程。① 示范认同不仅是日用常行中的行为仿效，更重要的是建立在理性思考基础上的思想接受，即道德价值认同。制度化道德范式与民间道德范式存在着一定的表面张力，无论是制度化道德范式还是民间道德范式，由于彼此"分子引力不均衡"影响其进一步融合而形成新的引力，② 要达到制度化道德范式与民间道德范式的融合，必须在道德价值观上形成同构。尤其在社会转型期中由于道德价值的流失、道德教育的缺位和社会道德示范的衰减而造成道德文化危机，需要在继承中华民族优秀道德文化的基础上，实现制度化道德范式与民间道德范式的价值同构。

首先是教育价值流失而带来了道德价值迷失，使制度化道德范式与民间道德范式难以在学校教育层面实现同构。学校教育是制度化道德范式最重要的中介，由于受科举文化的历史影响，考试的选拔功能长期遮蔽人才培养的实质价值，教育在促进人的全面发展而实现社会化的价值，被升学的唯一应试价值所取代，考试成绩不仅成了学习的价值标准，而且取代德育、体育、美育的自身价值而成为衡量学生发展的价值标准，即便倡导的素质教育也流变为应试教育的附庸。在日常学校教育中，一方面德育课程流失为"副课"，除了简单地进行诸如诚实、友爱、虚心、团结等正面观念灌输外，还大量地通过负面结果劝解儿童不要采取不道德行为，围绕应试需要使道德教育衰减为"道德—惩罚"的一般范式，从"不认真听讲受惩罚""不完成作业受惩罚"到"考不到理想成绩受惩罚"，从"迟到受惩罚""撒谎受惩罚"到"不服从教师意见受惩罚""不会团结同学受惩罚"，等等，凡此种种，日常的学校德

---

① 易法建.道德场论[M].长沙：湖南教育出版社，2001：81.
② 张力是一种物理效应，它使液体表面总是试图获得最小的光滑的面积，用分子力解释，通常情况下，处于液体表面层的分子较为稀薄，其分子间距较大，液体分子之间的引力大于斥力，合力表现为平行于液体界面的引力。用张力效应解释制度化道德范式和民间道德范式，彼此在这种互相张力作用下而浮在表面，难以真正达到融合。

育生活迷失在"道德与惩罚"之中,道德自觉的境界,迷失在"为了不受惩罚而遵守行为规范"的道德范式中。

其次是家庭教育错位而带来道德价值缺失,使民间道德范式难以与制度化道德范式同构。家庭教育、学校教育和社会教育在培养人的过程中是有分工的,家庭教育的主要功能是道德与身体的教育,学校教育的主要功能是知识的教育和通过知识教育而对价值观的巩固,社会教育的功能在于通过社会价值引导而张扬主流价值观。家庭教育的错位在于学校教育的功能转嫁,家长担负了本来教师应该担负的课外作业批改、辅导等任务,家庭成为应试教育的附庸,"小红帽"故事所宣扬的"不听妈妈的话会遇到大灰狼"的主题,使"报应"式价值逻辑成为学校和家庭的道德价值链。家庭教育的错位还在于互相攀比的个体功利主义"励志"教育的无节制张扬,"读书做官""读书发财""读书出人头地"等等功利主义观念则成为励志的主题,使其与"听妈妈、老师的话就不会遇到大灰狼"的功利性思维一并成为道德教育的价值力量。家庭教育的错误还在于德育传统中基于血缘人伦及其向外推衍的"拟亲化"人伦价值维度的丧失,现代社会的个体原则与传统社会的群体原则相冲突,集体人格与个体人格难以在家庭道德教育中相统一,个性化和个体自由不断筑进家庭道德价值基础之中。家庭道德教育中"鼓励"性、"利他"性、"拟亲"伦理、集体人格等道德价值的缺失和"报应"性、个人功利性、个体自由性等道德价值的过度彰显,直接影响了民间道德范式与制度化道德范式的融合。

再次是社会教育中的经济理性越位而带来道德价值混乱,使民间道德范式与制度化道德范式难以同构。经济理性的核心是利益最大化,如果这种利益最大化超越经济活动而侵入道德生活,势必会造成道德价值混乱。就人的关系而言,"经济人"代替"伦理人"是经济理性关于人际关系假设的基本前提,在这种前提下,每一个人都是自利的,都是把"实现自己利益最大化"作为行为动机的"理性"的人。制度化道德范式的价值观传统是"重义轻利",国家利益、集体利益、人民利益、可持续发展的环境等都是"义"之所在,如果失其"义"而逐其"利",就是不道德的,"义"是"利"的核心道德价值,在改革开放初期,有为了"先富起来"而"不顾义"的价值逻辑遮蔽"富"的价值本真,悄然浸入民间道德范式之中;在改革发展时期,有"以 GDP 论英雄"而"不顾义"的价值选择遮蔽"发展"的价值本真,以"选贤任能"的方式公然浸入制度化道德范式之中。正是由于经济理性越位,"义"对"利"的道德统领性地位受到挑战,以"义"为核心的道德价值逻辑不断让位于以"利"为核心的经济价值逻辑,使民间道德范式与制度化道德范式失构。

家庭、学校、社会是透视制度化道德范式与民间道德范式的直接管孔,任何一种社会生活都会反映出一定的道德价值取向,任何一种反映道德价值取向的社会生活只要经由一定时间传播,都会形成习惯、成为民俗、固化形式而成为道德范式,要剔除不良的道德价值,实现民间道德范式与制度化道德范式的同构,必须在道德价值认同的基础上充分发挥制度化道德范式的引领作用。

道德价值自身存在三个层次:一是源于本能的物性或自然性的道德价值,二是源于理性的人与人互惠互利、人与自然和谐相处的道德价值,三是源于圣性或理想性的至善、大爱、圣德和崇高的道德目标、道德理想的道德价值。人的自然性虽然包含了生命繁衍、生存的"自利"性,但物性的善显然不同于自然本能,"善"本身涵养着生命的意义和生存的价值,使衣食温饱有了文化精神价值。建立在人与人、人与自然关系基础上的理性的"善",以互利互惠、利人利己、和谐共生等道德价值选择,使物性的"善"升华为理性的"善",理性"善"的道德价值转变为物性"善"的普遍道德信仰,从而为物性"善"提供了深远的意义。理性的"善"或道德价值是实现圣性的"善"或理想道德价值的桥梁,虽然人们不一定都能够理解或接受大慈大悲、大彻大悟、普度众生、来世福音、功德圆满等宗教道德价值的神性所在,但公而忘私、见义勇为、毫不利己专门利人、精忠报国、天下情怀、全心全意为人民服务等崇高品德和公平正义、和平安宁、博爱宽容等崇高社会道德理想,都是人类无论什么民族、什么文化背景共同追求的,圣性的道德价值理想在剥离宗教神性外衣之后,彰显出崇高道德价值的巨大理想引力。聚集了人类理性智慧、崇高的善、崇高品德和社会道德理想的圣性人或者其化身,这种道德理想化身在中国传统道德文化中被塑造为"内圣外王"或"君子",贬斥的是损人利己、损公肥私、见利忘义、离经叛道的道德价值或"小人"。民间道德范式与制度化道德范式的道德价值认同,就是要以在尊重人的物性道德价值的基础上,以理性道德价值为纽带,以圣性道德价值为崇高理想追求,用道德理性限制物性道德价值膨胀,用理想道德价值引导物性的"善"归于理性的轨道,使理性的道德价值有更为崇高的道德价值追求目标。

道德价值认同是民间道德范式与制度化道德范式同构的基础,虽然以"物性"道德价值为目的的道德生活容易受到功利主义的侵蚀,但正是由于"物性"道德价值的存在,"理性"价值思维才有了基础参照,"神圣性"道德价值目的才成为追求。要实现民间道德范式与制度化道德范式的同构,首先是不能否认"物性"道德价值目的存在的合理性,"人类历史的发展和社会的进步始终是由人和人类有意义的社会行为构成的,合理性,是人和人类行为的普遍特性。从内容来看,合理性是一种合目的性;从形式来看,合理性是一种合逻辑性"[1],以"物性"为价值目的的行为是人和人类的最基本的社会行为之一,只要这种行为不被过分的功利主义所湮灭,其道德行为和道德价值就是有意义的。最后是"理性"道德价值目的应当发挥限制"物性"道德价值目的膨胀的作用,在"善与恶""义与利""我与他""公与私""诚与不诚""孝与忠"等方面为人们提供理性思考,为"物性"道德活动提供"理性"道德价值目的选择。再次是"神圣性"道德价值目的不能缺失,失去对崇高道德价值理想的追求,"理性"道德价值目的就会向庸俗的"物性"的道德价值方面堕落,人和人类的社会行为就会因为失去崇高道德理想追求而丧失活力。尤其是在家庭教育、学校教育和社会教育中,绝对不能割裂"物性""理性""神圣性"道德价值之间的关系,更不能以一种层次的道德价值取代其他层次的道德价值。

示范认同是实现道德价值同构的基本路径,其实质是道德价值认同。道德示范必须在一定的伦理场中进行,无论在家庭、学校还是社会伦理场中,都存在长与幼、强与弱、主与次、主流与民间等基本伦序关系,这种伦序关系决定了道德示范的主体与客体、表率与仿效、垂范与学习的道德价值认同过程。从制度化与非制度化关系上讲,制度化下的主流社会的道德价值,通过党员干部、公务员、知识分子、军人警察、社会名人等示范主体的道德行为示范,感知群众,引领风尚,使人们在学习、仿效过程中接受其道德行为所表征的道德价值观;通过政府表彰、媒体宣传、社会教育等社会传播示范,使

---

[1] 阳鲁平.合理性:人和人类行为的普遍特征[J].求索,2000(2):69,70.

社会主流道德价值观渗透到民间社会,激发民间道德生活的价值认同,引导和不断固化民间道德范式所表征的道德价值,促进民间道德范式与制度化道德范式的道德价值同构;通过社会主导的节庆活动和礼仪礼节教育活动示范,培养社会主流价值,引导民间各种习俗礼仪在移风易俗中实现价值认同;"加强对优秀传统文化思想价值的挖掘,梳理和萃取中华文化中的思想精华,做出通俗易懂的当代表达,赋予新的时代内涵",[①]在"富强、民主、文明、和谐是国家层面价值目标,自由、平等、公正、法治是社会层面的价值取向,爱国、敬业、诚信、友善是公民个人层面的价值准则"[②]的社会主义核心价值观基础上,使民间道德范式与制度化道德范式实现价值同构。

---

① 关于培育和践行社会主义核心价值观的意见[M].北京:人民出版社,2013:1.
② 关于培育和践行社会主义核心价值观的意见[M].北京:人民出版社,2013:16.

第八章 人伦认同下的道德教育建构

"伦"是中国式的道德哲学表达,其对应于西方哲学中所谓的"实体"概念,是透过人的精神才能把握和建构的存在于个体彼岸的公共本质。这种超越于个别性之上的公共本质正是人之为人的规定性,是个体扬弃其抽象性的参照和依据;伦理和道德的可能性就在于个体对其这种公共本质的信念和坚守,伦理精神和道德精神就是人对自己公共本质的能动体现。"教以人伦"作为"人之有道"的始点和必由之路,正所谓"人之有道也,饱食、暖衣、逸居而无教,则近于禽兽。圣人有忧之,使契为司徒,教以人伦"[1],这段经典话语诠释了伦理世界在道德教育中具有精神家园的意义。所以在道德教育中,应当以"伦"的认同为着力点,重温"人伦"价值传统,进行"从实体出发"的"伦理"道德教育的建构,培育基于伦理信念、体现传统深度的伦理认同精神,扬弃对于伦理关系的碎片化和工具性的伦理认同,由此为个体行为的道德合法性提供伦理前提。

第一节 人伦认同的合理性分析

从发生学考察,伦理在道德之先。在中西方文化中,伦理的原初意义是灵长类生物长久生活的居留地。人类自从与动物界分离以后,就具有两种相互矛盾的属性:群居的动物;自由意志。群居的可能性在于人基于自由意志的交往行为的可预期性,由此社群生活才有基本的可靠性,于是便生长出原初的伦理,这就是风俗习惯,它是人类伦理的最初形态和文化策源地。社群生活的扩大,需要突破风俗习惯的约定俗成和原生经验的局限,这就要求发展出超越于自发形态伦理(风俗习惯)的更具广泛性的行为规范和次生经

---

[1] 孟子[M].徐强,译注.济南:山东画报出版社,2013:97.

验,于是更为自觉和具有更大普适性的道德规范开始形成。在人类文明的漫长过程中,伦理与道德总是共生互动,但伦理更具有某种基础和前提的意义。对此,《孟子·滕文公上》的诠释最为经典:"人之有道也,饱食、暖衣、逸居而无教,则近于禽兽。圣人有忧之,使契为司徒,教以人伦:父子有亲,君臣有义,夫妇有别,长幼有序,朋友有信。""人伦"是回归"道"的路径,二者虽不可分,但人伦毕竟具有基础性的地位。在西方道德哲学史上,康德进行了一个重大转变,这就是以道德代替伦理,凸显人的自由意志而不是共同体生活。这种做法遭到黑格尔的严厉批评,也对现代道德哲学理论和现实伦理道德生活产生了极为复杂的影响。黑格尔在《精神现象学》和《法哲学原理》中,为人们描述和提供了伦理道德发展的精神哲学过程,实现了伦理道德关系的辩证回归。

黑格尔在《精神现象学》中对伦理的本性如此阐释:"伦理本性上是普遍的东西,这种出自自然的关联本质上也同样是一种精神,而且它只有作为精神本质时才是伦理的。"① 这句话说明:伦理之为伦理,必须具备两个条件,一是普遍性,即以普遍性为本性;二是"精神",即伦理普遍性、伦理关系只有当具有精神的本质时才是伦理的。黑格尔以家庭关系为例,说明伦理及其精神的本质。他认为,家庭成员之间的关系不是一般的情感关系或爱的关系,家庭伦理关系的道德哲学本质是个别性的家庭成员与家庭整体之间的关系,其真谛是家庭成员的行动及其现实性以家庭为目的和内容。② 从这一诠释出发,自然也就容易理解孔子"父为子隐,子为父隐,直在其中"的那个著名的"亲亲相隐"的伦理悖论。个别性家庭成员与家庭整体之间的伦理同一性,是一种精神的同一性或透过精神才能建构和达到的同一性。由此,"精神"对个体及其生命来说,便具有某种始源性和终极性的意义,它不仅是"一切个人的行动的不可动摇和不可消除的根据地和出发点",而且还是"一切个人的目的和目标"③。概言之,伦理是透过精神建构、以实体或"伦"为出发点的个体与"伦"之间的同一性,在这个意义上,伦理的基本要义就是"从实体出发",达到"伦"的认同。

---

① 黑格尔.精神现象学:下卷[M].北京:商务印书馆,1996:8.
② 黑格尔.精神现象学:下卷[M].北京:商务印书馆,1996:8-9.
③ 黑格尔.精神现象学:下卷[M].北京:商务印书馆,1996:2.

所以说,伦理关系,从构建范式上说,不是一般意义上人与人的关系或所谓"人际关系","际"更强调人与人之间的区别,表达的不是"单一物"与"单一物"之间的关系,而是人与"伦"的关系,即"人伦关系",人伦关系本质上是个别性的人和实体性的"伦"的关系,表达的是"单一物"与"普遍物"之间的联系。如果一定要说伦理关系是人与人的关系,那么它只有在以下意义上才具有真理性:个别性的人透过普遍性、实体性的"伦"的中介,建构和确证彼此间的关系,个别性的人与人之间的关系及其行动,以他们与实体性的"伦"的关系为合理性与现实性。中国的人伦价值中的"伦"认同智慧表现在:其一,"五伦"中的每一伦视为一个整体,而把其中所包含的双方视为同一整体中相反相成关系之两端。如果每一伦的双方都能遵守之间的道德准则而尽到自己应尽的义务,那么实际上也会从对方相应地获得自己所应有的权利,于是双方的关系也就保持了有序和平衡。其二,社会"伦"本于血缘"伦"而立,形象地实现了"伦"认同的情感把握。在中国的人伦价值传统中,人与血缘实体的关系谓之天伦,人与社会实体的关系谓之人伦。最典型、最具表达力的伦理关系便是人的姓名。其中,姓是血缘实体,是个别性家族成员之间的普遍性与同一性,是个体的家园、归宿和目的,具有神圣的意义;而名则是个别性。姓与名的同一,就是人作为"单一物"的家庭成员与家族血缘实体的"普遍物"的统一。而这种统一只有在精神中才能达到和把握,它在本质上也是一种精神,即所谓家庭精神。在家庭精神中,个体的自我意识便是所谓家庭成员。同样,在人伦中,个体与民族实体所达到统一,便是民族精神。在民族精神中,个体的自我意识便是所谓民族公民。"当它处于直接的真理性状态时,精神乃是一个民族——这个民族的个体是一个世界——的伦理生活。"[①]家庭与民族,是两大自然伦理实体;家庭精神与民族精神,是两种最基本的伦理精神。

第二节 人伦认同下的道德教育秩序建构

人伦德育思想是中华民族经过长期实践形成的一种独特的能体现伦理

---

① 黑格尔.精神现象学:下卷[M].北京:商务印书馆,1996:4.

精神的道德教育实践传统,长期影响着中国人民的生活方式、价值观和行为取向,在一定程度上是中国人彼此认同的思想文化纽带。然而,"随着中国近代社会的急速发展和巨大变迁,人伦文化的现实境遇发生了根本性改变。由原来的主流文化形态一变而为裂散的、漂浮的文化碎片,并极度地边缘化和沉稳化了"[1]。人伦德育思想是否真的在新时代背景下变得不再重要,答案是否定的。因为传统无法割裂,作为一种文化历史积淀和文化心理积淀,人伦文化传统具有深厚的民众心理基础。一个民族要想存在,必须保持自己的民族性,否则就是一个被异族异化了的死亡的民族。[2] 人伦思想和由此而历史地生成和建构的人伦德育思想及其道德教育传统,是优秀民族传统的有机组成部分,割裂人伦德育传统与优秀民族传统的关系,就会割裂优秀民族传统与时代精神的关系,就会割裂崇尚道德的历史本质与时代特征的统一。要使优秀人伦德育传统有效融入社会主义核心价值体系,并有效融入国民教育和精神文明建设之中,就必须坚持传承与创新相结合、道德知识教育与道德实践相结合、道德示范与道德自觉相结合、道德自信与道德自强相结合。

一、道德教育秩序认同及建构的需要

"伦"不仅是外在的序列,而且是人与人的基本关系的内部体系,"伦"给人的存在提供的是一种秩序感。人是未成的、待定的人,人的群体存在决定了人的本质属性。存在于集体中的人创造了集体秩序,获得了集体人格,发展了人类社会,集体秩序永远是人的精神家园。生活在集体秩序中的人,尊崇、仰慕、坚守其共同的价值观,形成了信仰,同时又在其共同的信仰中巩固了集体秩序。实质上,"伦"的认同也就是秩序的认同。Durkheim 在《论自杀》(1999)一书中提出,集体倾向具有其自身的实在性。它们是力量,就像宇宙力那样实在,尽管是另外一种类型的;它们同样以无形的方式影响着个体,尽管是通过其他渠道。集体倾向的实在性不亚于宇宙力的实在性的证明,这种实在是以同样的方式展示出来的,即通过结果的齐一性。人的这种集体倾向,影响每一个人的行为,赋予他以一定的观念,给予一定的精神

---

[1] 景海峰.新儒学与二十世纪中国思想[M].郑州:中州古籍出版社,2005:1.
[2] 鲁洁,王逢贤.德育新论[M].南京:江苏教育出版社,1994:21.

满足价值认同感。一旦人得不到来自群体的这种支持,找不到自身在人伦生活坐标中的合适定位和身份确认,不能融入群体或丧失集体倾向,人就会走向自我毁灭;反之,凡是在个体与他所归属的文化更紧密地结合在一起的地方,自杀的概率就明显下降。

在漫长的人类社会历史中,以血缘为纽带的家庭是人生存、生产、生活的最小"集体",血缘伦理是这个"集体"的人格和秩序,这种集体人格和秩序一方面成为社会秩序和集体人格的基础,另一方面又随着社会的发展,融入社会伦理体系之中,与社会秩序和社会核心价值观同构,使人的精神家园社会化。历史社会遭遇社会转型,首先遭遇的是原有秩序的解构和新秩序的建构,伴随的是价值规范的嬗变和精神家园的失落,于是人们不仅会在社会主导价值观之外寻找宗教信仰,以获得精神上的社会集体归属感。历史上,汉刘邦夺取政权后,儒生陆贾曾以《新语》劝说:"居马上得之,宁可以马上治之乎?且汤武逆取而以顺守之,文武并用,长久之术也","行仁义,法先圣,陛下安得而有之?"①讲述了"逆取"与"顺治"的关系,得天下靠的是"逆取",治天下则必须"顺守"。也就是说,得天下之"逆取"必然打破原有的旧秩序,建设天下而"顺治"必须建设新秩序,新秩序一定要顺其民意和传统,只有民众不失去秩序感才能"顺治"。

新的秩序得到普遍认同是教育的结果。道德教育中"伦"的认同是在道德教育中实现秩序建构的过程,秩序的建构过程本身也是道德教育的过程。在中华民族漫长的文明历史中,以血缘为基础的人伦秩序和拟亲化的社会人伦秩序,构成了长期稳定的社会集体秩序、集体人格和安身立命的精神家园。从近代的救亡图存、思想启蒙、维新变法到现代的抵御外侵、民主革命,我们一直在寻求建设一个新的民主、自由、平等的社会秩序,但直到中华人民共和国成立,才真正进入到了稳定建设阶段。但随着改革开放的深入和社会的转型,无论家庭人伦秩序还是社会人伦秩序都发生了很大的变化,人伦秩序的失落一定程度上带来了精神家园的失落,我们需要继承祖先创造的以人伦拟亲化而简约人伦关系的智慧,在道德教育中着力进行基于"伦"认同的秩序建构。

---

① 涂又光. 中国高等教育史论[M]. 武汉:湖北教育出版社,2003:376.

现实社会"伦"的认同,需要对现实社会中的人与血缘家庭、同志、同学、同事、朋友、集体、国家的关系做出符合时代的理解与解释。理解与解释作为一种方法论意义上的依据,来自哲学解释学、现象学的主张,是一种人们确信地把握世界的思维方式。狄尔泰与胡塞尔都主张把理解当作源于人类生活过程本身的方法论概念来研究,海德格尔和伽达默尔深刻发展了解释学之后,理解被看成是人的存在方式,理解之前的"前结构"规定了人"此在"的理解活动,"成见"构成了我们理解的"前结构",是理解与解释的先决条件。"理解从来就不是一种对某个被给定的对象的主观行为,而是属于被理解东西的效果历史,这就是说理解属于被理解东西的存在","人们所需要的并不是锲而不舍地追究终极问题,而是要知道,此时、此地什么是行得通,什么是可能,以及什么是正确的"①。传统是我们理解与解释的"成见",我们对现实所遭遇的道德教育中的"人伦"问题,必须在"成见"的基础上进行符合时代发展的理解与解释,"我们对传统的疑问、兴趣、责难、争执,都是由于我们对现在和未来的迷茫、困惑与期望中导引出来……传统能够成为每一代的传统,能对一代代人发生不同的意义,秘密在于传统允许每一代人理解和解释延伸它,犹如凤凰涅槃后的再生"②。我们的理解与解释一旦脱离传统,现实的人伦关系就会像曾经被政治工具理性所遮蔽一样,也会被经济工具理性所遮蔽,使人们失去对秩序和人伦规范的认同,使道德教育失去精神家园。

人伦关系及其规范是道德教育和道德理想价值追求的途径,人伦关系及其规范的教育是道德教育及其道德理想价值追求的基础和保证。我国的人伦关系传统经历过封建专制等级、反礼教、政治工具理性和阶级斗争扩大化、经济理性越界等不同时代的洗礼,人伦关系及其规范在不断地发生变化,也影响着道德教育和道德理想价值追求。在建设和谐社会的政治方略下,我们要建构和谐的人伦关系及其规范,应当从家庭、社会、国家等不同层面进行。建构平等的家庭人伦关系和充分尊重人的自由的人伦规范,是促进家庭道德教育和促进人的社会化的本质所在。建构人人平等、无贵贱之

---

① 伽达默尔.真理与方法[M]//洪汉鼎.理解与解释:诠释学经典文选.北京:东方出版社,2001:182.
② 殷鼎.理解的命运[M].北京:生活·读书·新知三联书店,1988:2-3.

分、公平与效率统一、尊严与义务统一、利益与责任统一的促进人自由而全面发展的和谐的新型社会人伦关系及其规范,是策进社会道德教育和社会道德理想的价值追求、实现"以德治国"的必然。"国家乃人民的事业",政府是国家的代表,根据时代赋予的"以民为本"和"以人为本"的新的内涵,建构执政伦理和人与国家的伦理关系,是社会稳定与发展、国家长治久安的重要途径。

二、家庭层面的秩序建构

传统家庭人伦关系是以血缘人伦宗亲关系为主、以姻亲为辅的家庭人伦关系,宗亲血缘人伦不仅表现为对姻亲的不平等,而且表现为嫡长的绝对权威,从而使礼法无限延伸,礼教便具有了先天的合理性。封建王朝对礼教的不断强化,虽然有利于封建统治,但泯灭了人的自由、应有的尊严甚至是生命的尊严,这也是近代以来,封建人伦礼教屡遭批判的根本原因。传统家庭人伦关系也长期受到生产生活自然条件的制约,在传统农业社会里,家庭既是生产单位也是生活单位,生产资料和财产的家庭所有制决定和强化了人伦关系的礼法与礼教色彩。

家庭人伦作为家庭的伦理规范,是进行道德教育和实现道德理想的基础。家庭作为社会的最小单位,其人伦规范是实现道德教育的途径,是人实现社会化的始点。在古代最早的血缘人伦框架里,"父慈子孝、夫敬妻贤,兄悌弟恭"不仅是一种平等关系,而且是强势示范在先,从而奠定了家庭道德教育实现途径和追求道德价值理想的良好基础。随着封建社会对礼教的强化,血缘人伦以整个社会等级的不平等和强化强势一方为前提,以桎梏人的尊严和禁锢人的自由为价值选择,血缘人伦越来越背离初衷,家庭人伦规范作为道德教育的途径被扭曲。近代以来,在批判封建礼教的同时,由于社会的不断转型和各种外来思想冲突,人伦规范作为道德教育的途径,与封建礼教一起被否定,使家庭道德教育失去了人伦规范作为实现途径的支持。

当代家庭人伦关系是建立在男女平等基础上的,是以人伦关系的生命关爱和基本的"为人之理"进行家庭道德教育与关爱的,宗亲观念在淡化,生产资料和财产关系进一步法律化,监护与关爱、教育与抚养、赡养与精神反哺等关系中既包含了权利与义务的法律关系,也包含了爱的生命关系。但在这些关系中,权利与义务的法律关系取代不了自然血缘人伦关系,"权利与义务"关系层面上的法理代替不了"情感关系"层面上的"人理";经济关系、监护与赡养关系等都代替不了人伦关系及其规范的道德教育的途径作用。因此,人伦之理不能缺席,家庭道德教育不能缺失。

当代社会的家庭发生的最大变化,一是独生子女现象,一是作为生产单位的消解。独生子女家庭和单纯生活式家庭,既表现出家庭人伦的事实性或实然性价值,也反映出伦理现实困境和道德矛盾。家庭伦理的困境主要体现在呵护与教育、监护与管理、哺育与反哺的关系之中,即慈与孝的困境。面对人伦的现实困境,不仅伦理价值作为人与人应然处理方式,必须对于现实的人伦之理做出理想超越和否定表达,而且道德价值原则作为人的发展之应然状态的规范表达,也必须做出能动的解决和理想的超越;不仅要把家庭人伦价值建立在"双重生命价值"追求下的以功利和道义、价值与义务、善和正当相统一为目的的基础上,而且要以人的全面而自由的发展,即人本身自由个性的实现作为"目的善"和"崇高善",为家庭伦理行为正当与否、应当与不应当、是否具有道德价值提供价值评判标准。

家庭人伦关系的重构,就是要把握新的时代条件下的人伦关系变化,处理好"法理"层面与"人理"层面的关系,建立人格平等的家庭人伦关系,强化家庭人伦规范对道德教育实现途径的作用。郝文武教授认为,道德教育存在着"物性""理性""神圣性"三个层面。[①] 家庭道德教育似乎是属于"物性"层面,其实不然。家庭人伦作为家庭道德教育的途径,并不直接影响道德的"物性""理性"或"神圣性",况且家庭道德教育不一定都是"物性"的追求,道德本身是由现实到理想的,家庭道德教育也包含着"理性"和"神圣性"的理想追求,家庭伦理道德教育不仅是"齐家"的教育,也是治国、平天下的教育。正因为如此,我们要继承发展中华民族的优秀人伦传统,构建平等的家庭人伦关系和充分尊重人的自由的人伦规范,使它成为家庭道德教育的有效途径和追求道德理想的价值支撑。

---

① 郝文武.多元文化发展中德育的终极关怀与多层面价值和方式:兼论当代中国德育哲学的变革[J].华东师范大学学报(教育科学版),2010(2):1-8.

三、国家层面的秩序建构

国家是一定范围内的人群所形成的共同体形式。国家政权是国家的具体化身,也是通常意义上对国家的理解。它是一种拥有治理一个社会的权力的机构,在一定的领土内拥有外部和内部的主权。在国际关系的理论上,只要一个国家的独立地位被其他国家所承认,这个国家便能踏入国际的领域,而这也是证明其自身主权的关键。"国家"一词通常广泛用以所有享有政府机构或统治行为(古代或现代皆然,是指经济上占统治地位的阶级进行阶级统治的政治权力机构)。个人与国家的伦理关系既表现为个人与国家政权的伦理关系,也表现为个人与国家历史的伦理关系。

西塞罗那在其《共和国》中说道:"国家乃人民之事业,而人民是许多人基于法的一致和利益的共同而结合起来的集合体。"在中国传统社会,与"民"相对应的是"官"或"朝廷","朝廷"是国家的抽象,"君王"是国家的形象,"民"是"君王"的"臣民",民与国家的人伦关系被表征为君臣关系,其伦理是"尊君重民"。于君来说,"民为重君为轻、民为邦本"是君的伦理规范或道德理想,"君者,何也?曰:能群也。能群也者,何也?曰:善生养人者也,善班治人者也,善显设人者也,善藩饰人者……人荣之。四统者俱而天下归之,夫是之谓能群"①。于民来说,"治国平天下""精忠报国"就是"忠君","忠君"是爱国的伦理规范或道德理想。现代社会里民谓"公民",由于国家是一个抽象概念,处于"社会—政治—国家—政府"由抽象到实质的过渡之间,并与带有地域、文化、历史、宗教、民族、人种等丰富感情色彩的"祖国"交织在一起,民与国家的人伦关系既表现为公民与政府,公民与政府的政治主张、经济、法律、文化制度的关系,也表现为公民与祖国的历史文化的关系,公民与国家的伦理表征为"民生"与"爱国"的规范及其道德理想。

政府是国家的代表,政府的执政伦理直接影响到人民与国家的人伦关系。我国有"民为邦本"的优良传统,现在的"以人为本""执政为民"是在马克思主义人本思想统领下,整合了中国传统文化的民本思想、西方近代人本思想、新民主主义革命的为人民服务思想、改革开放以来的执政为民思想和

---

① 荀子.荀子[M].沈阳:万卷出版公司,2009:195.

当代世界的价值哲学思想而逐渐确立的执政伦理思想,"以民为本"和"以人为本"都被赋予了时代的含义和深刻的价值内涵。"以民为本"的"民"不再是朝廷官府和阶级的对应,而是对执政党和政府而言的,否定的是执政党和政府脱离人民群众的种种行为。"以人为本"的"人"也不再仅仅对应的是"自然"和"神",而且是对全体社会成员而言的,否定的是以神为本、以物为本、以权为本、以金钱为本的种种腐朽思想。"以人为本"的"人",既是一个整体,更是每一个自然人、社会人和每一个公民,体现的是对人的生命的尊重、对人的个体的尊重、对人的尊严的尊重、对人的自由的尊重的伦理思想。这种平等与尊重是对封建专制思想、宗法等级思想、愚民思想、阶级斗争扩大化思想等伦理思想的根本否定,是中国人心灵解放和自由全面发展的条件,是当代中国发展的动力源泉,是当今社会和谐的根本,是民主法制公平正义的基础,是社会主义社会的崇高目标和人类的崇高理想,更是社会伦理的价值追求。

"以民为本"和"以人为本"作为执政伦理,直接关系着"爱国"价值伦理思想的重构,樊浩教授在全国范围内对人伦道德现状的调研中发现,对于国家之伦是最弱的,一方面说明以物为本、以权为本、以金钱为本等腐朽思想对价值伦理的侵扰不能小视,另一方面说明政府的执政为民还存在改进,因此,树立"以人为本""执政为民"伦理思想,是重构国家伦理的关键所在。

四、社会层面的秩序建构

人是一种社会化的存在物,人只有在一定交往关系中才能生成,而人的交往关系离不开社会交往的伦理规范,人和人的关系的价值规范及其道理就是"人伦之理"。与其说人是生活在社会关系中,倒不如说人是生活在伦理关系中。广义的社会人伦关系包括家庭人伦关系在内,而狭义的社会人伦关系则专指家庭人伦关系之外的人伦关系。社会人伦关系是客观性和实然性的,决定着人伦关系的描述性和科学性;社会人伦关系的价值规范是主体性和应然性的,决定着人伦价值的超越性和理想性;客观性和实然性的社会人伦关系,是主体性和应然性的社会关系的现实基础和客观依据;客观性和实然性的社会人伦关系是历史与现实的统一,主体性和应然性的社会人伦关系是现实与理性的统一。

在现实的社会人伦关系中,总是存在着"事实如此"与"应当如此"的伦理价值选择的矛盾,即人与人交往关系的伦理困境和人的生存方式的道德矛盾。现实中,经济规则超越经济范畴,在使人的关系简单的同时,使人们既怀念传统又期盼未来;人的生存方式在接受义与利、快乐与幸福、修己与爱人等价值考验中,一方面承认现实社会的经济进步和各种利益的法制化给人的价值观念带来的新鲜变化,另一方面又为新的人与人的交往关系的功利性所困扰。因此,新形势下的社会人伦关系必须重构。

传统的社会人伦关系依据拟亲化而简约,至今人们仍最看重师生关系和同事关系,而这两种关系正是传统人伦关系中"同师同门曰朋,同事同志曰党"的延递,除此之外的社会人伦关系,被湮灭在了经济关系、上下级关系、法律关系之中。由于对经济关系中的"唯利是图"的憎恶和对"诚信"的失望,对政治关系中"权钱交易"和"权变之术"的无力拯救,对法律关系中的"强者垄断"和"弱者缺席"的无望,只有在苦苦守护着师生、同事间的人伦关系的同时,守望着社会人伦关系的全面复苏。正因为这样,重建社会人伦关系才显得迫切而紧要。

重建社会人伦关系,就要使社会人伦规范回归社会人伦关系,让社会道德回归社会人伦规范。首先,在经济关系、政治关系和法律关系中要建立基本的伦理规范,处理好善与应当、价值与义务、目的(利益)与责任的关系,从而为社会伦理道德提供实现途径;其次,在经济、政治、法律关系中建立伦理道德的"本体价值"和"主体品质",使通过有价值的生活方式主动选择和自觉设定为人的理想目标。

社会人伦关系及其规范,同样是社会道德教育的实现途径。没有良好的社会人伦秩序,道德教育就会迷失于途径之中。我们所倡导的"八荣八耻"的荣辱观,其荣与辱都是存在于社会人伦关系中的,所以,荣辱观教育不仅仅是道德教育,也是社会人伦关系及其规范教育。我们要建设"老有所养,学有所教,病有所医"的和谐社会,正是"老吾老,幼吾幼"的社会伦理体现。我们倡之"以德治国"方略,若失缺社会人伦关系及其规范,何以"以德治国"？因此,社会道德教育和社会道德理想追求,必须要与实现其目标的途径——社会人伦关系及规范相一致。

社会人伦关系及其规范的传统，曾经经历过政治工具理性、阶级斗争扩大化和经济理性越界的冲击，当前的功利主义、享乐主义倾向较为突出，道德事实矛盾和伦理现实困境由此而引发。重构社会伦理，就是要拷问幸福与享乐、快乐与功利、奉献与索取、诚信与唯利是图、责任与义务等，究竟什么是真正的道德价值和伦理目的，在目的与义务相统一的框架内，解决价值与义务、善与正当等矛盾。社会伦理的人伦价值重构，既要把行为的道德价值建立在幸福、快乐、公平、正义等善的目的之上，也要将行为的道德价值建立在正当与责任等义务之上，保证目的与义务的统一。同时，社会人伦价值的重构要坚持"以人为本"，既要反对抛开自在生命价值追求而只讲自为生命价值创造，也要反对放弃自为生命价值追求而只顾自在生命价值享受，把马克思倡导的"人的本质的现实的生成"及其"自由个性"实现是人的本质的"真正实现"和"全面占有"，作为目的的善和崇高的善，使人在社会化中真正成为"道德人"和"伦理人"，即在以道德价值为目的的社会人伦生活中追求道德理想的人。所以，新形势下的社会人伦关系重构，势必要摈弃不平等的等级观念、狭隘的政治工具观念、什么都打上阶级烙印的观念和经济利益驱动的功利性理念，建立一个人人平等、无贵贱之分、公平与效率统一、尊严与义务统一、利益与责任统一的促进人自由而全面发展的和谐的新型社会人伦关系及其规范，为社会道德教育和社会道德理想价值追求，建构良好的实现途径。

第三节　人伦认同下的道德教育价值建构

人伦认同是事实与价值、目的与义务、伦理与道德相统一的。人的社会化是人接受社会文化的过程，而社会文化是一个社会价值追求下的共同的生存、生活方式。由于人伦规范和道德规范是文化的规范化特征的集中表现，是文化的内核所在，决定着生存、生活方式的价值，再加上伦理作为人伦之理的全部，是道德教育和道德理想追求的基本途径或手段，所以，人伦认同是在通过人伦关系及其规范而进行道德教育和追求道德理想的过程中体现出来的。由于人伦关系及其规范是随着社会的发展而变化的，人的社会化过程也不是简单的自然过程，而是一个相伴人的终生的变化过程，人的社会化过程的变化性与人伦关系及其规范的变化性的统一,深刻刻画着人的社会化过程的实现程度。人的社会化是人与社会的互动即有效参与社会、被社会接受而形成的社会化。人的社会化过程即个人与社会相互作用,适应并接受社会的文化,从而成为一名合格的社会成员的过程。它既包含着个体知道社会或群体对他有哪些期待,规定了哪些行为规范,也包含着个体逐步具备实现这些期待的条件,自觉地以社会化群体的行为规范来指导和约束自己的行为。认知到社会的期待与规范到形成自觉行为不是自然的,而是以教育为中介的,道德教育的中介作用,反映了人伦关系及其规范的价值作用。

一、价值建构的方法论

伦理是人伦之理。在现代伦理学中,伦理学被表征为"科学的""价值的""逻辑的"和"商谈的"等不同性质的伦理学。国内学者或认为伦理学是关于道德的本质与规律的"科学",或强调是一门主体性的"人学",或认为是研究人的存在意义及其合理生活方式的"特殊价值哲学",或主张是以幸福为目的的"价值学科"或研究为人之道和为人之学的"人学价值论"。不同的伦理学主张已经足以说明了伦理学的价值,但要解决人伦价值的建构,必须从众多研究成果中把握其方法论。

首先,人伦价值是价值与事实相统一的。人伦之理是以研究人应当如何生活的价值规范为对象的,以给人们提供符合人的发展需要及社会发展要求的道德价值原则和伦理价值规范为目的;然而,任何价值都不是凭空产生的,而是基于某种事实矛盾和现实困境的,道德价值原则与伦理价值规范也不是脱离现实存在的人的主观情感和意志的抽象表达,而同样是根源于人的生活世界的道德事实矛盾和伦理现实困境的。因此,人伦价值的建构必须以价值与事实相统一为方法论。

其次,人伦之理作为一种规范,意味着离不开价值追求,关键是以什么价值为核心或实质,即什么才是道德价值和伦理目的。有了幸福、快乐、功利、德性、责任和义务的目的,才有了"义与利""德与福""价值与义务""善与正当"的矛盾,所以,伦理学中才存在着目的论与义务论的分歧与对立。伦理学中的目的论也即效果论,历史上表现为幸福主义、快乐主义、功利主义等,但又不同于快乐论、幸福论和功利论,是把行为的道德价值建立在某种善的目的和好的结果之上的道德伦理思想。义务论反对把行为的伦理价值建立在某种功利、快乐、幸福等目的的考虑之上,强调的是行为的正当以行为本身或某种义务规则为根据,是以责任与义务为核心的道德伦理思想。其实,目的与义务是相辅相成的,这是由人的"双重生命价值"决定的。人首先是一种自然存在,具有自在生命的本性,为了生存发展,需要衣食住行、健康消遣、婚姻家庭和幸福快乐,从而决定了人的"自在生命价值"追求。人同时又是一种社会存在,具有自为生命的本性,人要实践、交往、发展事业和超越现实、追求理想,创造新的生活和新的自我,从而决定了人的"自为生命价值"追求。人的双重生命本性和双重生命价值追求,构成了人在生活中的功利与道义、价值与义务、善与正当等的目的追求的人性前提与价值基础,也应该是"目的"与"义务"相统一的前提或基础。目的论是人伦之理的前提和根本性基础,合理的义务是在正确的目的上提升人的伦理品位、升华道德品格境界、使人成为真正的"道德人"和"伦理人"的策进力量,目的与义务相统一是人伦价值建构的方法论。

再次,伦理与道德在不加区分的同一化理解中,蕴含了人伦之理中的善与正当、价值与义务、目的与责任的多种矛盾,同时也造成了伦理学本身的许多分歧和争论,在人伦价值建构过程中,需要进一步辨析。在中国传统人伦思想中,"道德"不仅源于"道"和"德"的不同含义与相互关联,而且具有"本体价值"和"主体品质"双重意义;而伦理则原本属于"人伦之理",规定了人和人关系的价值规范及其应有道理。"道德"实际上是一种人之为人的根本之道,是人生成的某种并非自在的、先天的、客观的、不变的终极关怀价值,是人为了使自己成为人而在不同历史条件下、通过某种方式主导选择和自觉设定的理想目标。但是,人是高度社会化的存在,人之成人只有在一定交往关系中并通过这种交往关系才能生成,也就有了人与人的伦理关系和社会交往的伦理规范。人伦之理是实现道德价值的社会方式和现实途径,道德价值决定和制约伦理规范,伦理规范则根源和实现道德价值;所有人伦之理只有在道德价值中才能找到自己的合法性根据。道德决定着人伦之理的根本目的、终极价值,人伦之理则意味着应当、责任和义务,本身不具有独立的道德价值,只是实现道德价值的一种途径、手段,若没有这种途径和手段,道德目的价值也难以实现。因此,在人伦价值建构过程中,追求目的与手段相统一,实质上就是追求道德与人伦之理相统一。

二、家庭、学校和社会的价值建构

人是高度社会化存在物,每个人从生到死都不能离开社会而孤立地生活,而生活的过程绝不是一个自然过程,必须知道社会期待及其规范,并能够用这种规范指导和约束其行为,使其行为符合社会规范和体现出道德价值追求。

个人的社会化以家庭为端点,以教育为中介。人一出生便进入了社会化的过程,首先接受的不仅仅是自在的生命关爱,而是一种自为的价值关爱,父母价值追求下的生活方式,渗透于关爱的全过程。人在带有价值倾向的关爱中,建立了最初的人伦交往,体验着爱的价值,这种最初由父母传达的朦胧的人伦规范和道德价值,在家庭成长过程中慢慢固化成为感性认识。随着人的成长,对家庭人伦关系及其规范的认识得到强化,家庭尤其是父母在家庭条件下通过某种方式主动选择和自觉设定的道德目标,奠基了一个人最初的道德理想。人一生的生活方式的价值追求,虽然会随着学习和工作有所改变,但终生都会留下最初的烙印。人的童年和老年都是在家庭度过的,人通过学习、工作的社会交往关系,受到社会伦理规范和道德教育的洗礼,把经过认知、体验、选择、赋值的道德价值和自觉设定的道德理想,通过家庭人伦这种途径或手段,在后代身上进行道德教育,实现道德目的,从而影响子女的社会化过程。

人的社会化过程离不开学校教育,学校教育在促进人的社会化过程中具有不可替代的作用。学校教育存在于学校伦理中,而学校伦理又集中反映在教师与学生和学生与学生的交往关系中。学校教育通过知识传授使学生接受文化和生存、生活、发展技能,并在其中理解社会期待和社会规范,养成道德品质。知识传授通过教学而实现,因为教学过程中的教师的人格、教学的指导实现、教学的内容、教学的方法、师生的交往、教学的组织形式等要素都具有教育性,所以学生的道德品质培养和道德价值理想的建立,都离不开教学过程。师生的伦理关系也存在于教学之中,这种伦理关系不仅仅体现在教与学的主体间关系中,而且体现在人格平等和教师人格示范在先的关系之中。如果把道德作为教育学生为人之道的根本宗旨和目标指向,师生人伦关系及其规范作为实现道德教育目的的途径或手段,属于伦理范畴的应当、责任与义务,就只能以道德价值为根本基础。学校教育中追求知识教育、应试教育的倾向,是造成教育现实伦理困境的根本原因,也是教育生活世界的道德矛盾的根本所在。在这种困境和矛盾中,教师与学生的人伦关系失去了"爱"的主题,知识的灌输与存储成为核心价值,人之为人的道德价值被单纯的知识价值所遮蔽。当学习成绩通过对学生的道德判断标准而成为学生之间交往的潜规则,学生与学生的伦理价值也被披上了"功利"的外衣,道德价值作为目的而偏离道德理想。教育伦理中的应当、责任与义务等只是作为实现道德价值的一种手段而本身并不具有独立价值的人伦之理,在失去正确的道德目的的情况下,越来越显得苍白无力。因此,学校教育伦理既要建构教育人伦在道德教育中的途径或手段价值,更要建构道德的目的或理想价值,实现目的价值与手段价值的统一。

人的社会化是在人的社会实践中实现的,社会伦理中人伦价值建构直接影响人的社会化的实现。人伦价值反映在社会伦理中,曾受到政治工具理性、阶级斗争扩大化和经济理性越界的冲击,当前的功利主义、享乐主义倾向较为突出,道德事实矛盾和伦理现实困境由此而引发。建构社会人伦价值,就是要拷问幸福与享乐、快乐与功利、奉献与索取、诚信与唯利是图、责任与义务等,究竟什么是真正的道德价值和伦理目的,在目的与义务相统一的框架内,解决价值与义务、善与正当等矛盾。社会伦理的人伦价值建构,既要把行为的道德价值建立在幸福、快乐、公平、正义等善的目的之上,也要将行为的道德价值建立在正当与责任等义务之上,保证目的与义务的统一。同时,社会人伦价值的建构要坚持"以人为本",既要反对抛开自在生命价值追求而只讲自为生命价值创造,也要反对放弃自为生命价值追求而只顾自在生命价值享受,把马克思倡导的"人的本质的现实的生成"及其"自由个性"实现是人的本质的"真正实现"和"全面占有",作为目的的善和崇高的善,使人在社会化中真正成为"道德人"和"伦理人",即在以道德价值为目的的社会人伦生活中追求道德理想的人。

三、人的社会化中道德价值层次的建构

人的社会化过程是生成和建构的,道德目的的价值是通过社会伦理这

种途径而实现的,道德作为人伦之理的终极价值和目的的善,决定了社会人伦之理的价值,道德价值的层次性为人伦价值追求奠定了基础,而人伦之理又为道德价值提供了途径或手段,人伦价值体现为实现道德目的、追求道德理想的途径、方法、手段的价值。道德教育不是简单的理念或规范的灌输,是实现道德目的、追求道德理想的过程,道德教育必须通过人伦关系、人伦规范及人伦之理的途径、方法和手段才能有效地实现。

郝文武教授认为:"道德价值存在着大爱至善圣德、崇高理想、最高目标的圣性最高善,人与人互利互惠、人与自然和谐相处的理性基本善和源于本能的物性或者自然性的底线善。……在多元文化发展中的道德和德育应该形成以圣性最高善为核心价值取向,全面追求圣性最高善、理性基本善和物性底线善和谐统一的多层面的目标、价值和方式。"①虽然道德价值存在不同的层次,但绝不是人伦之理也存在不同的价值层次,更不能拿道德价值的层次性对应人伦的家庭伦理、学校伦理和社会伦理。无论是家庭人伦之理、学校人伦之理还是社会人伦之理,其作为实现道德价值的途径或手段,虽然以"物性"道德价值为目的,实现的是"物性"的道德价值,以"理性"道德价值为目的,实现的是"理性"的道德价值,以"神圣性"道德价值为目的,实现的是"神圣性"的道德价值,但是,我们无论是把"理性"或"神圣性"道德的价值作为道德理想追求时,一方面绝不能由此而否定"物性"或"理性"道德价值的存在,没有"物性"或"理性"的道德价值存在,也就没有"理性"或"神圣性"道德价值的存在;另一方面也不能否定"物性"或"理性"道德价值教育为"理性"或"神圣性"道德价值提供的价值思考和理想追求作用;再者,道德教育也不是由"物性"到"理性"、由"理性"到"神圣性"的线性关系或过程,当我们把"物性"道德价值作为目的,而把"理性"或"神圣性"道德价值作为理想,"物性"的道德教育便成为追求"理性"或"神圣性"道德价值理性的桥梁,而没有"物性"或"理性"道德价值教育,"神圣性"道德价值便会蜕变为宗教的"神性"。问题在于,人伦之理在道德价值的根本性基础上体现其途径或手段价值时,不应该固守"物性"道德价值,而应该把"理性"或"神圣性"道德价值作为对"物性"道德价值的超越和理想追求,这才是人伦价值

---

① 郝文武.多元文化发展中德育的终极关怀与多层面价值和方式:兼论当代中国道德哲学的变革[J].华东师范大学学报(教育科学版),2010(2):1-8.

建构的本质所在。

四、人伦认同下道德教育的价值建构

德者,得也。""得"什么?"得""道",问题在于,在伦理道德精神中,"道"与"伦""理"相联,"得道"的现实性与合理性在于具有精神家园意义的"伦"。"德"是对"道"的分享,但根本上是对"伦"的内植、内化。正因为如此,黑格尔说"德毋宁是一种伦理上的造诣","一个人必须做些什么,应该尽些什么义务,才能成为有德的人,这在伦理性的共同体中是容易谈出的:他只须做在他的环境中所已指出的、明确的和他所熟知的事就行了"①。现代道德教育试图以"得"劝"德",而不是以"德"谋"得",因而在学校道德教育中走入了诸如"道德银行"之类的道德功利主义的误区,伦理世界的四个20%和道德世界中的两个12%已经表明:功利主义和工具理性已经在存在并且对伦理关系和道德生活产生严重侵蚀。这种状况,不仅导致道德虚伪,甚至可能如康德所说的,"在源头上污染了道德的意向"。② 所以,"伦"认同在道德教育中的价值建构不仅有其合理性,而且有着必要性。

道德教育中"伦"认同的价值建构本质上是指从"伦"出发或"实体出发"的"精神"道德教育的价值建构。在哲学上存在两种伦理观:"从实体出发"的伦理观与"原子式地进行探讨"的伦理观。二者的道德哲学区分是:前者以"精神"为真理;而后者"没有精神"。同样,在哲学上存在两种可能的道德教育或道德教育的两种哲学范式:基于"精神"的道德教育;基于"理性"的道德教育,或"没有精神"的道德教育。

基于"精神"的道德教育的哲学要义有三:一是以"单一物与普遍物的统一",扬弃抽象的个体主义与抽象的实体主义(或整体主义);二是以"思维与意志的同一"实现知行合一,扬弃抽象的理性主义;三是以对于伦理同一性的信念以及向伦理实体回归的家园感为前提,强调个体道德行为的伦理合理性与伦理现实性(从实体或"伦"出发)。

"没有精神"的道德教育是什么? 从黑格尔的论述中可以归纳出以下哲学特质:其一,"原子式地进行探讨",即个体主义,这是它的本质与核心;其

---

① 黑格尔.法哲学原理[M].北京:商务印书馆,1996:168–17.
② 康德.实践理性批判[M].北京:商务印书馆,1999:96.

二,形式普遍性,它所追求和建构的是"以单个的人为基础"而不是以"单一物与普遍物的统一"为内核的形式普遍性,对它来说,个体是目的,普遍性是形式,实体、伦理共同体是工具而不是归宿和目的;其三,"没有精神",它所达到的普遍性只是"集合并列"。这样的伦理观及其所形成的道德哲学范式的哲学实质是什么?黑格尔没有说,根据黑格尔以后的道德哲学发展,用现代哲学话语诠释,就是理性主义。"没有精神"的伦理观与道德教育,就是现代性的理性主义的伦理观与道德教育范式。据调查,道德世界观和道德方式方面的蜕变表现为两个12%:一是看到社会上有道德的人吃亏,没道德的人得到好处,12.5%的人承认或主张在重要时刻应当仿效;在理与欲、私利与公理的关系方面,12%的人认为应当以满足自己的欲望为道德的出发点和标准。这些数据说明,在伦理世界和道德世界中,总的量变过程中的部分质变已经发生,"理性"正在甚至在相当一部分人中已经僭越了"精神"。而诸如"道德银行"之类的"新事物"的出现表明不仅"没精神"的道德哲学范式,而且"没精神"的道德教育范式正在生成甚至已经生成。[①]

回归人伦价值并从"伦"出发的"精神"的道德教育的要义有二。其一,尊重和维护伦理道德的精神生态,按照"伦—理—道—德—得"五要素、四过程的辩证发展规律,进行体现"精神生态"的道德教育。显然,这里的"体现精神生态"的道德教育与目前教育界提倡的"生态德育"有着十分不同的内涵,其基本任务是建构和维护伦理道德的精神生态;在道德教育的路径与方法的意义上,它是具有健全的精神要素、体现伦理道德的精神哲学规律的道德教育。其二,培育"'有精神'的德性"。道德教育的核心任务是培育人、培育人的德性,分歧在于培育什么样的德性。亚里士多德曾把德性区分为"伦理的德性"与"理智的德性"两种类型。理智德性主要由教导而生成、由培养而增长,所以需要经验和时间。伦理德性则是由风俗习惯沿袭而来,因此把"习惯"(ethos)一词的拼写方法略加改动,就有了"伦理"(ethikee)这个名称。经过现代主义的洗礼,亚里士多德所说的伦理的德性和理智的德性都发生了变异甚至倒置,根据黑格尔道德哲学资源,针对现代性道德问题,我们毋宁应该将伦理的德性诠释为"从实体出发"、坚守伦理家园的"有伦

---

① 樊浩.现代道德教育的"精神"问题[J].教育研究,2009(9):26-34.

理"或"有精神的德性",而"理智的德性"则是以个人为基础的"原子式地进行探讨"的"无伦理"或"无精神的德性"。以上两个要义中,"体现精神生态"的道德教育是广义的"精神回归"或"伦"认同回归,建构"有精神的德性"是狭义的、直接体现道德教育目的性的"精神回归"或"伦"认同回归;前者指向道德教育的哲学体系与文化原理,后者指向道德教育的根本目的和价值取向。

根据"精神"的哲学要义,培育"有精神的德性"有两个着力点:一是"单一物与普遍物统一"的精神品质;二是知行合一的精神品质。

就目前中国社会道德的状况而言,道德教育中"单一物与普遍物统一"的精神品质培育的关键性课题,是对伦理普遍物的信念、认同和回归。它展开为两个方面:一是对人,即人的普遍存在和人成为普遍存在者的信念、认同和回归;二是对现实的伦理共同体或伦理实体的信念、认同和回归。个体要实现"单一物"达到与"普遍物(实体)"的同一就必须完成个体到集体再到实体的辩证转换。集体的形成,必须扬弃个体个人主义,伦理性是集体中的否定因素,只有将集体发展为实体,才能真正解决个体与整体的矛盾。集体上升为实体的必要条件是精神,准确地说是"单一物与普遍物统一"的伦理精神。①

个体与集体,以及个体与实体的关系,是非常复杂的问题;其复杂性可以从历史的纬度与逻辑的纬度加以显现。从历史的纬度说,个体意识的生长与个体性的形成,在人类进化史、社会文明发展史、个体智力发展史上,是一个具有革命性意义的巨大进步。确如人类学家们所发现并指出的那样,在人的意识和现实生活中没有作为第一人称单数的"我"和个体性,而只有作为第一人称复数的"我们"和实体性,是原始社会蒙昧状态的重要表征之一。从这个意义上说,私有观念和私有制的出现是个体性和自我的一次觉悟,是文明发展史上的一个进步。虽然私有制基于人的个体意识,也萌生了人的自我意识,但是人的个体意识却又因私有制政治和经济制度而受到了压制和扭曲。实现从个体到实体的辩证复归是社会主义与共产主义政治经济制度的原本要义,但是其在现实地外化为各种制度安排中又遇到了不断

---

① 樊浩.道德哲学体系中的个体、集体与实体[J].道德与文明,2006(3):16-20.

出现的各种难题,其中之一就是个体性如何在集体和实体中获得合法性与合理性、个体性与实体性的关系难题。重新肯定和解放人的个体性是社会主义体系中各种政治体制和经济体制改革的基本努力方向之一,但在此过程中,集体性与实体性又可能遭遇严重的困境和严峻挑战。资本主义及其所创造的现代性,既空前地解放但也膨胀了人的个体性,造就了一个原子式的世界,又透过分工体系、官僚体制与市场经济瓦解和消解了个体人的完整性。诚如丹尼尔·贝尔所说,在这样的体系和体制中,人并不是有机而自由的整体,而是被分解为各种零碎的"角色"。从这个角度解释,后现代性的使命就是要让个体重新回归实体,并使个体成为实体中的个体从而获得其现实的合理性。

从逻辑的纬度上说,个体与实体的关系是道德哲学中有待解决的一个形而上学难题。黑格尔道德哲学体系是以精神现象学与法哲学体系作为区分,在伦理与道德的辩证发展和转化运动的过程中来讨论和解决这一难题的。精神现象学探讨人的意识或精神的辩证发展,其体系是"伦理—教化—道德"。人的意识和精神,在"伦理"阶段是实体性的和客观的,是"真实的精神";经过"教化"阶段,客观精神开始向主观精神转化;在"道德"阶段,实体性的客观精神与个体的主观精神相结合,达到个体与实体的统一。意识的自我生长,实际上就是在道德中达到个体与实体同一的辩证进程。法哲学的体系则相反,其研究的对象不是意识与精神,而是人的意志和行为,它的发展过程是"抽象法—道德—伦理"。人的意志,在"抽象法"阶段,只有抽象的自由,或概念性存在的自由;其在"道德"阶段,具有主观选择性,获得了主观的自由;然而意志自由只有在"伦理"阶段的诸伦理实体中才具有真正的现实性。由此可见,在"伦理—道德"的辩证运动中完成个体的现实性、合法性、合理性,始终是道德哲学关注的对象,扬弃个体的抽象性和个人主义的非合理性,实现"单一物与普遍物的统一"就必须由个体走向集体、由个人走向社会。

道德教育中知行合一的精神品质培育的关键性难题之一是认知、意志、情感这三者的关系。现代道德教育对它们的"共识"是:它们是人的三大心理构造,其中道德认知或所谓道德理性的培育是着力点。事实上,如果将知、情、意当作或者只当作心理学范畴,那么它们永远不可能成为道德哲学和道德教育的概念。在道德哲学和道德教育的意义上,认知、意志、情感只是精神的三种不同表现形态。认知是思维形态的精神,意志是冲动形态的精神,而情感则是主观形态的意志。情感和意志,同是精神的冲动形态或行为形态。由此才可以理解,为什么中国伦理传统"情感+意志"以情感为统摄的人性结构与"希腊四德"所体现的"理性+意志"以理性为统摄的人性结构具有相通的文化功能。在培育知行合一的德性精神方面,现代中国道德教育必须突破两大难题:一是透过"理"与"道"的转换,实现"认知形态的伦理"与"冲动形态的伦理"的合一,建构对伦理的"理论态度"和"实践态度"的统一,尤其着力培育"实践伦理精神"。二是充分认识和准确定位情感对道德教育的道德哲学意义。在人的伦理道德精神发展中,理智往往坚守人的独立性,而情感则消解人的抽象孤立的个别性,达到与他人的统一。理智与情感形成人的独立性与依赖性的一体两面,这也是现代道德哲学关于"依赖人"和"独立人"争论的焦点所在。情感使伦理关系和伦理认同成为可能。爱是一种自然和直接的情感,"所谓爱,一般说来,就是意识到我和别一个人的统一,使我不专为自己而孤立起来;相反地,我只有抛弃我独立的存在,并且知道自己是同别一个人以及另一个人和自己之间的统一,才获得我的自我意识"①。爱的本质就是不孤立、不独立,与他人统一,也正因为如此,它才作为自然形式的伦理,成为一切伦理精神和伦理体系的出发点。

第四节 人伦认同下的道德教育示范建构

社会道德生活和道德教育都离不开示范,只有被认同的道德教育示范才具有道德教育的价值和作用。社会转型期中各种价值观相互交汇而产生的一些不良道德现象,实质上反映了道德教育示范的缺失和道德教育示范认同的危机,建构社会道德教育示范认同便成为走出危机的基本路径,所以需要建构"新示范"。怎样才能使道德教育示范得到认同是道德教育始矢志不渝的追求,正是在这种价值追求过程中,不断生成或建构着道德教育示范认同的理论。道德教育示范认同反映为对道德目的、理想价值及其实现途

---

① 黑格尔.法哲学原理[M].北京:商务印书馆,1996:175.

径、方法、手段的认同。作为对道德目的、理想价值的认同,在示范认同上主要反映为示范主体对于社会核心价值观的道德教育示范,通过示范使社会道德发展有明晰的实现目的和追求的理想。作为对实现道德目的、追求道德理想的途径、方法、手段的认同,在示范认同上主要表现为示范主体对于人伦场域中示范主体地位的维系。

一、道德教育示范认同与建构的新需要

现代社会环境的主要特征是复杂多样和变化迅速。这一环境特征增加了社会主体自主选择的难度,主要表现在:其一,复杂多样增加了选择的难度。现代人生活在一个传统与现代、东方与西方的道德观、价值观交相汇集的文化环境中,表面上似乎选择的机会更多,也更自由,但实际上,"有时候,选择不但不能使人摆脱某种束缚,反而使人感到事情更加复杂,更棘手,更昂贵,以至于走向反面,成了无法选择的选择。一句话,有朝一日,选择将是超选择的选择,自由将成为太自由的不自由"①。实利主义、享乐主义、工具主义等都不是直接表达其思想的,而是披上神秘的耀眼的外衣呈现给人们的,只有道德行为才更容易被透视。对于道德教育示范而言,更多的社会成员不仅需要思想层面的示范,恰恰更需要的是能够反映社会主流导向的道德价值、道德理想的道德行为示范,在认同道德教育示范的过程中,使自身的道德价值、道德行为选择获得一种新的自由。其二,变化太快而造成了固定标准的模糊。迅速发展的经济、不断扩展的流动空间、日益更新的信息内容等等使现代社会具有很强的流变性,流变之中使道德判断标准更具相对性,虚拟的网络就其道德示范来说已完全不再"虚拟","大 V"正是通过这种不再"虚拟"的示范而实实在在地影响着道德标准的导向。对教育而言,"一方面,应大量和有效地传播越来越多、不断发展并与认识发展水平相适应的知识和技能,因为这是造就未来人才的基础。同时,教育还应找到并标出判断事物的标准,使人们不会让自己被充斥公共和私人场所、多少称得上是瞬息万变的大量信息搞得晕头转向,使人们不脱离个人和集体发展的方向"②,

---

① 托夫勒.未来的震荡[M].任小明,译.成都:四川人民出版社,1985:313.
② 联合国教科文组织总部中文科.教育:财富蕴藏其中[M].北京:教育科学出版社,1996:75.

所以，必须重视发挥道德示范的导向作用。

道德教育示范的认同效果实质上反映一定社会的道德状况。道德教育示范的影响力会随着道德作用的下滑而减弱，并影响道德价值的普遍认同。这就是思考现代社会示范认同得以实现的逻辑起点。一些长期从事思想道德建设与和谐伦理建设研究的专家学者通过调查发现，人们对伦理道德状况最不满意的人群分别是"政府官员高居榜首，达74.8%；演艺娱乐界位居第二，达48.6%；企业家居第三，达33.7%"[①]。正是掌握着政治、文化、经济话语权的群体，在伦理道德方面恰恰被认为其丧失了道德示范信用。

示范认同危机的一个深层原因被认为是同一性主体力量的缺场和异化。知识精英是几千年影响中国道德思想行为的主体力量，现代社会中由于公务员与知识分子从原来"士人"中的实际分离，公务员和知识精英实质上构成了道德示范的同一性主体，在人们普遍认为公务员道德示范缺失的情况下，知识精英的社会思想行为影响力也不容乐观，樊浩先生的调查研究表明其"认同率仅达40.03%"。从近几年国家到地方表彰的道德模范、"感动中国（或地区）十大人物"以及"好人榜"等情况看，处于社会底层或弱势群体者占绝大多数，弱者向强者示范是难以真正构成示范影响力的。这样一来，当前道德示范的危机便存在于四个悖论：一是知识精英作为思想领袖由于缺乏思想道德建设的真正话语权而不被认同，其学术造假、追逐实利等行为使道德思想异化，有损道德示范主体地位和主体力量；二是公务员道德示范信用丧失，本应作为主体示范力量，却在道德示范中群体缺场；三是本应该接受道德示范而不是成为道德示范主体的弱势群体和基层百姓，却被推到道德示范的主体地位；四是网络媒体本应成为一种建构新的同一性的强大平台，却沦为解构这种同一性力量的工具，"文化工业"损减着"文化产业"的道德示范力。示范主体的缺场和下移，演艺的过分娱乐示范和"文化工业"的威胁，网络世界的"双刃剑"偏锋，造成了道德教育示范认同上的同一性主体力量的异化。

二、以"伦"为基础的道德教育示范建构

"伦"是中国式的道德哲学表达。"观乎人文，以化成天下"，"人文，人

---

① 樊浩. 当前中国伦理道德状况及其精神哲学分析[J]. 中国社会科学，2009(4)：35.

之道也"(程颐:《伊川易传·贲》),人之道就是人伦之道,就是全部的人文所在。要对人进行道德教化,就必须在"伦"中使人明白人伦之道、人伦之理,①道德教育的目的就是"明人伦"。"伦者辈也,伦者序也","伦"不仅是建立在血缘人伦次序上的和由此推延到社会伦次上的长者或强者向幼者或弱者进行道德示范的主体关系,而且也是按照社会主义核心价值体系中个人、国家、社会三个层面的道德准则和道德规范在主体间进行道德示范而实现道德教育目的的秩序。明确道德示范主体、示范次序、示范内容,达到在日用常行中对道德价值、道德信念、道德行为的认同,是以"伦"为基础的道德教育示范认同思想的核心内容。

在西方伦理学中,"伦"的首要意旨在于它是一个生命的共同体,并在此基础上发展成为哲学意义上的"普遍物",②是个体这一"单一物"的行为出发点和精神家园,从而现实地形成了一种"场"的作用。德性的培育离不开对"伦"的体认,只有被位于"场"其中的道德主体所把握,才能发挥其场效应,进而影响主体的道德选择和道德行为。示范(modeling)或仿效(imition)又被视作个体仿效伦理场中榜样的言行举止而引起的与之相类似的行为活动过程。③ 不仅道德示范离不开伦理场,而且道德教育示范认同也只有在伦理场中才能够实现。

无论是中国式的道德哲学表达,还是西方"伦理场"对德性与"伦"的体认关系的表达,都深刻反映了道德教育和道德示范及其认同必须在"伦"中进行才有作用,离开"伦"的关系、"伦"的场域,任何说教都是空洞的、无力的。④ 因为"伦"不仅是个体行为的出发点和精神家园,而且也是表征社会道德秩序和现实的道德教育的场域;所以,建构以"伦"认同为基础的"蕴含精神的德性"与以个人为基础的"无精神的德行"⑤相统一、道德目的与道德理想相统一、示范主体与示范载体相统一的伦理场,是至为关键的。

---

① 宋五好.人伦文化批判的方法论研究[J].求索,2013(4):123-125.
② 樊浩.现代道德教育的"精神"问题[J].教育研究,2009(9):26-34.
③ 易法建.道德场论[M].长沙:湖南教育出版社,2001:65.
④ 宋五好.人伦与道德教育[M].西安:陕西师范大学出版社,2011.
⑤ 黑格尔.法哲学原理[M].北京:商务印书馆,1996:173.

三、以身教为力行的道德教育示范建构

示范首先是一种身教。"其身正,不令而行;其身不正,虽令不从。"(《论语·子路》)作为统治者或长者的道德教育示范主体应以身作则,做社会的表率,只有做到"我欲载之空言,不如见之于行事之深切著明也"(《史记·太史公自序》),表率作用才会被认同。倘若道德示范主体"不能正其身,如正人何"(《论语·子路》)?"以身立教"、"以身立政"、"以身立业",是对身教示范作用的侧面表达;"见贤思齐焉,见不贤而内自省也"(《论语·里仁》),"三人行,必有吾师焉;择其善者而从之,其不善者而改之"(《论语·述而》),是对发现榜样、模仿榜样的示范认同表达。仿效良好的道德行为是一种有效的道德示范认同,不可能人人都成为道德伦理的思想家,但完全可能使绝大多数人都能成为良好道德行为的仿效者,在模仿中效法仁德善行,认同道德价值、道德规范和道德信念,社会所倡导的主流价值观才能够不断深入到人们的社会道德生活之中,发挥潜移默化的作用。

示范也是一种身行的道德智慧。"以德服人,中心悦而诚服也","以力服人,非心服也,力不赡也"(《孟子·公孙丑上》),靠强力迫使别人屈从,是表面的、短暂的服从,不是心服,以德服人是一种道德智慧。"仁言不如仁声之入人深也"(《孟子·尽心上》),仁德行为所赢得的良好的声誉即"仁声",于"德言"的作用,更胜于"以力服人",依靠和发挥"仁德""仁声"的道德示范是一种智慧,是道德教育的最高境界。

品德高尚的师者是道德教育示范的主体。"礼者所以正身也,师者所以正礼者"(《荀子·修身》),只有以"礼"端正身心,才能成为道德示范的榜样。师长作为示范者,其修身尤为重要。不知道什么是道德准则,不按照道德规范进行修身,就不可能进行身教。在修身的基础上躬行实践是道德示范的"起化之原",只有"谨教有术",才会"正道为渐摩之益",只有"言必正言,行必正行,教必正教,相扶以正"(王夫子:《四书训义·卷三十二》)才能有"起化"作用。

四、以道德理想为追求的示范认同建构

道德目的和道德理想需要示范才更有利于认同。道德目的和道德理想

是一个国家、民族根据时代变化在道德上所要实现或追求的"本体价值"和"主体品质"。道德目的和道德理想得到人们的认可且成为共同的信念,存在于示范过程中。尤其在社会转型时期,人的最低欲求膨胀会促使享乐、功利等道德观念以新的方式呈现,影响道德价值选择。社会应及时明确时代的道德目的和理想追求,同时必须通过先进群体的实际示范,才能够得到社会的广泛认可和赞同,从而使时代的道德价值成为社会的普遍信念。

道德目的和道德理想必须经由伦理示范才能实现。道德目的和理想是伦理价值的根本、前提或基础,伦理价值是在道德目的和理想的途径、方法、手段上的体现或展开。道德示范是伦理中的示范,离开伦理,示范就离开了"场域"。因此,在道德示范价值建构中,必需建构"以人为本,执政为民"的执政伦理、"人人为我,我为人人"的社会伦理、"诚实守信,宽容平等"的交往伦理、"热爱学生,以身立教"的教育伦理和"平等和睦,责任与义务统一"的家庭伦理,给道德示范提供一个健康的"场域"。

五、以正风为氛围的道德教育示范建构

氛围是一种特定的精神环境,在道德教育示范上特指能够对受感染主体的道德思想和道德行为产生持久影响的、无形的、渗透的强大的伦理场,也是一种软环境。道德教育示范离不开这种氛围的强化和支持,或者说道德示范必须在强大的精神环境中进行才更为有效。

党风与政风、行风与单位之风、民风与社会之风都是社会风气的有机组成部分,其中党风、政风是保证,行风与单位之风是关键,民风与社会之风是基础。执政党的党风决定政风,引领着核心道德价值观和社会风尚的走向,是一面决定道德价值与道德理想的同一性的旗帜。中外历史证明,执政党执政地位的丧失都是以道德示范地位丧失为发端的。执政党的道德价值观、道德信念和道德理想的先进性具体表征着一个党的先进性,在道德教育示范的社会氛围中起着坚定的保证作用。在市场经济条件下,行风与单位之风很容易受到市场规则的影响,追求利润最大化和市场占有率,始终在侵蚀、冲击着行业道德堤防。市场的正当性不一定就是道德的正当性。行业的市场规则是否以社会道德规范为底线,决定着行风和单位之风的走向,行风和单位之风既如道德大堤,又如大堤之蚁穴。行风与单位之风的道德示

范不仅存在于行业本身,更存在于社会之间,是社会风气形成的关键。民风是社会风气的基础,有什么样的民风就有什么样的社会风气,淳朴民风的形成是一代一代示范引导的结果。

道德教育示范既需要通过舆论的支持得以强化,也需要通过大众传媒进行传播。目前,社会价值观呈多样化趋势,各种道德价值观在以不同的形式加以表现,人们的精神文化需求也呈现多元化特点,如何保证大众传媒导向与道德示范导向的一致性,成为凝造舆论氛围的关键所在。媒体的多样性与道德价值观的多元化,对传媒是一种考验,尤其是众多栏目或节目往往以娱乐性遮蔽其不健康的道德价值,众多网络"大V"发表的博微以虚假信息和所谓的理性外衣粉饰其腐朽的道德价值,一些低俗的话题和娱乐在吸引公众眼球的同时渐渐渗透着享乐、浮华、腐化的道德价值,个别"假摔讹诈"行为被过分张扬而侵蚀"见义勇为"等道德价值,严重影响舆论氛围对道德价值的正确引导。

六、以群为载体的道德教育示范建构

道德教育示范载体可以是个体,也可以是群体。道德教育示范依赖于一定道德示范载体的建设状况。

示范群体通过道德价值行为而发挥社会整体示范引领功能,这种示范群体在历史与现实的持续选择中形成,在道德教育示范中发挥整体影响。一般来说,公务员群体、军人与警察群体、知识精英与教师群体普遍具有道德"仁声",他们是道德示范的主体,他们的道德思想与行为构成社会道德示范的关键载体。但是,当前知识分子道德示范的主体意识和主体任务有所"卸载";由于市场经济双刃剑的偏锋和一些官员的腐败现象,使其道德教育示范主体地位失信;由于警察在执法过程中一些个别不文明现象的过分曝光,使其执法文明与道德示范难以构成系统统一。社会道德示范主体的回归与重塑,是构建主体示范群体载体的关键。整体提高主体示范群体的道德修养、道德信念和道德示范意识,重塑其道德形象,发挥主体示范群体的示范载体作用,引导和启迪广大群众的道德觉悟,激发群众的社会道德情感,强化群众的道德行为自觉,是历史赋予我们的不可推卸、不能懈怠的责任。

个体示范载体依赖于各阶层道德教育示范个体的代表性,这也是我国道德示范的历史经验所在。从这几年表彰的各级道德模范来看,处于弱势或社会底层的个体较多,处于传统的工人个体较少,改革开放以后新生个体——企业老板和成为公众人物的演艺娱乐人员更少,而产业工人的"工人阶级"主体示范地位的丧失,新生的在经济生活中占主导地位的企业老板和演艺公众人物的示范失控,极大地损害了较全面的个体示范代表性。事实上,随着社会的发展、时代的变迁,反映时代客观要求的思想和行为才更能够代表一定社会道德价值取向,代表性与全面性的矛盾,决定了新生阶层的道德示范是矛盾的主要方面,他们的个体示范不仅影响着代表性的全面与否,而且也影响着对主体示范群体的冲击与解构,强化新生阶层的个体示范与群体示范的道德价值教育,是全面构建个体示范载体的关键。个体道德示范还存在于一个可接受性的难题之中,道德示范离人很远也很近,只有人人都争当示范者,示范从人人做起,个体示范载体的选择更加人性化,更贴近生活、贴近实际,个体示范的载体才能在建构中不断完善。

名人是公众人物的代表性群体,其个体道德教育示范作用是不容忽视的。在不同历史时期,人们所追寻的明星类型有所不同,革命战争年代崇拜政治家和革命英雄,社会主义建设时期敬仰劳动模范,改革开放时期追寻企业家,知识经济时期对科学家的认同开始上升,通俗文化流行时追捧的则是歌星、影星,这些被追随者之所以成为偶像,代表了不同的道德价值和道德理想,虽然偶像因时代变迁而变迁,但每个时代偶像的道德影响力却总会留下历史烙印,增强大众传媒育人责任的有效途径,就是通过人们所关注的这些活生生的个体对人们产生积极而有益的道德示范力。由于名人来自不同的行业或职业,根据行业或职业的特征加强其伦理建设,是策进公众人物道德示范作用的关键,以"执政伦理"规范政要公众人物的行为和道德示范,以"演艺伦理"引导演艺界公众人物的道德示范,以"教育伦理"规范名师行为和引导教师道德智慧的发挥,以"创作伦理"规范作家、书画家的创作行为和道德示范,以"经营伦理"规范企业家的经营行为和道德示范,以"科学伦理"规范科学家的研究、创造行为和道德示范,对于全面建构公众人物道德示范作用,可谓功在当代、利在千秋。

以家庭作为血缘人伦形成的伦理场和生命始点的文化意义,不言而喻,是人走向社会化的基础,但更需要在社会的伦理场中获得更为丰富的道德感和生命发展的文化意义,才可能更好地策进人的社会化。在我国几千年的传统道德示范中,都是在一定的伦序中进行的,并形成了强者长者示范在先、弱者晚辈效仿在后、由血缘伦序推延到社会伦序的道德示范体系和道德文化传统,伦序是基本的道德示范伦理场。在传统的以血缘人伦为主体而构建的伦理场被逐渐打破、市场经济对"同志关系"伦理场的打破的情况下,应当以"职业伦理"与"传统伦理"相结合的方式优化社会伦理场,从整个社会出发,建立新型社会伦序关系,明确领导与同志、强者与弱者、长者与幼者、老板与雇员、导师与学生、个人与群体、个人与国家等层次分明的道德意识和道德示范责任,强化主体示范作用发挥,提升社会环境的伦理含量和伦理质量,优化社会伦理场,建构家庭—学校—社会的伦理同一性。

"伦"作为最具中国特色的道德哲学表达,规定了道德示范的基本秩序,在系统构建民族集体人格和建设国人的精神家园中,是一种巨大的场效应,社会转型期对优秀道德文化传统的割裂,造成了不同层次、不同程度的道德示范缺失或危机。重构道德示范体系,除了系统认知优秀道德教育思想之外,还必须重视道德示范主体、道德示范氛围、新型道德示范"伦序"等方面的重构,形成道德示范的"场力量"和"场效应",为实现中华民族全面复兴的中国梦提供全面而强大的道德智慧支撑。

后 记

　　道德教育应该让人们在人伦关系中唤醒做人的良知,确保人格的独立,捍卫人性的尊严,追求自我的完善,实现自身的价值等,避免以集体主义或自由主义作为衡量道德的重要标准。集体主义者说,只有把集体发展好了,个人才能有发展。一个人的自我成全是一件极其艰难而痛苦的事,并非为"集体好了,个人自然好"的逻辑所能概括。人只有从小就学习如何学习和捍卫自身的尊严和价值,才有可能在人生的道路上度过无数曲折,保全人格。自由主义者说,只有保障每一个人的自由和权利,个人才能发展好。但它忘了,个人权利和自由只是最低限度的保障,不代表个人人生价值本身。所以,道德教育的重要工作就是以人伦为逻辑起点,使每个人在与亲人、他人、社会及自然的关系中来实现自身的生命价值。

　　现代国人在盲从西方文化的时候,认识不到每一个文化中的道德赖以建立的基础可能不同:虽然道德有普世性,但文化的核心价值却有特殊性,因为不同的文化遵从不同的逻辑。比如说勇敢、智慧、节制、正义虽可看成是人类一切社会的普世价值,但也许只有在古雅典城邦才具有至高无上的重要性,成为核心价值。又比如仁、义、礼、智、信等就其内涵而言,也可以是放之四海而皆准的普世价值,但是只是在中国或东亚少数地域才成为核心价值。同样的道理,民主、自由、人权、法治等是普世价值,但未必能成为人类其他所有文化的核心价值。核心价值,指对一个民族和社会来说是最重要的价值观,是以这个民族的文化心理结构为基础。认识不到这一点,是一个多世纪以来无数中国学人和知识分子盲目崇尚西方文化价值,导致对中华民族文化生命摧毁的重要原因之一。

　　道德教育是一项长久、系统的建设过程,必须充分尊重其自身的规律,建立社会道德的深厚基础,正如《孝经》所言:"教民亲爱,莫善于孝;教民礼顺,莫善于悌;移风易俗,莫善于乐;安上治民,莫善于礼。礼者,敬而已矣。

故敬其父则子悦,敬其兄则弟悦,敬其君则臣悦,敬一人而千万人悦。"(《广至德章》)"君子之教以孝也,非家至而日见之也。教以孝,所以敬天下之为人父者也;教以悌,所以敬天下之为人兄者也;教以臣,所以敬天下之为人君者也。"(《广至德章》)使之成为一个民族长治久安,取之不尽、用之不竭的源泉,必须按照社会道德建设自身的规律来做,充分尊重民族文化心理结构的巨大力量,并以人性的尊严和价值为最高目标。

一个理想的社会确实是人心统一的社会,表现为上下一心,同心同德,众志成城,"可使制梃以挞秦楚之坚甲利兵"(《孟子·梁惠王上》),"得道者多助……多助之至,天下顺之"(《公孙丑下》)。但是这样的社会不是通过外在手段人为地灌输或塑造出来的,而是建立在"化民"的基础上。只有"以德化民"才能改造社会的道德,只有"移风易俗"才能实现治平的理想。孔子曰:"君子之德风,小人之德草,草上之风,必偃。"(《论语·颜渊》)《毛诗序》云:"上以风化下,下以风刺上。""化民"就是指用自己的实际行动来感化人民,《孝经》对此有经典的论述:先王见教之可以化民也,是故先之以博爱,而民莫遗其亲;陈之于德义,而民兴行;先之以敬让,而民不争;导之以礼乐,而民和睦;示之以好恶,而民知禁。《诗》云:"赫赫师尹,民具尔瞻。"(《孝经·三才章》)"圣人因严以教敬,因亲以教爱。圣人之教,不肃而成,其政不严而治,其所因者,本也。"(《孝经·圣治章》)

要"化民"就必须重视上级对下级、强者对弱者、长辈对晚辈等的示范作用,重视一个社会中千千万万个官员、父母、行业从业人员的行为方式,以及一个社会的公平正义程度等对人心的塑造作用,《大学》云:"上老老,而民兴孝;上长长,而民兴弟;上恤孤,而民不倍。是以君子有絜矩之道也。所恶于上,毋以使下。所恶于下,毋以事上。所恶于前,毋以先后。所恶于后,毋以从前。所恶于右,毋以交于左。所恶于左,毋以交于右。此之谓絜矩之道。""尧舜率天下以仁,而民从之;桀纣率天下以暴,而民从之;其所令反其所好,而民不从。"《论语》有云:"子欲善,而民善矣!"(《论语·颜渊》)"政者,正也。子帅以正,孰敢不正?"(《论语·颜渊》)《汉书》云:"尔好谊,则民向仁而俗善;尔好利,则民好邪而俗败!"(《汉书·董仲舒传》)

蔡元培在《中国伦理学史》中有一段话是这样说的:"夫野蛮人与文明人之大别何在乎?曰:人格之观念之轻重而已。野蛮人之人格观念轻,故其对于他人也,以畏强凌弱为习惯;文明人之人格观念重,则其对于他人也,以抗强扶弱为习惯。抗强所以保己之人格,而扶弱则所以保他人之人格也。"①人类中不论强弱,而其有人格则同。一个国家发展的根本目标,在于每个人尊严的确保、自我的完善和价值的实现,在于人性魅力的展示、道德水准的提升和文明程度的进步。道德教育的根本目标是要通过激发人们内心深处的良知和做人的尊严,让人们为人格的自我完善,为潜能的自我开发,为正义的无限伸张,为精神的不断升华而奋斗。《大学》有云:"德者本也,财者末也;外本内末,争民施夺。……国不以利为利,以义为利也。"

---

① 蔡元培.中国伦理学史[M].长沙:湖南大学出版社,2014:127.

参考文献

（一）著作

[1] 托夫勒. 未来的震荡[M]. 任小明, 译. 成都: 四川人民出版社, 1985.

[2] 莫兰. 方法: 思想观念——生境、生命、习性与组织[M]. 秦海鹰, 译. 北京: 北京大学出版社, 2002.

[3] 涂尔干. 社会分工论[M]. 渠东, 译. 北京: 生活·读书·新知三联书店, 2000.

[4] 吉登斯. 现代性的后果[M]. 田禾, 译. 南京: 译林出版社, 2000.

[5] 伯恩斯坦. 阶级、符码与控制: 第3卷 教育传递理论之建构[M]. 台北: 联经出版社, 2007.

[6] 蔡元培. 中国伦理学史[M]. 北京: 人民出版社, 2008.

[7] 陈独秀. 答佩剑青年[G]//独秀文存. 合肥: 安徽人民出版社, 1987.

[8] 陈独秀. 东西民族根本思想之差异[G]//独秀文存. 合肥: 安徽人民出版社, 1987.

[9] 陈独秀. 吾人最后之觉解[G]//独秀文存. 合肥: 安徽人民出版社, 1987.

[10] 陈来. 传统与现代: 人文主义的视界[M]. 北京: 北京大学出版社, 2006.

[11] 陈来. 人文主义的视界[M]. 南宁: 广西教育出版社, 1997.

[12] 陈寅恪. 陈寅恪诗集[M]. 北京: 清华大学出版社, 1993.

[13] 陈振华. 教育的理解精神: 当代中国教育的反思与重建[M]. 沈阳: 辽宁教育出版社, 2010.

[14] 陈祖武. 朱熹与《伊洛渊源录》[G]//中华书局编辑部. 文史 第

39辑.北京:中华书局,1994.

[15]程颢,程颐.二程集[M].北京:中华书局,1981.

[16]戴木才.中国特色核心价值观的传统、现实与前景[M].南宁:广西人民出版社,2011.

[17]莫利,罗宾斯.认同的空间:全球媒介、电子世界景观与文化边界[M].司艳,译.南京:南京大学出版社,2001.

[18]丁钢.历史与现实之间:中国教育传统的理论探索[M].北京:教育科学出版社,2002.

[19]杜成宪等.中国教育史学九十年[M].上海:华东师范大学出版社,1996.

[20]樊浩.中国伦理精神的现代建构[M].南京:江苏人民出版社,1997.

[21]方朝晖.文明的毁灭与新生:儒学与中国现代性研究[M].北京:中国人民大学出版社,2011.

[22]方立天.中国佛教与传统文化[M].长春:长春出版社,2007.

[23]费成康.中国的家法族规[M].上海:上海社会科学院出版社,1998.

[24]费孝通.乡土中国 生育制度[M].北京:北京大学出版社,1998.

[25]冯友兰.中国哲学史[M].北京:中华书局,1984.

[26]高清海.人就是"人"[M].沈阳:辽宁人民出版社,2001.

[27]高占祥,王青青.道德力[M].北京:北京大学出版社,2010.

[28]葛兆光.中国思想史:第1卷[M].上海:复旦大学出版社,2001.

[29]葛兆光.中国思想史:第2卷[M].上海:复旦大学出版社,2001.

[30]郭宝林.北宋州县学官[G]//中华书局编辑部.文史:第32辑.北京:中华书局,1990.

[31]顾炎武.日知录集释[M].黄汝成,集释.上海:上海古籍出版社,2013.

[32]海德格尔.存在与时间[M].陈嘉映,王节庆,译.北京:生活·读书·新知三联书店,1987.

[33]韩潮.海德格尔与伦理学问题[M].上海:同济大学出版社,2007.

[34] 何怀宏. 良心论:传统良知的社会转化[M]. 上海:上海三联书店,2009.

[35] 何怀宏. 生态伦理:精神资源与哲学基础[M]. 保定:河北大学出版社,2002.

[36] 何怀宏. 新纲常:探讨中国社会的道德根基[M]. 成都:四川人民出版社,2013.

[37] 黑格尔. 法哲学原理[M]. 北京:商务印书馆,2010.

[38] 黑格尔. 精神现象学:下卷[M]. 北京:商务印书馆,1996.

[39] 胡潇. 文化的形上之思[M]. 长沙:湖南美术出版社,2002.

[40] 黄朴民,白效咏,白杨. 中国传统道德文化历代文选北京:中国人民大学出版社,2012.

[41] 冀朝鼎. 中国历史上的基本经济区和水利事业的发展[M]. 朱诗鳌,译. 北京:中国社会科学出版社,1981.

[42] 贾馥茗. 教育的本质:什么是真正的教育[M]. 2版. 北京:世界图书出版公司北京公司,2006.

[43] 洪汉鼎. 理解与解释:诠释学经典文选[M]. 北京:东方出版社,2001.

[44] 金生鈜. 德性与教化 从苏格拉底到尼采:西方道德教学哲学思想研究[M]. 长沙:湖南大学出版社,2003.

[45] 景海峰. 新儒学与二十世纪中国思想[M]. 郑州:中州古籍出版社,2005.

[46] 波拉尼. 大转型:我们时代的政治与经济起源[M]. 冯钢,刘阳,译. 杭州:浙江人民出版社,2007.

[47] 雅斯贝尔斯. 智慧之路:哲学导论[M]. 柯锦华,范进,译. 北京:中国国际广播出版社,1988.

[48] 康德. 康德的道德哲学[M]. 谢扶雅,译. 北京:宗教文化出版社,2011.

[49] 乐国安. 当前中国人际关系研究[M]. 天津:南开大学出版社,2002.

[50] 鲁洁. 道德教育的当代论域[M]. 北京:人民出版社,2005.

[51]鲁洁,王逢贤.德育新论[M].南京:江苏教育出版社,1994.

[52]黎靖德.朱子语类[M].北京:中华书局,1986.

[53]李泽厚.批判哲学的批判:康德述评[M].修订版.北京:人民出版社,1984.

[54]李泽厚.美的历程[M].北京:文物出版社,1984.

[55]李泽厚.中国古代思想史论[M].北京:人民出版社,1986.

[56]联合国教科文组织总部中文科.教育:财富蕴藏其中[M].北京:教育科学出版社,1996.

[57]梁漱溟.中国文化要义[M].上海:学林出版社,1987.

[58]梁漱溟.中国文化要义[M]//梁漱溟.梁漱溟全集:第4卷[M].济南:山东人民出版社,1990.

[59]刘楚明.教育辩证法[M].修订版.北京:教育科学出版社,2001.

[60]罗炽,等.中国德育思想史纲[M].武汉:湖北教育出版社,1998.

[61]罗国杰.道德建设论[M].长沙:湖南人民出版社,1997.

[62]马克思,恩格斯.马克思恩格斯全集[M].中共中央马克思恩格斯列宁斯林著作编译局,译.北京:人民出版社,1969.

[63]孟德斯鸠.论法的精神[M].北京:商务印书馆,1982.

[64]牟宗三.历史哲学[M].桂林:广西师范大学出版社,2007.

[65]南怀瑾.禅话[M].上海:复旦大学出版社,1997.

[66]潘光旦.明伦新说[M]//潘光旦.寻求中国人位育之道:潘光旦文选[M].北京:国际文化出版公司,1997.

[67]裴娣娜.教育研究方法导论[M].合肥:安徽教育出版社,1995.

[68]戚万学,等.道德教育的文化使命[M].北京:教育科学出版社,2010.

[69]姜光辉.中国经学思想史[M].北京:中国社会科学出版社,2003.

[70]卿希泰.中国道教思想史纲:第1卷 汉魏两晋南北朝时期[M].成都:四川人民出版社,1980.

[71]卿希泰.中国道教:第1卷[M].上海:知识出版社,1994.

[72]任继愈.中国道教史[M].上海:上海人民出版社,1990.

[73]申建为.中国道德文化与世界道德前景[M].桂林:漓江出版社,2011.

[74] 史华慈. 中国思想与制度论集[M]. 段昌国,张永堂,译. 台北:联经出版事业公司,1977.

[75] 苏振芳. 道德教育论[M]. 北京:社会科学文献出版社,2006.

[76] 孙隆基. 中国文化的深层结构[M]. 桂林:广西师范大学出版社,2004.

[77] 孙美堂. 文化价值论[M]. 昆明:云南人民出版社,2005.

[78] 涂又光. 中国高等教育史论[M]. 2版. 武汉:湖北教育出版社,2003.

[79] 托克维尔. 论美国的民主:下卷[M]. 董果良,译. 北京:商务印书馆,1988.

[80] 王海明. 道德哲学原理十五讲[M]. 北京:北京大学出版社,2008.

[81] 王汉生. 生命经济原理[M]. 西安:西北大学出版社,2003.

[82] 王汉生. 论生命机制[M]. 西安:西安地图出版社,2003.

[83] 王磊. 马克思恩格斯论道德[M]. 北京:人民出版社,2011.

[84] 王聘珍. 大戴礼记解诂[M]. 北京:中华书局,1983.

[85] 王守仁. 王阳明全集:上、下[M]. 上海:上海古籍出版社,1992.

[86] 吴灿新. 当代中国伦理精神:市场经济与伦理精神[M]. 广州:广东人民出版社,2001.

[87] 武经伟,方盛举. 经纪人·道德人·全面发展的社会人:市场经济的体制创新与伦理困惑[M]. 北京:人民出版社,2002.

[88] 许敏. 道德教育的人文本性[M]. 北京:中国社会科学出版社,2008.

[89] 徐儒宗. 人和论:儒家人伦思想研究[M]. 北京:人民出版社,2006.

[90] 斯密. 国民财富的性质和原因的研究:下卷[M]. 郭大力,王亚南,译. 北京:商务印书馆,1974.

[91] 亚里士多德. 尼各马可伦理学[M]. 廖申白,译注. 北京:商务印书馆,2003.

[92] 亚里士多德. 形而上学[M]. 吴寿彭,译. 北京:商务印书馆,1959.

[93] 杨伯峻. 孟子词典[M]//杨伯峻. 孟子译注[M]. 北京:中华书局,1960.

[94]杨适.中西人伦的冲突:文化比较的一种探求[M].北京:中国人民大学出版社,1991.

[95]易法建.道德场论[M].长沙:湖南教育出版社,2001.

[96]殷鼎.理解的命运:解释学初论[M].北京:生活·读书·新知三联书店,1988.

[97]余敦康.汉宋易学解读[M].北京:华夏出版社,2006.

[98]余英时.士与中国文化[M].上海:上海人民出版社,1987.

[99]余英时.中国思想传统的现代诠释[M].台北:联经出版事业公司,1992.

[100]袁伟时.文化与中国转型[M].杭州:浙江大学出版社,2012.

[101]詹万生,等.和谐德育论[M].北京:教育科学出版社,2008.

[102]张博树.现代性与制度现代化[M].上海:学林出版社,1998.

[103]张应强.文化视野中的高等教育[M].南京:南京师范大学出版社,1999.

[104]中共中央文献研究室.关于建国以来党的若干历史问题的决议注释本[M].修订版.北京:人民出版社,1986.

[105]朱熹.四书集注[M].陈戍国,标点.长沙:岳麓书社,2004.

[106]朱瑞熙.宋辽西夏金社会生活史[M].北京:中国社会科学出版社,1998.

(二)论文

[1]陈柏峰.农民价值观的变迁对家庭关系的影响:皖北李圩村调查[J].中国农业大学学报(社会科学版),2007(1).

[2]陈瑛.三纲五常的历史命运:寻求"普遍伦理"的一次中国古代尝试[J].道德与文明,1998(5).

[3]丁大同.社会与国家对人伦生活生成的影响[J].天津社会科学,2004(4).

[4]东方朔.市场经济与道德衡论[J].哲学研究,1994(1).

[5]樊浩.现代道德教育的"精神"问题[J].教育研究,2009(9).

[6]樊浩.伦理的文化本体性与文化定位[J].中州学刊,1997(4).

[7]樊浩.人文力与实践理性[J].南京农业大学学报(社会科学版),2001(1).

[8]杨国荣,方旭东.评樊浩《中国伦理精神的现代建构》[J].学术界,1998(1).

[9]樊浩.当前中国伦理道德状况及其精神哲学分析[J].中国社会科学,2009(4).

[10]樊浩.人伦传统与中国式管理的组织形态[J].天津社会科学,1993(6).

[11]樊浩.中国伦理理念的价值生态及其在文明互动中的意义[J].中国人民大学学报,2003(6).

[12]方朝晖.人伦重建是中国文化复兴必由之路[J].文史哲,2013(3).

[13]方朝晖.重新认识强大的性善论[N].中华读书报,20110-03-09(15).

[14]方朝辉."三纲"真的是糟粕吗?:重新审视"三纲"的历史与现实意义[J].天津社会科学,2011(2).

[15]费孝通.家庭结构变动中的老年赡养问题:再论中国家庭结构的变动[J].北京大学学报(哲学社会科学版),1983(3).

[16]冯建军.走向道德的生命教育[J].教育研究,2014(6).

[17]顾宝华.党的组织作用中的人伦倾向亟待重视[J].中国共产党,1992(2).

[18]郭齐家.论中国教育传统的基本特征及现代价值[J].北京师范大学学报(哲学社会科学版),1995(5).

[19]贺雪峰.中国农村社会转型及其困境[J].东岳论丛,2006(2).

[20]黄忠敬.关注课堂生活中的冲突:文化学视角[J].学术探索,2003(7).

[21]康中乾,罗高强.中国古代致知思想的特色[J].陕西师范大学学报(哲学社会科学版),2014(1).

[22]李存山.对"三纲"之本义的辨析与评价:与方朝辉教授商榷[J].天津社会科学,2012(1).

[23]栗洪武.理性思辨研究方法在教育科学研究中的运用[J].陕西

师范大学学报(哲学社会科学版),2011(2).

[24]单少杰.中国亲情文化的个案研究:解读李南央《我有这样一个母亲》[J].社会科学论坛,2002(2).

[25]林国灿.纵向人际关系[J].社会心理学究,1998(1).

[26]刘丰.人伦本义可能性探寻:寻找中国古人对"人"的预设[D].兰州:兰州大学,2007.

[27]刘君达.试论中华民族孝的传统美德的批判与继承[J].学术论坛,1984(5).

[28]孟宪范.家庭:百年来的三次冲击及我们的选择[J].清华大学学报(哲学社会科学版),2008(3).

[29]曲正伟,杨颖秀.德行成本:学校德育低效问题研究的新视角[J].教育科学,2002(2).

[30]吕前昌.悖离与重建:走向生命关怀的道德教育[J].理论月刊,2010(7).

[31]绕见维.浅析中国传统礼俗中的道德教化运作[G]."道德教育"国际学术研讨会(台湾"教育部"主办、花莲师范学院承办,1992年5月7日-19日)论文,nknucc.nknu.edu.tww/t1……2006-06-23.

[32]宋五好.论中国人伦文化的德育本质[J].河南师范大学学报(哲学社会科学版),2010(4).

[33]宋五好.论基于"明人伦"的道德原理[J].求索,2010(10).

[34]宋五好.道德教育中人伦价值的重构[D].陕西师范大学博士论文,2010.

[35]宋五好.人伦文化批判的方法论研究[J].求索,2013(4).

[36]宋五好.制度化道德范式与民间道德范式的道德价值认同[J].华南师范大学学报(社会科学版),2014(4).

[37]宋五好.论道德示范认同的危机及建构[J].思想理论教育,2014(7).

[38]孙建江.论传统人伦关系对儿童本位观形成的制约[J].浙江学刊,1996(2).

[39]石中英."狼来了"道德故事原型的价值逻辑及其重构[J].教育

研究,2009(9).

[40]檀传宝.德育形态的历史演进与现实价值[J].教育研究,2014(6).

[41]王淑芹.市场经济与道德的"二律背反"质疑[J].西北师范大学学报(社会科学版),1998(1).

[42]魏则胜,李萍.道德教育的文化机制[J].教育研究,2007(6).

[43]谢维和.伯恩斯坦的"表意性秩序"理论及启示:一种关于学校德育管理的理论[J].教育研究,2014(2).

[44]徐安琪.择偶标准:五十年变迁及其原因分析[J].社会学研究,2000(6).

[45]阳鲁平.合理性:人和人类行为的普遍特征[J].求索,2000(2).

[46]姚剑文,薛臻.人伦关系视角的社会主义民主政治建设[J].南京工业大学学报(社会科学版),2003(3).

[47]叶蓬.三纲六纪的伦理反思[J].河北师院学报(社会科学版),1997(3).

[48]尹岩.反思与超越:走向新时期的中国价值哲学研究——第15届全国价值哲学年会综述[N].光明日报,2013-12-24(11).

[49]张康之.合法性的思维历程:从韦伯到哈贝马斯[J].政治学,2002(4).

[50]郑佳明.中国社会转型与价值变迁[J].清华大学学报(哲学社会科学版),2010(1).

[51]中华民族最深沉的精神追求:国学界学习习近平总书记"四个讲清楚"座谈纪要[N].光明日报,2013-12-23(15).